Web業界 発注制作の教科書

Webディレクター 弁護士
髙本 徹／藤井 総

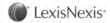

はじめに

　本書は、2013 年 11 月に刊行された『Web 業界 受注契約の教科書』の発注者版になります。

　前書では Web 制作会社やフリーランスなど、受注する立場に立ったトラブル事例とその法的解釈を紹介しました。本書では、反対に発注者の立場でWeb 制作に携わった場合のトラブル事例と法的解釈を紹介しています。

　制作費用というのは、個人で買い物をする感覚と比べるとかなり高額です。制作費用の水準はどんどん下がっていると嘆く同業者もおりますが、それでも一般的な物の価格と比べれば高いと感じます。

　高額にも関わらず、発注時にはほぼ形はありませんので、本当に自分の欲しいものが出来上がるのか、本当にこの制作会社で良かったのか、少なからず不安を感じると思います。

　しかも、発注者にはその制作費用が高いのか、それとも妥当なのか、それすら分からないことも多いのです。例えば服や鞄であれば、使っている生地や素材が違う、など説明を受ければ多くは納得できますが、Web 制作は値段によって何が違うのか説明を受けてもピンと来ないことがほとんどでしょう。

　私が以前、Web サイトの制作発注を検討しているという方にお話を伺った際、「こういうことを制作会社の方に言うのもなんですが、お金を払えば本当の本当に私がイメージするものが、こうやってお伝えするだけでできるのかが正直すごく不安なんです」と顔を真っ赤にしておっしゃっていました。

　おそらく、口に出さないだけで多くの発注者の方が同じような不安を抱えてらっしゃるでしょう。

　実際に Web サイトの制作を進めていく過程で、言葉の使い方の違いや認識のずれが、イメージしていたデザインやシステムと異なるものを生み出してしまうことも多くあります。

「イメージしていたデザインと違う。」
「そういう意味の仕様で伝えたのではなかった。」
「契約時に聞いていた効果が出ていない。」
「こんなに対応が悪いとは思わなかった。」

発注者の中にはこういったことをこぼす方も少なくありません。

発注する方の多くに、デザインやシステムのことはよく分からないからという理由で、デザインやシステムが自分のイメージしていたものと違っていてもそれを指摘する言葉が見つからず、言いたいことが言えないまま、妥協して制作物を受領してしまう方もいらっしゃるようです。

発注者だからと横柄になる必要はありませんが、伝えたいことはきちんと伝える、確認すべきこと、分からないことは多少細かくともきちんと確認する、この姿勢が大切です。

本書では具体的な事例を元に、事前に確認しておくべきこと、発注制作の進め方などを挙げています。まだトラブルにあったことはない、これから発注をしようと検討している方は、ぜひ自分の身に置き換えて読んでみてください。

発注する際に、本書の内容を「こういうことがあるって聞いたんですけど御社は大丈夫ですか？」という具合に使っていただいても効果的です。

本書はどの項から読んでいただいても良いように書いてあります。

法的な判決は同じでも、トラブルや揉め事の形はさまざまです。もし、気になる事例がある方、現在進行形で同じようなことで困っている方は、気になる項から読んでみてください。

制作においては、「少々うるさい発注者だな」と思われるくらいのほうが制作会社も気を引き締めて取り掛かります。制作会社にとってもきちんと発注内容を確認してもらえることは悪いことではありません。

本書が発注者の方のお役に立てれば幸いです。

2015 年 8 月　髙本　徹

CONTENTS

**第 1 部　Web発注制作で
ありがちなトラブル**

第1章　どこまでが契約に？　口約束も契約内容に含まれるのか

1-1　プレゼンでは「できます！」と言っていたことが、制作が始まってから「100％
要望通りにはできない」と言われた。（制作会社へ発注）················003

1-2　広告代理店にプロモーションを依頼したところ、担当者がころころ変わり発
注時に口頭で約束していたサービスが反故になってしまっている。（SEO、広
告業務を発注）················008

第2章　デザインに対して契約の中でどこまで期待してもよい？

2-1　制作実績のデザインを指定したのにまったく異なるテイストのデザインしか
出てこない。確認すると実績を制作したデザイナーはすでに退社していた。（制
作会社へ発注）················013

2-2　初めての制作依頼で制作してほしいデザインイメージがなかなか伝わらず、
挙句の果てには「これ以上やるなら追加費用」と言われた。（制作会社へ発注）
················018

**第3章　契約の中でどこまでやってくれるの？　契約範囲内の作業と保障さ
れる成果**

3-1　定期メンテナンス費を払っているのに、修正を依頼すると「別途修正費用」
を請求され、定期メンテナンスの作業範囲がよく分からない。（制作会社へ発注）
················024

3-2　「自分たちで簡単に更新できる」という触れ込みで高額な CMS を導入したの
に、難しくて使いこなせない。結局制作会社に更新を有償で依頼するはめに。
（制作会社へ発注）················028

3-3　SEO 対策会社へ SEO 対策を依頼したら、検索順位も上がらず、毎回レポー
トだけを上げてくる以外のことは実施してくれない。（SEO、広告業務を発注）··032

3-4　マーケティング用語の意味がよく分からず、お願いしたことに対してどうい
う成果が出たのかさっぱり分からない。（SEO、広告業務を発注）················037

3-5　複数の広告代理店から提案と見積りをもらったのだが、どの会社に依頼して
よいのか判断が付かない。（SEO、広告業務を発注）················041

v

第4章　その発注先は本当に信用できる？　制作進行中に気を付けたいリスク

4-1 制作の進捗報告がなく、完成したテストサイトを確認してみたら、バグやリンクミスなどが多く、完成とはほど遠い状況だった。（制作会社へ発注）·············046

4-2 制作を依頼していた制作会社が倒産した。すでに会社が解散していて担当者ベースで話ができず引き継ぎができない。（制作会社へ発注）·············050

4-3 広告代理店の担当者が忙しくてなかなか応じてくれず、直接制作会社に問い合わせたら直接は連絡しないでほしいと言われ、スムーズに制作が進まない。（制作会社へ発注）·············054

4-4 HTMLコーディングをお願いしていたフリーランスが、納期直前に体調不良でダウン。対応ができないと言うので他の制作会社に二重発注することに。（フリーランスへ発注）·············058

4-5 公開したWebサイトに緊急の修正が発生したのに、午前中9時〜6時のような一般企業の業務時間帯に連絡が取れない。（フリーランスへ発注）·············062

第5章　制作しているのは誰？　最近流行っているオフショア制作とは

5-1 「自社のスタッフを使って内製しています」といっていたのに対応が遅いと思ったら、実際の作業をしているのは海外の別会社だった。（制作会社へ発注）·············066

第6章　やっぱりできません！　注意したい発注後の受注キャンセル

6-1 契約発注までしたのに、「やはり内部のリソース（人員）が足りないので対応できない」と後から断られた。（制作会社へ発注）·············071

6-2 「対応できる」というので依頼し、納期の1週間前に「やっぱり今の自分のスキルでは難しい」と断られた。（フリーランスへ発注）·············074

第7章　発注したけど制作を中止したい。その時、費用の支払いはどうなる？

7-1 制作会社に提案してもらっていた社内プロジェクトが途中で頓挫したため、依頼していた制作もストップに。制作費はどこまで支払うべき？（制作会社へ発注）·············078

第8章　うっかりすると別料金も。契約前に確認しておきたい検収期間

8-1 納品物を確認する時間がなく、検収期間後に修正をお願いしたら別料金を請求された。（制作会社へ発注）·············082

第9章 制作時には予測できなかった不具合、何とか無償で対応してほしい。無償対応の範囲はどこまで？

9-1 SNS アカウントを連動した Web サービスがある日突然停止、原因は SNS の API 仕様変更によるもの、制作会社には無償で対応してもらえるものなのか？
（制作会社へ発注）⋯⋯⋯⋯⋯⋯⋯⋯⋯⋯⋯⋯⋯⋯⋯⋯⋯⋯⋯⋯⋯⋯⋯⋯⋯⋯⋯⋯⋯⋯086

第10章 知らなかったでは済まない。制作にまつわる著作権

10-1 成果物の納品後、「ドキュメントやデザインデータを納めてほしい」と頼んだら「別途データの買い取り費用がかかります」と言われた。（制作会社へ発注）
⋯⋯⋯⋯⋯⋯⋯⋯⋯⋯⋯⋯⋯⋯⋯⋯⋯⋯⋯⋯⋯⋯⋯⋯⋯⋯⋯⋯⋯⋯⋯⋯⋯⋯⋯⋯⋯⋯092

10-2 制作会社に発注して制作したシステム仕様を流用して、制作会社が自社サービスとして類似の新サービスをリリースしてしまった。この場合は著作権侵害に当たる？（制作会社へ発注）⋯⋯⋯⋯⋯⋯⋯⋯⋯⋯⋯⋯⋯⋯⋯⋯⋯⋯⋯095

10-3 Web サイトに使用している写真が著作権違反だとして、突然使用を取り下げるよう内容証明が届いた。（制作会社へ発注）⋯⋯⋯⋯⋯⋯⋯⋯⋯⋯⋯⋯⋯098

第11章 その制作費は適正価格？ 制作見積りを確認する際の注意点

11-1 思っていたより見積金額が高かったので、どの作業に対していくらかかっているのか詳細を出してほしいと依頼したのに、詳細を提示してもらえない。（制作会社へ発注）⋯⋯⋯⋯⋯⋯⋯⋯⋯⋯⋯⋯⋯⋯⋯⋯⋯⋯⋯⋯⋯⋯⋯⋯⋯⋯102

11-2 前回依頼した時とまったく同じ作業を依頼したら、費用や作業項目が変わって増額されていた。（フリーランスへ発注）⋯⋯⋯⋯⋯⋯⋯⋯⋯⋯⋯⋯⋯⋯⋯105

第12章 長期間の制作、どのタイミングで制作料金を支払うべき？

12-1 まだ納品できていないのに請求を迫られ、ここから先は入金がないと作業できないと言われてしまった。（制作会社へ発注）⋯⋯⋯⋯⋯⋯⋯⋯⋯⋯⋯109

第13章 どうしてそれが追加費用？ 想定していなかった追加費用の発生

13-1 契約前に話を進めていた営業担当者と制作ディレクターの話が異なり、ことあるごとに仕様変更で追加費用が発生すると言われた。（制作会社へ発注）⋯⋯114

13-2 運営しているオンラインショップのショッピングカートがセキュリティーの脆弱性を指摘され、開発した制作会社に対応を依頼したら高額な対応費用が発生した。（制作会社へ発注）⋯⋯⋯⋯⋯⋯⋯⋯⋯⋯⋯⋯⋯⋯⋯⋯⋯⋯⋯⋯118

13-3 「古いバージョンのブラウザで閲覧できないので修正してほしい」と依頼したら対応費用を請求された。（制作会社へ発注）⋯⋯⋯⋯⋯⋯⋯⋯⋯⋯⋯⋯⋯123

vii

13-4 開発を依頼したスマートフォンアプリが、一部端末で画面崩れが発生。修正対応を依頼したところ、実機検証は保証していないので別料金がかかると言われた。（制作会社へ発注）……………126

13-5 納品後になって、もらっていた見積りと異なる請求金額を請求された。抗議すると作業中に見積り外の作業が発生しており、その分を上乗せしたという。（フリーランスへ発注）……………131

第14章 制作会社を変更したい。どのように契約を引き継げばよい？

14-1 現在サイトの運営を依頼している制作会社の対応が悪く、他の制作会社に頼みたいが、どのように他社へ依頼したらよいか分からない。（制作会社へ発注）……………136

第15章 契約満了でWebサイトもなくなる？　気を付けたい激安制作の契約内容

15-1 月額制のメンテナンス契約で制作した Web サイトの制作会社を変更しようとしたら「サーバーもドメインも同時に解約となります」と言われてしまった。（制作会社へ発注）……………140

第16章 広告代理店が窓口となるWeb制作について

16-1 自社で受注した制作案件を他の制作会社に発注、納品後クライアントから仕様矛盾の指摘があり、制作会社に無償で対応を依頼すると断られた。下請けの制作会社への責任追及はどこまでできる？（制作会社へ発注）……………145

16-2 広告代理店の担当者が Web 技術などに疎く、こちらの伝えた要望が毎回正しく制作会社に伝わっていない。（制作会社へ発注）……………149

第17章 作ったWebサービスが既存のサービスと類似していたら？

17-1 新しいサービスを制作会社に制作させたら、「類似サービスかつネーミングが似ている」ということで取り下げるよう他の類似サービスを運営している会社から通知がきた。（制作会社へ発注）……………154

第18章 もし発注先が制作中のサイト情報を漏らしてしまったら？

18-1 キャンペーンサイトの制作を制作会社に発注。テストアップの段階で制作会社のスタッフがキャンペーン情報を SNS で漏洩させてしまった。（制作会社へ発注）……………158

18-2 受注した Web 制作案件を外注したら、クラウドソーシングサービスやブログ等に制作実績として納品したサイトを勝手に掲載されてしまった。（フリーランスへ発注）……………161

viii

第19章 SEOや広告出稿に費用対効果はどこまで求められる？

19-1 広告代理店からリスティング広告を推薦され、成果が全然上がらないのに「継続することに意味がある」と言われ、いつまで継続してよいのか分からない。（SEO、広告業務を発注）⋯⋯⋯165

19-2 御社が運営しているサービスのPRに効果がある、と言われて雑誌に広告出稿したのに成果が出ず、問い合わせたら「媒体の購読者層とサービスがマッチしないのが原因ではないか」と言われた。（SEO、広告業務を発注）⋯⋯⋯169

19-3 「2か月連続掲載で広告掲載費用を通常の半額！」というプランでインターネット広告を契約したが、最初に聞いていた効果が出ないので途中で打ち切りたい。（SEO、広告業務を発注）⋯⋯⋯172

19-4 広告を掲載中のWebメディアがメンテナンスやサーバー障害で度々ダウンして広告非表示の状態になってしまう。表示されていない期間の料金を返金してほしい、と思い問い合わせたら返金はできないと言われた。（SEO、広告業務を発注）⋯⋯⋯175

第20章 クラウドソーシングサービスを利用して起きたトラブルの責任は運営者に問えるもの？

20-1 クラウドソーシングサービス経由でフリーのデザイナーに仕事を依頼したが、制作途中で連絡が付かなくなってしまった。サービス運営者に責任は追求できる？（フリーランスへ発注）⋯⋯⋯179

Column 1 Web制作会社とうまく制作を進めるポイント 183

Column 2 制作をお願いする際にフリーランスを選ぶポイント 187

Column 3 広告出稿する前に自分たちでもできるプロモーションを考えてみる。 189

ix

第**2**部 Web発注制作にまつわる トラブル 法的解説

第1章　契約前の口約束は契約内容に含まれるのか────194
口約束は契約内容には含まれない（と考えたほうがよい）／**ハードル1.** 要望が言語化して具体化されているか／**ハードル2.** 要望が反映された見積りなのか／**ハードル3.** 約束が書面に記載されているか／弁護士は的確にアドバイスをする

第2章　デザインの要望や実績への期待は契約内容に含まれるのか────203
デザイン制作は請負というけど、請負って何？／デザイン制作では、どうすれば仕事が完成するのか／パチスロガンダム事件／発注者として納得できるデザインを制作してもらう方法

第3章　業務内容が明確で、理解もできているのか────210
仕事を完成させないといけない請負、仕事を完成させなくてよい（？）準委任／成果物の有無は関係ない／業務の内容は明確にする／**ステップ1.** 説明し、質問を繰り返す／**ステップ2.** 具体的に列挙する／**ステップ3.** 包括条項を記載する／**ステップ4.** 現場の人間にチェックしてもらう／**ステップ5.** 色々な制作会社から話を聞く／業務の内容を理解する／制作会社を吟味する

第4章　業務の進捗管理はどう行えばよいのか────223
納期遅れのリカバーは法律では難しい／法律での進捗管理も難しい／**1.** 受注者自身に対する管理義務／**2.** 発注者に対する管理義務／納期遅れが生じないような仕組みの契約にする／**ポイント1.** プロジェクトマネジメント義務／**ポイント2.** 役割分担の明確化／**ポイント3.** 定例会議や定期報告の実施義務／**ポイント4.** 担当者の変更義務／**ポイント5.** 分割納入義務／**ポイント6.** 納期が遅れた場合の違約金支払義務／発注者の協力義務も重要

第5章　業務の再委託は許されるのか────235
再委託は当たり前／請負の場合は同意不要、準委任の場合は同意必要／再委託を原則禁止する契約書／事前同意のない再委託が横行／事前同意なく再委託が行われない仕組みの契約にする／**ポイント1.** 再委託の事前同意取得義務／**ポイント2.** 確認と念押し

X

第6章　発注・受注を一方的にキャンセルできるのか·····241

発注者都合で一方的に発注をキャンセルできるのか／契約の解除の場合は損害賠償が必要／契約書がなければ契約は成立しない／発注の見送りの場合でも損害賠償が必要／認められにくい契約締結上の過失／過失相殺により賠償額は減額される／契約書がなければどうにかなるのか／受注者都合で一方的に受注をキャンセルできるのか／発注者の損害はリカバーされない

第7章　検収前と検収後で、どこまで無償で対応してもらえるのか·····252

瑕疵か仕様か／仕事の完成前は「債務不履行責任」／仕事の完成後は「瑕疵担保責任」／鉄壁の検収の壁を築く／**ポイント1.** 瑕疵の範囲／**ポイント2.** 検収方法／**ポイント3.** 検収期間／**ポイント4.** 合格みなし規定／**ポイント5.** 修正作業の期間／瑕疵担保責任も忘れないように／瑕疵には含まれないトラブルがある

第8章　成果物の著作権は誰のものか·····266

著作権は誰のものか／第三者のコンテンツが使われていないか／第三者の権利を侵害していたらどうするのか／著作権はすべて移転しているのか／著作権はいつ移転するのか／著作者人格権の不行使の合意はしているのか／著作権を移転すれば大丈夫なのか／

第9章　費用はどう決めればよいのか·····278

見積りの詳細を確認すれば、仕様を決めることができる／仕様の変更になると、追加費用が必要／見積りの詳細を確認すれば、追加費用も明確になる／見積りの詳細を確認するポイント／費用の交渉にルールはあるのか／

第10章　費用はいつ支払わないといけないのか·····284

費用の支払期日は発注者にとって重要／費用の支払期日はいつになるのか／費用の支払条件を設定する／支払期日はどこまで先にできるのか／遅延損害金には気をつける／その他、費用の支払いで気を付けるべきポイント

第11章　どんな場合に追加費用が発生するのか·····291

追加費用は法律上当然に発生する／追加費用を発生させないための方法／追加費用はどうやって決めるのか／裁判で追加費用が認められるケースは多くない

第12章　契約の引き継ぎはどうすればよいのか·····299

契約はどうやって終わらせるのか／1. 合意による解除／2. 債務不履行責任による解除／3. 発注者都合による解除／誰と何の契約を結んでいるのか把握する／

xi

第13章 類似のサービスはどこまで許されるのか.......305

サービスの名称と画面デザインの類似に注意／サービスの名称の場合は商標権が問題になる／登録されたサービスが間違っていないか／商標権侵害の判断は弁護士に任せる／商標権を侵害するサービス名は使用しない／事前に商標登録を調査しておく／サービスの画面デザインの場合は著作権が問題になる／画面デザインの著作権侵害は認められにくい／著作権侵害通知を受けたら弁護士に相談

第14章 営業秘密の漏洩や制作実績の公開はどう防げばよいのか.......316

秘密保持契約による対策／秘密保持契約には意味がないのか／**ポイント1.** 会社間で秘密保持契約を結んでいることを認識してもらう／**ポイント2.** 守らなければならない義務内容を理解してもらう

第15章 マーケティングの成果は保証されるのか.......323

マーケティングは準委任契約／マーケティングでは成果が保証されないのか／契約のタイプごとの注意点／**タイプ1.** 広告掲載型／**タイプ2.** 広告出稿代行型／**タイプ3.** コンサルティング型

第16章 クラウドソーシングサービスの運営者はどんな責任を負うのか.......332

運営会社の責任は利用規約の内容次第／責任を否定する運営会社は一方的なのか／運営会社が責任を負う場合もある／発注者の自衛策が重要／

Column 4 Web業界のフリーランスと源泉徴収の関係 340

巻末資料 案件別に役立つ契約書フォーマット（発注制作版） 347

索引 348

おわりに 350

本書内で掲載しているトラブル事例はあくまで例であり、実際の企業、団体、個人などとは一切関係ありません。

第1部
Web発注制作でありがちなトラブル

現場解説編

第1章
どこまでが契約に？
口約束も契約内容に
含まれるのか

1-1 プレゼンでは「できます！」と言っていたことが、制作が始まってから「100%要望通りにはできない」と言われた。（制作会社へ発注） ……………………… 003

1-2 広告代理店にプロモーションを依頼したところ、担当者がころころ変わり発注時に口頭で約束していたサービスが反故になってしまっている。（SEO、広告業務を発注） ……………………………………………………………………………… 008

第1部　第1章　1

1-1
Contract trouble
プレゼンでは「できます！」と言っていたことが、制作が始まってから「100%要望通りにはできない」と言われた。（制作会社へ発注）

　自社の Web サイトや Web サービスのリニューアルなどを外部の Web 制作会社に依頼する際、複数の Web 制作会社へ声をかけて相見積り、もしくはコンペ形式でプレゼンをしてもらう企業が多いと思います。

　制作の規模が大きくなればなるほど、制作会社は何とか受注したいと必死でプレゼンと交渉をしてきます。制作は予算の中でどこまでできるかが勝負です。プレゼンの段階では多少無理な条件でも受けてくれる制作会社も多くあるでしょう。ただ、制作費用が極端に安い、とか「何でもできます！」といった言葉をすべて鵜呑みにして契約すると、後で色々な言い訳とともに仕様変更の交渉が発生したり、できるできないで最終的にトラブルにつながったりすることもあります。

　具体的な例を挙げてみましょう。

事例紹介

　ある食品会社 A で、自社の本業の強みを活かした新しい Web サービスを立ち上げようという話が持ち上がり、社内の企画広報関係の担当者が早速 Web 制作会社何社かに見積りとコンペの話を持ちかけました。

　自社で Web サービスの立ち上げと運用は初めてのことなのでどうしたらよいか担当者もよく分からず、まずはやりたいことを箇条書きでまとめた資料一枚で、各社から提案をもらうことにしました。

　箇条書きの内容は今回のサービス開発の目的、開発したいサービスの機能の一覧です。機能については「会員登録、掲示板、ユーザー投稿ブログ」などかなりざっくりとしたリスト形式で、後は口頭での説明を中心にしました。

3

A社の担当者は、ある程度システム開発やWebサービス開発の実績がある制作会社を選んでいたので、ざっくり説明すればイメージは大体付くだろう、と思っていました。

実際にプレゼンをしてもらうと、デザイン含めてかなり具体的な内容まで詰めて来てくれる制作会社があれば、ざっくりとした概要のみで、後は実際に発注をいただいてから詰めましょう、という制作会社もあり提案内容はさまざまです。

複数社から提案をしてもらった中で、提案内容はざっくりではあったものの、予算感とサービス公開後の運用面含めて、不明な点などもすべてサポート提案してくれるということで制作会社B社を選択しました。

プレゼンに来たB社の営業担当が言うには、運用面のサポートはもちろんのこと、技術的な面についても世の中にあるWebサービスでやっているような技術について、たいていのことは自社でも対応できるのでご要望にはお応えできると思います！ というかなり強気な提案内容でした。提案内容への期待と、初めてのサービス運用なので、制作だけでなく運用面もみてくれるという部分に惹かれて決定しました。

基本契約などが無事完了し、実際に制作に携わるディレクター、デザイナー、エンジニアなどを自社に呼んで、キックオフミーティングが行われました。

ミーティングの内容は、今回のWebサービス制作の簡単な概要と仕様の確認、制作スケジュールの擦り合わせです。社内で協議し、欲しい機能が多少変わった部分もありましたので、打ち合わせの際にA社は前回の箇条書きの資料にもう少し詳細な機能の要望を付け加えた資料を用意しました。

● それはできない！ と突然言い出すエンジニア。

システムの概要と仕様、制作スケジュールについてA社の担当者が説明し終わった後、B社のエンジニアが突然口を開きました。

「この制作スケジュールでその仕様は現実的に難しいですよ。無理です！ そもそも今この場で聞いた機能も結構ありますし…」

そんな話聞いていない、と言わんばかりに怒気を含んだ口調で突然仕様を否定し始めるエンジニアに、その場にいた誰もが唖然としました。

エンジニアにとってみると、詳細仕様をミーティングで初めて見せられたことと、制作スケジュールについても営業担当者が共有していなかったため、打ち合わせで説明を受けた内容は寝耳に水の状態だったのです。

確かにA社の担当者もスケジュール的に厳しいことは重々承知した上で、予算もさることながらスケジュール的に対応可能かどうか、スケジュールに耐えうる制作体制を整えられるかどうか、をヒアリングして制作会社B社を選んだはずでした。

その場はプレゼンしたB社の営業担当が持ち帰って、社内で再検討ということで収めましたが、「できるかどうかをプレゼンで念押ししたのに」と、A社の担当者は不信感を拭えません。しかし、社長決裁まで通してB社と契約してしまい、社内納期も迫っている中で今さら自分の独断で業者選定まで話を戻すことはできません。

後日、Web制作会社B社のメンバーを集めて、どの範囲であれば実現可能で納期を守れるのか話し合い、スケジュール内で実現できる方向で話をまとめました。最終的には100%要望通りに機能を作ることは難しいので、近い形で仕様を改修するということで話はまとまりました。

A社の担当者は、プレゼンした制作会社B社の営業担当者にさすがに一言言わずにはおれず、「できると言うから発注したのに、この段階でできないってどういうことですか！」と詰め寄りました。

すると、B社の営業担当者は「プレゼンの段階では詳細仕様が決定していなかったので微妙にイメージが食い違っていたようですね。制作ではよくあることです。御社の実現したいイメージに近い形で実現できるよう頑張りますので協力してやっていきましょう！」とまるで当たり前、意に介さない様子です。

というのは、B社にとってみればA社から最初に受け取った情報は箇条書き程度の内容だったのと、プレゼンも提案レベルなので、後は進めていく中で

提案、協議しながら形にしていけばよいと思っていたのです。

　制作会社ができるというからには、100％要望を実現できると思っていたＡ社の担当者とは完全に認識がずれていたのです。

　結局、制作を進めていく上で、ことあるごとに「その仕様はできない、実現が難しい、スケジュール的に難しい」などといったやり取りが続いたのは言うまでもありません。

　　＊＊＊

　こういうケースは、「最初に発注する側のイメージしている内容と、制作会社がイメージしている内容が、プレゼンの時点ではざっくりとしか擦り合っていなかった」「制作会社の営業担当者が発注を取りたいがために、できるできないの判断を社内でよく確認していなかった」などが主な原因であることが多いようです。特に、できるできないに関しては、Webサービス開発などでシステムの技術面に関することで多い傾向にあります。

● イメージを伝える手間を惜しまずプレゼンの際の質疑はしつこいくらいに。

　ここで発注側として注意したいのは、もし想定されているサービスイメージが明確にあるのであれば、参考としている他のサービスを例に挙げる、ある程度資料が起こせるのであれば、なるべくイメージの付きやすい資料を起こした上で制作会社に説明する、など認識違いを少なくするためにできる手間は惜しまず行うことです。

　もちろん、発注している側としては制作会社には企画提案なども含めてやってほしい、という気持ちはあると思います。

　しかし、例に挙げたようなWebサービスの開発の場合には、実現したい内容をきっちりと制作会社に伝えて、本当に自社のやりたいことを理解できているのかよく確認しましょう。この確認を怠ると後々に揉める原因にもなります。

　プレゼンの質疑応答でも、しつこいくらいに確認を取ったほうがよいです。

特に初取引の制作会社に制作を依頼する際、本当に自分たちのイメージしているものが、そのとおり完成できるのかどうかは不安に感じるでしょう。

　時間が許す限り細かい確認や質問をして、本当に安心して任せられる制作会社かどうか納得するまで確認してください。

　制作スケジュールについても、予備バッファのないようなスケジュールを引いてくる制作会社は危険です。必ず予備のあるスケジュールを引ける制作会社を選ぶべきです。どんなに確認しても、制作過程でのイメージの誤差というのは多少なりともあるものです。その際、予備のバッファがあれば最終的に調整が効くので、公開を遅らせるなどのリスク回避はできるはずです。

● 社内にもある程度専門知識のあるスタッフを。

　最近では、自社で本業の強みを活かして Web サービスを立ち上げたい、など IT を利用して新しい事業展開を図る企業も増えています。

　制作の規模によっては、ある程度知識のあるスタッフを、社内の担当者に採用することも考慮しておいたほうがよいでしょう。制作会社の「できる」と言っている部分がどこまでなのか、突っ込んでヒアリングして判断できる人間が社内にいないと、システムが絡む案件については認識の食い違いが発生する可能性は高くなってきます。何でも疑ってかかるわけではありませんが、システムの挙動というのは、書面や口頭で伝えられても、動いているものを見ない限り、制作経験者でもなければイメージが付きにくいものです。

　出来上がってみたら全然思ったようなものではなかった、そういう機能だということは認識していなかった、なんていうことはよくありますので、発注する前にプレゼン内容にしつこいくらい突っ込んで確認する、こちらのやりたいことを明確に伝える、分からないことはきちんと質問する、この点に気を付けて制作会社選びをすることをお勧めします。

👆 第2部第1章 ｜ 契約前の口約束は契約内容に含まれるのか･･････････････････194

1-2

Contract trouble

広告代理店にプロモーションを依頼したところ、担当者がころころ変わり発注時に口頭で約束していたサービスが反故になってしまっている。
(SEO、広告業務を発注)

　人の入れ替わりが激しいのはどこの業界でもある話なのかも知れませんが、制作業界や広告業界というのは、特に人の入れ替わりが激しい業界です。退職だけではなく、部署異動等による担当者の変更というのは毎年のようにあります。

　私の経験上、広告代理店などは担当者が一年を通して同じ担当者であった試しがありません（もちろん、担当者が定着している会社もあるとは思います）。基本的には、担当者が替わってもきっちり業務が引き継がれていれば問題ないのですが、口約束レベルで交わした細かいサービスの部分などは、どうしても異なってきてしまいます。「あの人は今までやってくれていたのに、担当が替わったら事務的になって一切サービスしてくれなくなった」など、担当者の些細な対応で印象が大きく変わってきます。

　制作や広告を発注する場合は、会社で選ぶというより、今後付き合っていく担当者の熱意や理解度、サービス対応など担当者自身に対して発注するという部分もあります。それゆえに担当者の変更によるトラブルもあるのです。例を挙げてみましょう。

事例紹介

　ベンチャー企業を経営しているAさんは、自社で運用しているSNSサービスのユーザー数を何とか獲得したく、広告代理店へサービスのプロモーション

を依頼しました。何社かに声をかけて、担当者の熱意とサービスへの理解度が一番高かったB社に決めました。

「実際に一緒にやってみて成果が上がるよう調整していきましょう。こちらでも何か良い方法があれば、その都度どんどん提案していきますのでよろしくお願いいたします！」

B社の担当者は、「我々はただの広告代理店ではなく、Aさんの会社の社員の一員のつもりで定期的な提案含めてサービスをさせてもらう」ということを話しており、Aさんとしてはその熱意に魅かれたのです。正直、最初は一番安いところに発注しようかと思っていたのですが、色々な会社の説明やプレゼンを受けてみた結果、「やはり、安心できて、これから一緒にやっていける担当者のいる会社にしよう」と思ったのです。

今回PRするサービスの性質上、アフィリエイトプログラムやポイントサイトなどを利用することを強く勧められ、アフィリエイトプログラムを利用することにしました。
アフィリエイトサービスへのユーザー登録や運用については、かなり細かくサポートをしてくれたので、初めて登録するAさんでも比較的容易に運用できて、思った以上に早めにプログラムをスタートすることができました。

しかし、いったんアフィリエイトプログラムを使い始めると、後は担当者から何も連絡がありませんでした。思ったより成果がない、とこちらから相談すればその都度提案を検討してくれるのですが、基本的には放置されているのと変わらない状態です。何回かそういったやり取りをしていく中でAさんは、「最初に言っていたことと違うじゃないか」という軽いストレスを感じ始めました。

数か月経った頃、突然その担当者から退職の挨拶メールがあり、別の担当者が引き継ぐということで挨拶に来ました。内容についてはきちんと引き継いであるのでまったく問題はありませんとのことです。

Aさんは、ちょうど良い機会だと思い、ストレスに感じていた提案の部分について新しい担当者に相談しました。

　「前の担当の方が、定期的に提案してくれるっていうから契約したんですけど、結局何もないんですよね。正直アフィリエイトもあまり効果が出ているように感じないんですけど」
　「ああ、そうでしたか。それは大変失礼いたしました。それでは早速現状を把握させていただいて提案させていただきます」

　後日、新しい担当者よりいくつか提案をもらい、改善案を元に運用を多少変えましたが、やはり思ったような効果は出ません。あまりに効果が出ないので、そろそろ契約を解除したいと思っていた矢先に、今度はその担当者は部署移動とのことで別の担当者に替わる旨の連絡が来ました。今度はメールのみの挨拶で次の担当者の紹介だけでした。

　そして、ある日突然新しい担当者から電話で連絡が来ました。メールベースで何回か挨拶をさせてもらっていましたが、電話で話すのは初めてです。
　その担当者は挨拶もそこそこに、

　「すいません。アフィリエイトの承認がまだ結構残ってるんですけど、月末までに承認していただけますか？」

　Aさんはこの担当者がいきなり強い口調で話すのでびっくりしました。
　アフィリエイト広告は広告主が承認しないと、アフィリエイターの方たちの報酬が確定しません。確かに、承認処理を忘れてしていなかったのは悪かったのですが、自分たちの対応はさておいていきなり電話をかけてきて失礼極まりないと思い、とうとうAさんは語気を荒げて言いました。

　「承認については分かりました。本日中に確認します。だけど御社はどうなってるんですか？　担当はころころ変わるは、提案しますっていうから契約した

のにいったんアフィリエイトを始めると音沙汰なしで請求だけじゃないですか！」

　後日、上司を連れてこの担当者は謝罪に来ました。結局話をしてみると、現在運用している以上の提案をするのは難しいということで、これ以上やってもお互い不毛なので契約を解除することとなりました。
　　＊＊＊

　冒頭でもお話しましたが、広告代理店は人員の配置変更や出入りがかなり激しいです。私も経験があるのですが、1年で3回くらい人の入れ替わりがあった代理店もあります。
　当然のことながら、それだけ担当が変わると、最初の担当者と後任の担当者とでは全然テンションも異なりますし、最初の担当者が提案している口約束のサービスのことまでは引き継げていません。

　たとえ口約束でも、発注者に取ってみると、その口約束を含めた上で発注しているつもりになってしまいます。代理店が契約上のやるべきことをきっちりやっていたとしても「提案します！」という一言を発すると、発注者としてはその言葉に期待を抱いてしまいます。ですので、その提案が実際に実行されないとそのことがストレスとなり、サービスの劣化と感じてしまうのです。
　これは私自身が発注者の時にも感じますし、制作の中で担当者が替わったことで、「話が違う」とクライアントのクレームを受けたこともあります。

　指名料を支払っているわけではないと思いますので、担当者の変更についてまで契約時に指摘するのはなかなか難しいです。しかし現に人の入れ替わりというものはありますので、契約が長期に渡る場合などは、口約束のサービスの部分についても覚書ということで残しておいたほうがよいでしょう。

👍 **第2部第1章｜契約前の口約束は契約内容に含まれるのか**⋯⋯⋯⋯194

第2章
デザインに対して契約の中でどこまで期待してもよい?

2-1	制作実績のデザインを指定したのにまったく異なるテイストのデザインしか出てこない。確認すると実績を制作したデザイナーはすでに退社していた。(制作会社へ発注)	013
2-2	初めての制作依頼で制作してほしいデザインイメージがなかなか伝わらず、挙句の果てには「これ以上やるなら追加費用」と言われた。(制作会社へ発注)	018

2-1

Contract trouble

制作実績のデザインを指定したのにまったく異なるテイストのデザインしか出てこない。確認すると実績を制作したデザイナーはすでに退社していた。（制作会社へ発注）

　Web 制作会社は、たいてい自社の Web サイトに制作実績というものを掲載しています。今までどのような仕事に携わり、どのような Web サイトデザインをしてきたのか、発注する際に制作会社を選ぶ上で制作実績は一番分かりやすい選択材料のひとつです。

　特にデザインについては、制作実績を見れば自分の欲しいデザインを作ってくれそうな制作会社かどうかの判断は付きやすいと思います。ですが、あまりに制作実績を信じ過ぎてそのまま制作会社頼りにしてしまうと、思わぬ事態を生むこともあります。

　Web 制作業界は非常に人の入れ替わりが激しい業界です。会社としては今まで培ってきた実績なので嘘を掲載しているわけではありませんが、実際に制作に携わったスタッフがすでに退社しているなどの事情は各社あります。
　最近ではスタッフの紹介と、そのスタッフがどの実績に携わったかなどの情報を、自社の Web サイトにきちんと掲載している制作会社もありますが、実績のみを掲載している制作会社の方が多いよう思われます。

　デザインの内容にもよりますが、デザインは制作するデザイナーによってかなり制作物のテイストや質が異なります。同じ要望やイメージを伝えてもデザイナーによってそれぞれ理解や解釈、イメージする内容は異なりますので当然といえば当然です。制作に携わった経験年数なども多少なりとも影響してくる

でしょう。

　ですので、制作実績を信じるな、とは言いませんが一応制作実績とその実績を担当したデザイナーが担当してくれるのか、など細かい部分も制作を依頼する前に制作会社に確認を取っておいたほうがよいでしょう。

事例紹介

　独立して新しく美容室を開店するＡさんは、お店のWebサイトを制作会社に依頼したいと思い、打ち合わせがしやすいようになるべくお店に近い場所にあるWeb制作会社を探しました。
　いくつかの制作会社の制作実績を見て、美容室関係の実績が多く、思い描いているサイトのデザインテイストと制作実績がマッチしたWeb制作会社Ｂに制作を依頼することにしました。

　連絡をすると制作会社Ｂの担当者が打ち合わせにやってきました。

　打ち合わせに来たのは、制作のスケジュールやこちらの要望やイメージをヒアリングして制作現場に伝える、ディレクターという肩書の方でした。連絡の窓口になって制作現場を取り仕切る役割です。

　お店の特徴などを伝え、制作会社Ｂの実績を見ながら、「御社のこの実績のような感じでデザインをお願いします。本当にこのデザインがイメージ通りなので」と伝え、制作を依頼しました。

　数日後、メールでデザイン案が２案送られてきました。
　確認すると２案ともどこか違う。制作実績のデザインを指定していたので、何となくテイストは似ているようにも感じるのですが、制作実績で掲載されているようなデザインとは異なることが、素人目にもはっきりと分かりました。どこか幼いというか、悪い言葉でいうと制作実績のデザインの劣化版のような感じがしました。

第1部　第2章　1

　Webサイトを見て来店するお客様も予想されるので、Webサイトのデザインは絶対に妥協したくありません。

　思ったことをきちんと伝えて何回か修正をしてもらったのですが、修正するたびに最初の似ているイメージとも離れてしまい、本当にこれで完成するのか不安すら覚えてきました。確認するのにも時間を使いますし、開店までの時間も限られています。
　数回修正してもらったのですが、やはり制作実績に掲載されていたようなデザインには到底及ばないものしか出て来ないので、Aさんはついに我慢できず担当ディレクターに言いました。

「本当に御社の制作実績に掲載されているデザインを制作されたデザイナーさんが制作されていますか？」

　その問いにディレクターは言い難そうな感じでこう答えました。

「いえ、あの、今回は別のデザイナーの方で担当しておりまして、、」

　御社の制作実績のこのデザインテイストで、とあれほど一緒にサイトを見ながらお願いしたのに別のデザイナーに担当させるなんて、、憤慨したAさんは言いました。

「お願いする時に制作実績のようなデザインとお願いしたじゃないですか！今回は別のデザイナーさんが担当するのであれば最初に言ってくださいよ！もう時間もないので、私が指定したデザインを制作したデザイナーさんに代わってもらえませんか？」
「いえ、あの……そのデザイナーはもう退職しておりまして……」

　制作会社Bの制作実績に掲載されているデザインを制作したデザイナーは、独立するため退職されたとのことでした。これ以上デザインの修正をしても要

15

望のデザインはできないと思ったＡさんは、そのデザイナーさんと何とか連絡を付けるなりして、こちらの要望のデザインを納品してほしいと伝えました。

　数日後、制作会社経由で当時実績を担当したデザイナーと連絡を付けてもらい、何とか無事にイメージ通りのサイトを公開できました。

● プロのデザイナーと言っても個性や癖は付きもの。

　プロのデザイナーというと、頼めばどんな格好良いサイトでもデザインしてくれると思われる方もいらっしゃるかも知れません。冒頭でも説明したとおり、デザインはデザイナーによってかなり個性や癖が出ます。微妙な色使いや文字のサイズなどで、指定したテイストと似ているけどどこか異なるデザインが出来上がります。

　たいていの場合はうまくまとめてくれるものですが、そのデザイナーの感性というものがあるので、何回修正しようが、デザイナーによってはこちらの要求しているイメージとどうしても擦り合わない場合もあります。

　どこまでデザインにこだわるかにもよりますが、デザイン重視で制作を依頼する場合には「この実績を制作したデザイナーさんにお願いしたい」など具体的な依頼をするのが一番間違いないかと思います。

　デザイナー指名制の制作会社というのはあまり聞いたことありませんが、美容院でも美容師を指名するように、確実にイメージと合うデザインを制作した実績のあるデザイナーを選択することは、わがままでも何でもないと思います。むしろ制作会社にとってもやりやすいのではないでしょうか。

　例に挙げたような話は極端な例で、制作実績を指定すればたいていはその実績を制作したデザイナーに担当させる場合がほとんどだと思います。ただ、社内の制作状況などの都合で、納期に間に合わせるために別のデザイナーが担当することもあると思いますし、実績のデザイン自体が他の制作会社へ外注して制作したものかも知れません。

　制作実績を見て「この制作会社に依頼したい！」と思ったら、その実績を制

第1部　第2章　1

作したデザイナーが在籍しているかどうか、また自分の要望のスケジュール感で対応してもらえるのかどうか確認しておくと安心です。

👉第2部第2章 ｜ デザインの要望や実績への期待は契約内容に含まれるのか…203

17

2-2

Contract trouble

初めての制作依頼で制作してほしいデザインイメージがなかなか伝わらず、挙句の果てには「これ以上やるなら追加費用」と言われた。（制作会社へ発注）

　デザインを制作会社へ依頼するという機会は、制作業界や企業の広報部門や制作部門などに所属していない限り、そうそう経験があるものではないと思います。例えば新しく自分の店を開いたり、起業して自分の会社を興したなどの機会に、自社の Web サイトや封筒、パンフレットなどを作ろうと思い、制作会社に制作を依頼することになるのではないでしょうか。ですので、初めてデザインを依頼する際には、何を用意してどう依頼したらよいかよく分からないという方のほうが多いと思います。

　デザインは素人なのでお任せします、と制作会社に全面的にお願いして、いざ提出されたデザインを見てみると、やっぱりちょっと想像していた内容とちょっと違う、修正してほしいけどどこまで修正をお願いしてもよいものなのか分からない、初めてデザイン制作を依頼した際にこういった壁にぶつかる方もいらっしゃるでしょう。

　デザインはデザイナーの個性も出るので、デザインを否定することイコールそのデザイナーのセンスや個性を否定することにもなりかねません。そう考えると言いたいことや要望をストレートにうまく伝えるのは、難しいものです。

　誰もがうまく自分のイメージしているデザインイメージを言葉や形で伝えられるわけではありません。こういう感じで、というイメージサイトなどがあれば別ですが、依頼する段階ではイメージサイトを用意できていない場合もあると思います。ですので、デザイナーに何案かデザイン案をもらって、それを見

て進めていくことの方が多いでしょう。しかし、なかなかうまくイメージが伝わらず、自分の欲しいデザインがなかなか出て来ない場合もあります。

事例紹介

　雑貨屋を経営しているAさんはお店のWebサイトをリニューアルしようと思い、制作会社にWebサイトのリニューアルを依頼しました。今のWebサイトは自前で制作したので、今回が初めて制作会社に依頼することになります。どうしたらよいかよく分からなかったので、取りあえず話を聞いてもらいたいと思い、制作会社の担当者に来店してもらいました。

　ディレクターの方にお店の魅力や特徴などを伝えました。
　イメージしている参考サイトなどあるかと聞かれましたが、普段あまりネットサーフィンをしないAさんは、そのイメージサイトもどうやって見つけたらよいのか分からないので、その辺も含めてお願いしたいという旨を伝えました。

　数日後、ラフデザイン案を何案か提示してもらいましたが、何だか思っているようなイメージではない、もう少し格好良くならないかな、と感じたので、ディレクターにその旨を伝えました。

　「以前お話したように、うちの扱っている雑貨は天然素材を使っているところが特徴なので、もう少しそのあたりを汲んでいただいてもよいですか？　今のデザインだと天然素材を扱っているっていう感じじゃないんですよね」
　「なるほど、分かりました。もう少し調整してみます」

　しかし、2回目のデザインもいまいちでした。他の雑貨店のサイトなどと比べると、どうも幼いというか素人っぽい感じがして、プロが制作したデザインという感じがしないのです。
　もちろん素人っぽいなんて言ったら失礼だと思い、もう少し何とかならないか言葉を選んで丁寧にお願いし、何度がデザイン案を出してもらいましたが、

19

どうしても納得いくようなデザインが出てきません。

● 具体的なイメージがないと作れないというデザイナー。

　もしかしてデザイナーの方に自分のイメージがうまく伝わっていないのではないかと思い、4回目の修正内容については制作しているデザイナーにも打ち合わせに同行してもらい、直接こちらの思っていることを伝えようと思いました。表現はオブラートに包みつつ、今のデザインでは雑貨店の特徴が出ていないと感じている旨をきちんと伝えました。

　するとデザイナーは、

　「では具体的に考えられているサイトのイメージを挙げていただけないでしょうか？　正直おっしゃっている内容が抽象的過ぎて、結局Ａさんのイメージがどういうイメージなのかちょっとよく分からないんですよね」

　と、ムッとした様子で答えました。

　「それを指示できないからプロのデザイナーに依頼してるんだろ！　こんなデザインばっかり出しやがって!!」と口に出そうになるのを我慢して、結局どんな感じのサイトが良いか、ネットサーフィンをしていくつか候補を挙げることにしました。

　するとそれを見たディレクターが数日後、

　「参考サイト見たんですけど、これだとほとんどやり直しに近いですよね？　ここまでやり直しとなると追加費用がかかるんですけど、どうしますか？」

　と追加費用の交渉をしてきました。

　「ちょっと待ってください！　こちらは訴求したいポイントなどをきちんと伝

えていたし、納得のいくデザインを出してくれないのはそちらの実力不足でしょう！ それを追加費用がかかるっておかしくないですか!?」

「しかし、もう修正については5回も行っていますし、、、」

「こちらも5回分の確認時間がかかっているんですよ！ デザインについては素人なんだから、プロとしてもう少し提案とかヒアリングとかないんですか？」

Aさんは、もう制作会社を変えたいと思いました。しかし、今まで制作を進めてきてしまったので、費用面でもなかった話にはならないだろうし、他の制作会社を探す時間もありません。仕方がないので交渉に交渉を重ねて、Aさんの探したイメージサイトと同じテイストでデザインを作成してもらいました。

完成したデザインも、サンプルサイトをそのままトレースしたかのようなもので、何だか納得いかなかったのですが、今までの流れだと納得いくデザインは出てこないだろうと思い、妥協してそのまま公開しました。

＊＊＊

この話、制作会社の方にとってみると厄介なクライアントだな、なんて感じる方もいらっしゃるかも知れません。しかし発注者という立場に立ってみると真逆で、納得のいくデザインを提出してくれないから修正回数がかさむのではないかと思われるはずです。

デザインについては、うまく進まないととことんうまくいかず、最終的に発注者がどこかを妥協して公開に間に合わせるというようなこともあるようです。本音では100％納得いかないままにWebサイトを公開してしまった、なんていう経験のある発注者の方も結構いらっしゃるのではないでしょうか。

例に挙げたような話は極端でもなく、デザイン制作の過程ではよくある話です。こういう話を揉め事と取るか、良いものを作り上げるためのぶつかり合いと取るかは人それぞれですが、費用の話にまで及んでくるとビジネスですのでシビアな話になってきます。

デザインをお願いする際に、もし不安であれば事前にイメージサイトを探しておく、もしくはその探し方も分からなければ、制作に入る前に制作会社にイメージサイトなどをいくつか探してもらい、一緒にイメージとなる参考サイトを共有してイメージを擦り合わせながら進めるのがよいでしょう。

　本来であれば、そういった制作の進め方というのは、制作会社が主導で提示してくれるものです。経験のあるデザイナーやディレクターであれば、ある程度こちらの意図を汲み取って、デザインを起こすのに必要な質問を先回りして考えてくれます。逆にほとんど質問もなく、いきなりデザインに取り掛かろうとするような制作会社もあります。

　前者でも後者でも、結果として納得のいくデザインができればよいと思うのですが、進める前に不安な場合はどのような進め方をするのか、イメージをうまく伝える自信がない場合はその旨をきちんと伝えて、修正にかかる費用やスケジュールもきちんと確認しておいたほうがよいでしょう。

👍 **第2部第2章｜デザインの要望や実績への期待は契約内容に含まれるのか**⋯⋯203

第3章

契約の中でどこまでやってくれるの?

契約範囲内の作業と保障される成果

3-1	定期メンテナンス費を払っているのに、修正を依頼するとその度に「別途修正費用」を請求され、定期メンテナンスの作業範囲がよく分からない。(制作会社へ発注) ………………………………………………………………… 024
3-2	「自分たちで簡単に更新できる」という触れ込みで高額なCMSを導入したのに、難しくて使いこなせない。結局制作会社に更新を有償で依頼するはめに。(制作会社へ発注) ………………………………………………… 028
3-3	SEO対策会社へSEO対策を依頼したら、検索順位も上がらず、毎回レポートだけを上げてくる以外のことは実施してくれない。(SEO、広告業務を発注) … 032
3-4	マーケティング用語の意味がよく分からず、お願いしたことに対してどういう成果が出たのかさっぱり分からない。(SEO、広告業務を発注) …………… 037
3-5	複数の広告代理店から提案と見積りをもらったのだが、どの会社に依頼してよいのか判断が付かない。(SEO、広告業務を発注) ………………………… 041

3-1

Contract trouble

定期メンテナンス費を払っているのに、修正を依頼すると「別途修正費用」を請求され、定期メンテナンスの作業範囲がよく分からない。（制作会社へ発注）

　Web サイト公開後の、修正や更新などのメンテナンスにかかる費用や契約形態は、制作会社によってかなり異なります。月額固定やその月の修正内容に応じて費用を算出するパターンなど各社さまざまです。業界でこれといったルールがあるわけではないので、よく理解しないで契約してしまうと、メンテナンスの費用内でやってもらえるつもりでいた作業に、追加費用がかかったりするので注意が必要です。具体的な例を挙げてみます。

事例紹介

　自社の Web サイト運営を担当している A さんは、数か月前に Web 制作会社へ依頼して Web サイトのリニューアルを行いました。

　公開後、すぐに今後のメンテナンスの話を制作会社より打診されましたが、A さんは実際に運用してみないと分からない部分もあったので、取りあえず他の企業も大半が契約していると言われる、月額制のメンテナンス契約をしました。

　そして、公開から数か月間、特に更新せず放置していた Web サイトのニュースを久しぶりに更新しよういうことになり、制作会社へ連絡しました。

　「ニュースの更新ですね。先に見積書を提出しますのでお待ちください」
　「え？見積りって、、メンテナンス費毎月払ってますよね？」
　「はい、修正は別途費用となりますが、、」

「え？じゃあ毎月お支払いしているメンテナンス費って何なんですか？」

「Web サイトの維持管理費ですね」

「維持管理って何ですか？何かやってもらってましたっけ？こちらとしては修正などが発生した時の保険のようなものだと思ってお支払いしていたんですけど」

「いえ、それは違いますね。ご契約の際に説明は差し上げていると思うのですが、、」

「いえ、メンテナンス契約として固定費用がかかるってことしか聞いてないですよ」

A さんは、制作会社の担当者からはメンテナンス契約の細かい内容について詳しい説明を聞いておらず、メンテナンスというのは一般常識的に修正などのことを指すものだと認識していました。

どうしても納得のいかなかった A さんは、担当者の上司の方に替わってもらい、メンテナンス契約の内容について説明を求めました。最終的にこの件については、特に制作会社から契約文書なども提示してもらっておらず、担当者もよく説明をしていなかったということで、今回の修正は無償で対応する、しかし次回以降は有償になるということで収まりました。

ただ、それであればメンテナンス契約は解約したい、という旨伝えると 1 年間の契約なのでそれはできないとのことでした。A さんは契約満期がきたら即時解約したいということをその場で伝えました。

＊＊＊

メンテナンス契約と言いながら、口約束または見積書ベースで話を進めてしまうようなことが制作現場ではよくあります。口約束ですと「そうは思っていなかった」「そういうつもりでは言った覚えはない」などの認識のずれが発生しますので、きちんと書面でメンテナンスの作業範囲を明確にしておくことが大切です。例に挙げたように、メンテナンス契約と言いながら、結局は何もしてくれない、修正をお願いするたびに別に費用が発生するということもありま

すので注意してください。

　もし Web サイトを制作するのは初めてなので、何を確認したら良いか分からない場合は、以下の確認項目だけでも確認してみてください。

【メンテナンス契約時の四つの確認項目】

・既存ページの修正については契約内で対応してもらえるのか？　対応してもらえるのであればどのページでも対応してくれるのか。また月内に対応してもらえる修正回数（制限があるのであれば）。

・制作当初、発見しえなかった不具合についてはメンテナンス契約をしていれば対応してもらえるのか？

・新しいページを作成するのはメンテナンスの範囲内か？　範囲外であればその費用。

・サーバー契約も制作会社に任せている場合は、サーバーのレンタル費用もメンテナンス費に含まれているのか？

　あくまで最低限の内容ですので、システムや運用が絡む場合にはさらに確認しておくべきことは増えてきます。その中で、もし納得いかない内容であれば、固定費用ではなく修正のたびに作業を見積もってもらうなどの交渉をしてください。

　他の項で挙げているような、制作自体がメンテナンス契約ありきの場合はそうもいかないので、サイト制作を発注する時点でメンテナンスの話も含めて契約を詰めておきましょう。

　私の場合、担当するクライアントによっては、毎月必ず修正するページをすべて整理して、作業範囲を明確にした上で月々のメンテナンス費用を算出している場合もあります。作業範囲からあふれた追加作業については、別途作業見積りを毎回提出して、承認を得た上で作業をします。そして、半期に一度、契約更新の際に半期の作業範囲を整理して、作業実績に応じた見積りで契約を継続するのです。こうすることで作業範囲が目に見えて明確になります。

　例に挙げたように、いつ更新するか分からないような Web サイトだとなかなか難しいかも知れませんが、メンテナンスについてはこの位細かく設定しておいた方が後々揉めるようなことはありません。

Web サイトは公開してからの運用が肝心です。そういう意味ではメンテナンス契約も Web サイト制作においては非常に重要な契約なのです。

👉 第2部第3章│**業務内容が明確で、理解もできているのか**……………210

3-2

Contract trouble

「自分たちで簡単に更新できる」という触れ込みで高額な CMS を導入したのに、難しくて使いこなせない。結局制作会社に更新を有償で依頼するはめに。（制作会社へ発注）

　最近では Web サイトを制作した後に、自分たちで Web サイトを更新できるよう、更新システム（コンテンツマネジメントシステム =CMS）を導入する企業が増えています。私の周りではほとんどのクライアントが CMS の検討・導入をするようになっていますので、Web 制作を依頼する際には CMS の導入がほぼスタンダードになっているようです。

　「今運営している Web サイトに CMS を新規に導入したい」というご相談をされる企業も増えています。しかし、CMS でできることと、自分たちで実際にできることをよく把握しておかないと、後で後悔することになります。CMS を導入しても、結局使い方を覚えるという点ではソフトウェアを購入することと変わりません。

　制作会社へのランニングコストをなくそうとして CMS を導入し、その習熟が自分たちのキャパシティーを超えており、自分たちで対応しきれなくなり、結局 Web 制作会社へ依頼することになる、などの失敗パターンも少なくありません。

　例を挙げてみましょう。

事例紹介

　大手家電メーカーに勤める A さんは、自社の Web サイトをリニューアルするタイミングで、今年から Web サイトの運用担当を任されました。各部署の

掲載内容をまとめて管理するという役割です。

「今回のリニューアルを機に HTML は勉強するので大丈夫です！ これを覚えたほうがよいっていうことがあれば何でも言ってください。頑張ります！」

Web 制作会社との打ち合わせで、CMS の仕様を確認している段階では、A さんはやる気満々で HTML に関する参考書も買い込み、積極的に運用に取り組んでいくつもりでした。会社の方針としては、CMS を導入するからには制作会社のメンテナンスは基本的になくし、すべて社内対応したいということだったので、CMS の仕様は極力自分たちで編集できることを前提としたものにこだわりました。

数か月後、サイトリニューアルは無事に完了し、いざ実際に運用し始めてみると、通常業務の片手間でやるにはかなり面倒なことが分かりました。

各部署からの意見や掲載したい情報を、すべてまとめて自分で掲載するのはかなりの作業です。作業ミスなどがあればすぐに関連部署からクレームが入ります。

思った以上の大変さに加えて、日常業務も重なり少しイライラしていたところへ、自分が編集したページが崩れるというアクシデントが発生しました。何とか HTML タグを触って修正を試みたのですが、一度崩してしまったものはなかなか修正できず、前の状態にも戻せないので制作会社へ連絡しました。

「写真とテキストが崩れておかしなことになっちゃったんですけど、どうやって修正すればいいですか？」

サイトの確認をした制作会社の担当者は、よくあることのように言いました。

「ああ、HTML タグを壊してしまったみたいですね。これだけ崩れてしまってるとこちらで修正した方が早いかも知れませんよ」
「でも、お願いするとお金かかりますよね」
「ええ、一応弊社の方で対応するとなると作業費がかかります」

社内的には、サイトの修正は外注はしないという方針で CMS を導入したので、A さんは再度自分の力で何とかしようと頑張りました。

　しかし、どうやってもうまくいかず、その日は上司に事情を説明して制作会社に依頼して修正してもらいました。毎回依頼するわけにもいかないので、後日再度サイトの編集を試みたのですが、やはりどうしてもうまくいかず、A さんはとうとう制作会社に仕様改定の連絡をしました。

　「毎回毎回崩れちゃうんですけどどうしてですかね?! 勝手にタグが入ったり意図しない動きするんですけど、これって仕様検討の時点ご説明いただきましたっけ?　素人には分かりにくいシステムですよ、これは!　HTML タグとか修正できなくていいのでもう少し使い仕様を検討していただけませんかね?!」

　イライラの溜まっていた A さんはクレームのような言い方でまくし立てました。

　最終的には HTML タグは直接修正できないようにして、所定のテキストや画像の差し替えのみが行えるよう改造し、レイアウトの変更など HTML タグを修正するような内容については制作会社へ依頼するということになりました。

　＊＊＊

　更新頻度にもよるとは思いますが、実際に運用してみると実務の合間にCMS を覚えて、各部署からの修正依頼を対応して、というのはなかなか大変です。

　CMS にも癖があり、簡単簡単といわれても操作がしっくりこず、なかなか覚えられないこともあります。制作会社では海外制の Wordpress など、ブログツールを CMS として利用するようなケースが増えており、ご自身でブログを運用していたりする方であれば、ある程度分かるかも知れませんが、触ったこともないような方であれば、慣れるまで時間がかかる場合もあります。一般的な更新作業では、まず触らないような機能も付いていますので、人によって

は混乱するでしょう。

　CMS を導入する場合には、最初にきちんと仕様を把握して、本当に自分たちで操作できるのか、よく検討してから導入することをお勧めします。その時のやる気だけで導入しても、結局使いこなせず更新する時間も取れないため、CMS を使って制作会社が更新をする（もちろん有料）などということもよくあります。

　制作会社によって導入する CMS も異なりますので、まずは自分たちで扱えそうな感じのインターフェースなのか、デモ画面を見せてもらってから検討するのがよいでしょう。
　結局、CMS を導入して、覚えて更新する手間を考えると、制作会社に依頼してしまった方が早いこともありますので、本当に CMS を導入する必要があるのか、予定している更新頻度や運用体制、運用する方のスキルなどを考慮の上よく検討してください。

👍 第 2 部第 3 章｜**業務内容が明確で、理解もできているのか**·····················210

3-3 Contract trouble

SEO 対策会社へ SEO 対策を依頼したら、検索順位も上がらず、毎回レポートだけを上げてくる以外のことは実施してくれない。(SEO、広告業務を発注)

　Web サイトを公開しても、検索エンジンでヒットせず、全然見てもらえなければ意味がありません。Web サイトを制作する際に、検索エンジン最適化対策（以降、SEO 対策）については発注側としても一番気になるところです。

　SEO 対策を施せば、すぐに Yahoo! や Google の検索結果に表示されるようになる、とお思いの方もいらっしゃるようですが、そんなに簡単に結果は出ません。たまたま選択したキーワードがマッチしていて、すぐにヒットする場合もありますが、その場合はもともと商品やお店にユーザーが興味を持っていて、その固有名称を最初から知っている場合などに限られてしまいます。

　なかなか検索エンジンにヒットしないと、オンラインショップなどの場合は致命的で、せっかくオープンしても物が全然売れない状態が続いてしまいます。
　広告を打つのもひとつの手ですが、そもそも自分のサイトが商品を含むキーワードで全然ヒットしないと、何とか SEO 対策をして少なくとも商品名ではヒットさせないと、と思われるサイト運営者も多いでしょう。
　SEO 対策と言ってもさまざまな対策会社（以降 SEO 会社）がありますので、よく確認して契約しないと、思ってもいない高額な費用がかかったり、期待している費用対効果が出なかったりする場合もありますので注意が必要です。いくつか例を挙げてみます。

第1部　第3章　3

● 莫大な初期費用と莫大なチューニング費用

事例紹介

　ある企業でWebサイトの運用を担当しているAさんは、大手SEO会社へSEO対策を依頼しました。何社かのSEO会社に見積りを依頼し、毎週のレポート提出と一緒に対策を考えて提案をしていただけるというB社に決めました。

　初期費用という名目でかなりの費用がかかりましたが、大手企業サイトの運用を行っていた実績があるようなので、高額なのは仕方がないのだろう、という程度にしか考えていませんでした。

　運用はB社がキーワード選択や提案を行って、そのキーワードの実装は、いつも更新を依頼しているWeb制作会社が行うというものです。

　実際に運用を進めていくと、B社は毎回アクセス解析のレポートを丁寧にまとめて報告してくれます。大変分かりやすいレポートで、毎回担当者が来社して説明してくれるのは良いのですが、肝心の検索順位は一向に上がりません。

　「レポートの報告内容は分かったのですが、検索順位があまり変更ないんですけど、何か施策とかないんですかね？」

　「もちろん施策についてはご提案差し上げることは可能です。次回のレポートの際にお持ちしましょう」

　自信たっぷりの笑顔でB社の担当者は言いました。

　次のレポート報告の際に、SEO施策としてキーワード以外のHTMLの改修（内部施策）についてまとめた資料をその担当者が持ってきました。

　「内部施策としては、このような対策をサイトの全体に渡って反映する方向がよろしいかと思っております」

　「では、ぜひそれもお願いします」

　「HTMLをチューニングするとなると、チューニング費用がまた別途発生しますがご予算の方は大丈夫でしょうか？」

33

チューニングにかかる費用という見積りを見て金額に驚きました。チューニング作業ということで数百万円がかかるというのです。

Aさんは SEO 対策ということで依頼したので、サイトの良くない部分については修正してくれる費用もてっきり入っているものと思っていました。

「追加費用がこんなにかかるんですか？ SEO 対策をお願いしているので、効果が出る方向で修正もしてくれると思っていたのですが」

「いえ、今回ご依頼いただいたプランですと初期導入費として御社サイトの解析やキーワードの選択、毎月のレポート提出とキーワードのご提案のみとなっておりますので」

確かに契約時にチューニングなどの話は出ていなかったので、こちらの誤認識だったことに A さんは気が付きました。さすがにキーワードの差し替えと、何をしてくれるのかよく理解できないままのチューニングで、数百万の稟議は会社に上げられません。チューニングについては断念しました。結局、その後順位が上がったかというと、これまで大して変わらないまま、SEO 会社との契約期間は満期を迎えました。

＊＊＊

⬤ 効果はないけどヒットしやすいキーワードを選んで提案してくる業者も

例に挙げたのは SEO 施策ということで、運用のサポート対応している会社ですが、指定したキーワードで順位が上がらないと費用は不要、という成果報酬型の SEO 会社もあります。成果報酬であれば安心、と思ってしまいがちですが、きちんと施策の内容を確認しないといけません。

一番気を付けたいのは、発注者側が選んだキーワードではなく、SEO 会社側が選んだキーワードで無理やり検索結果にヒットさせる場合です。中には複数のキーワードを組み合わせて強引にヒットさせるような提案をして成果報酬を請求したり、検索エンジンでペナルティを付けられるかもしれないギリギリ

34

の対策を行ったりする会社もあります。

　SEO 会社としてはその時に効果を出せばよいわけですから、成果報酬の名の下に、かなり無茶なその場限りの対策をしてくるような会社もあります。また、100 位から 98 位に上がった、という場合でも順位が上がったということで成果とする会社もあります。

　ですので、どんな対策を行ってくれるのか、自分たちの希望する検索キーワードで望んだ成果を出してくれるのか、きちんと確認を取って、納得してから発注しましょう。

⬤ SEOはいつ結果が出るのか分からない

　冒頭でも説明したとおり、SEO 対策を行ったところで期待通りの成果が出るかどうかは分かりません。例えば、ざっくりと「不動産 東京」で検索結果の 1 ページ目にヒットさせたい、といっても、競合他社が多過ぎるので新しく制作した Web サイトだと思い通りに成果を出すことは難しいでしょう。施策を施しても、思い通りの結果が出ないこともあるのです。

　実際に、SEO 会社に依頼して効果が出ている Web サイトもたくさんあるのは事実です。しかし、一時的に順位が上がったとしてもすぐに落ちてしまうこともあります。順位を維持するのも難しいのです。

　よく考えてみると、数多くの SEO 会社があり、常に競合他社のサイトも検索順位の上位を狙っているわけです。SEO 会社に依頼すれば絶対に上位に上がるのであれば、どのサイトも上位にきてしまい、検索順位という概念がなくなってしまいますよね。

　Google や Yahoo! の検索の仕組みは開示されているわけではなく、定期的にルールも変更となっているようです。ですので、検索サイトの内部の方からの確実な情報でもない限り、絶対に成果が上がるなんてことはあり得ません。SEO 会社による対策は、SEO 会社による日々の実験と検証で得た法則に基づいて行われるものです。そのため、一時的に検索結果が上がっても順位のルールが変われば次の日には戻っているかも知れません。

⬤ SEOに絶対はない。よく理解して納得してから発注の判断を

　この項では、念頭に置いておくべき基本的なリスクとして例を挙げています。SEO会社に依頼すること自体が悪いことではありません。しっかりと対応してくれて、満足のいく結果を出してくれるSEO会社も数多くあるでしょう（ほとんどの会社がそうだとは思います）。

　しかし、発注する際にはSEO対策をある程度理解して、リスクをきちんと考慮した上で、本当に費用をかけて発注すべきなのか判断することをお勧めします。

　特にSEO対策はコンサルティング業務も兼ねているため、前払いを要求する会社も少なくありません。発注する前の検討は特に重要です。

👍 第2部第3章│業務内容が明確で、理解もできているのか……………210

第1部　第3章　4

3-4

Contract trouble

マーケティング用語の意味がよく分からず、お願いしたことに対してどういう成果が出たのかさっぱり分からない。（SEO、広告業務を発注）

　制作を進める上で、よく分からない専門用語が出てくることは多いと思います。特にマーケティングは専門用語が多く、新しい用語が次々に登場するので、きちんと理解せずに聞いていると、結局効果が出ているのかそうではないのか、何の話をしているのかすらよく分からなくなってしまいます。

　私も、すごい勢いでマーケティング用語を連発されるミーティングなどでは、よく分からないけどメモしておいて、後で検索して意味を確認する、ということはよくあります。個人的には普通に日本語を使えばよいだろう、と思ったりもするのですが、どうやらマーケティング業界の方々はそうではないようです（全員がそうとは思いませんが）。

　では、実際にタイトルのような場面に遭遇したら、どのように対応したらよいでしょうか。ここではトラブル例ではなく対応例を挙げてみます。

事例紹介

　旅行会社に勤めるAさんは、ある旅行プランでfacebookの「いいね！」を増やすキャンペーン企画を任されており、そのWebプロモーションを依頼できる会社を探していました。ネット検索で複数のプロモーション会社に声をかけ、最終的には旅行に特化したプロモーションやマーケティングを行っているマーケティング会社へ声をかけました。

　電話で連絡を入れると、営業担当の方は翌日にはヒアリングのため来社してくれるとのことです。翌日、マーケティング会社の方が3名来社しました。その中でも今回の主担当の営業であるBさんは、久々に再開した友人のように

37

大袈裟に挨拶をしてきました。

「いやあ、Aさんとお電話でお話してて、会いたかったですよ！」

　Aさんは、抱きつかんばかりに近寄ってくるBさんにやや圧倒されつつ名刺交換をしました。そして挨拶もほどほどに、早速、今回のマーケティングとプロモーションについて説明を受けました。

「今回のキャンペーンのターゲットはやはりF1層ですよね。だとするとSNSでバズらせて、一気にキャンペーン広めちゃう方向で決まりですね！ 弊社には今まで蓄積してきたナレッジがありますので、その辺はご安心してお任せください。私は今回フルコミットさせていただきますから！」

　こちらが質問する余地もないほど早口で、30分ほどキャンペーンの提案を大きな壺を回すような仕草とともに進めます。
　ところが、話の途中からAさんにとってはBさんの説明は一体何をしてくれるのかよく分からなくなってきました。要所々々でアルファベットを入れて話をされるのですが、Aさんにとっては何のことを言っているのか分からないのです。あまりに気持ちよさそうに話すBさんの、話の腰を折ってしまっては悪いと思って黙って聞いてきたのですが、どうにもよく分からないのでAさんはBさんの説明を遮って聞きました。

「すいません。ちょ、ちょっと待ってもらえますか？その、、ちょっとおっしゃってる意味がところどころ分からないのですが、結局どういうことをしてくださって、どういう効果が期待できるのか分かりやすい日本語でもう少し分かりやすく説明してもらってもよいですか？」

　すると話の腰を折られたBさんは一瞬苦笑いのような表情をした後に先ほどの笑顔に戻り、

「つまりですね、要約すると御社のサービスのターゲットである 20 歳から 34 歳くらいまでの女性に対して今流行りの facebook や Twitter でサービスを拡散しようというわけなのです」

これで A さんにもよく分かりました。というか、要約すればすぐに分かるようなことを 30 分もかけて説明されていたのか、と少しげんなりしました。

その後、実際にキャンペーンが始まり、成果レポート報告のたびにマーケティング用語連発の B さんでしたが、A さんはその都度それはどういう意味なのか、どういう効果があったのか説明をしてもらうよう心がけました。

分からない用語を受け流さずにきちんと確認することで、現在行われているキャンペーンに対して、ターゲットとしているユーザー層がどういう反応をしていて、成果がきちんと出ているのか、出ていないのかがはっきりと分かりました。

逆に用語が分からないままだと、成果が出ていないにも関わらず、成果が出ていないことに対して提案をお願いすることすらできませんでした。

結局、キャンペーンの成果としては facebook の「いいね！」が少し増えたのと、SNS での拡散で旅行プランサイトへのアクセス数は増えたのですが、A さんが期待したような効果は得られませんでした。

しかし、きちんと相手の提案内容を理解したことで、今回のようなキャンペーン企画の解析方法とマーケティング用語を B さんから吸収し、詳しくなれたのは収穫でした。

＊＊＊

例に挙げたように、話の腰を折ってでもきちんと突っ込んで確認できればよいのですが、その場の雰囲気などでそれが難しい方もいるでしょう。

マーケティングや広告関係の方々は、こちらが分からないことを前提としたプレゼンを行わないことも多いのが現状です。

それを改善してもらうのは難しいので、少なくとも事前に用語くらいは覚え

39

て、相手が何を言っているのか理解できるようにするべきです。もしくはきちんと分かるように説明してもらいましょう。

　よく分からないまま説明を受けて、数値が上がってきているという事実だけを鵜呑みにしていると、結局よく分からないまま、これといった成果が出せず、高い費用だけがかかることも多くありますので気をつけましょう。

👍 第2部第3章 ｜ 業務内容が明確で、理解もできているのか……………………210

3-5

Contract trouble

複数の広告代理店から提案と見積りをもらったのだが、どの会社に依頼してよいのか判断が付かない。（SEO、広告業務を発注）

　広告代理店というのは、大半がネット広告媒体をうまく組み合わせて自社の製品やサービスをPRしてくれるのが仕事です。制作会社であれば、最終的には成果物という判断基準がありますので、制作者のスキルや対応など発注する際に選ぶポイントはある程度想像しやすいです。しかし、広告代理店というのはどこに注目して発注したらよいのか、ちょっと想像できないという方もいらっしゃるのではないでしょうか。

　費用が安くて効果が出るのに越したことはありません。しかし、そんな会社を見つけるのは簡単なことではありません。
　どこに重きを置くかは発注する方のご判断になりますが、私の考えるポイントを参考までに挙げてみます。

● PRしようとしている商品やサービスをきちんと理解しているか。

　例えば、自社で運用しているWebサービスのPRをお願いしたいと考えているのに、サービスに登録もしていないし、使ったこともない状況で営業に来られる方がいますが、そういうのはどうかと思います。
　そもそも最初の段階で話が通じないですし、作り手の私にとってみると、「実際に使ってもいないでサービスのどこをPRしてくれるのだろう」と思ってしまいます。
　商品であれば、購入まではいかないにしても、どういったターゲットが販売対象なのか、競合となる商品はどこのメーカーの商品なのか、少なくともそのくらいは把握していてほしいですね。

41

いきなり広告媒体の紹介資料だけを持参して、自社の紹介を長々とされる営業の方もいらっしゃいますが、広告というのは PR したいものがあっての広告です。

● 商材の強みを理解してもらえているか。理解しようとしているか。

「ターゲット層がマッチするので、〇〇のポイントサービスに掲載をお勧めします」「リスティング広告を導入するメリットは〇〇です」のように、手法だけでなく、どうしてその手法が有効であるのかきちんと説明してもらえるような会社は良いと思います。代理店の営業担当者の中には、とにかく「豊富な広告素材をご提供」という感じで、広告媒体や手法の紹介ばかりをされる方がいらっしゃいますが、広告媒体を豊富に紹介できても、結局取り扱う商品やサービスにマッチしなければ、まったく効果が出ない場合もあります。

ですので、代理店の担当者が広告媒体をどう使いこなせるのか、という部分は大きなポイントになってきます。広告媒体を使いこなすためには、PR するサービスの内容やその強み、訴求ポイントなどをきちんと理解しなければなりません。

最初から正確に理解できていなくても、理解しようとヒアリングをしてもらえているかどうか、そういうところもチェックしてみてください。

とにかく契約だけを取ろうとする方は、プランや費用のお得感の説明に必死で、PR しようとしている肝心の素材について、こちらから話をしないとろくにヒアリングもしません。

● 何をしてくれるのか。成果についての保証は？

広告代理店に広告運用以上のものを求めてしまうと、成果が出なかった時にストレスとなります。ですので、どういったことをしてくれて、成果に対してはどのような保証してもらえるのか、などをきちんと確認しましょう。

保障してもらえる作業と成果に対して納得のいく費用であれば、発注することを検討すればよいかと思います。**1-2** で例にも挙げていますが、口約束のサービスというのは契約期間が長ければ風化されがちです。

もし、サービスを含めての対価と考えるのであれば、そのサービス内容を保障するということを口約束ではなく覚書程度でも、発注する時に一筆書いてサインでもしてもらうとよいでしょう。

ここまで、広告代理店選びのポイントをいくつか挙げましたが、これらのポイントは会社のサービスの質もそうですが、これから一緒にやっていくであろう担当者を見極めるためのポイントでもあります。

「制作案件は人に付いてくる」と言われますが、まさに広告代理店に運用を任せる場合も、担当者に対して発注するような感覚と同じではないかと思います。

「広告出稿の手順などが分からないので、単純に広告の運営を代行してほしい」ということであれば、安くて確実に仕事をしてくれそうな会社がよいでしょう。

その際には、値段だけでなくレスポンスの速さなど、とにかく真面目に的確に対応してくれるかというポイントもチェックしてみてください。

「広告やPRについては素人なので専門家にお願いしたい、広告効果を一緒に考えてほしい」といった主旨であれば、挙げたようなポイントでチェックしてみるとよいでしょう。

他の項でも同じような話に触れていますが、広告代理店は広告の運用を代行してくれる会社なので、成果を必ずしも保障するものでもありません。

その辺りを取り違えてしまうと、後悔するようなことにもなりかねません。

ですので、発注者は自分たちが代理店に何を求めるのかを熟考し、広告運用方針や手法に対して納得できる会社と契約をすることをお勧めします。

また、分からないことは発注前に各広告代理店の方にどんどん相談してみるとよいでしょう。競合他社のアクセス数だとかユーザー数なども、機密保持に触れない範囲で教えてくれたりするので、自社の目標が見えてきたりします。

発注をするつもりもないのに、あまり質問や相談ばかりをしているとそのうち愛想を尽かされると思いますが、代理店の方は結構相談に乗ってくださる方が多いです。あまりこういうことを書くと代理店の方に怒られそうですが、自分たちが分からないことは、発注する前に極力代理店に質問して、知識を得てから検討するのもひとつの手です。ネット検索では得られないような情報を教えてくださる方もいらっしゃるのでお勧めします。

👍 第2部第3章｜**業務内容が明確で、理解もできているのか**·······210

第4章
その発注先は本当に信用できる？
制作進行中に気を付けたいリスク

4-1 制作の進捗報告がなく、完成したテストサイトを確認してみたら、バグやリンクミスなどが多く、完成とはほど遠い状況だった。（制作会社へ発注） …… 046

4-2 制作を依頼していた制作会社が倒産した。すでに会社が解散していて担当者ベースで話ができず引き継ぎができない。（制作会社へ発注） …… 050

4-3 広告代理店の担当者が忙しくてなかなか応じてくれず、直接制作会社に問い合わせたら直接は連絡しないでほしいと言われ、スムーズに制作が進まない。（制作会社へ発注） …… 054

4-4 HTMLコーディングをお願いしていたフリーランスが、納期直前に体調不良でダウン。対応ができないと言うので他の制作会社に二重発注することに。（フリーランスへ発注） …… 058

4-5 公開したWebサイトに緊急の修正が発生したのに、午前中9時～6時のような一般企業の業務時間帯に連絡が取れない。（フリーランスへ発注） …… 062

4-1

Contract trouble

制作の進捗報告がなく、完成したテストサイトを確認してみたら、バグやリンクミスなどが多く、完成とはほど遠い状況だった。（制作会社へ発注）

　制作会社に制作を依頼して納期が近づいたのに連絡がなく、進捗の報告を催促してみるとほとんど完成していなかった、いう話は稀に聞きます。納期が遅れるというのは、制作中の大幅な変更や追加オーダーなどがない限りそうそうある話ではありません。しかし、品質という観点から見ていくと、バグだらけで完成品とは思えない品質だった、思っているような動作をしていなかったなど、「これで納期に間に合っていると思っているのか？」と疑いたくなるような、完成品とは言い難い制作物が上がってくることもあります。

　制作現場の事情をお話してしまうと、プログラマーでもデザイナーでも納期まで時間が少なくなってからアクセルがかかる方も結構いるようで、期限直前になってお尻に火が付き出してからようやく動き出すという光景はよく見かけます。また、制作会社は複数の制作を同時進行で進めていたりするので、人員の調整などが間に合わず、納期が遅れるということも発生します。

　発注者にとってみれば、納期遅延は業務不履行以外なにものでもありませんので、制作現場の事情なんてどうでもよいかと思いますが、制作会社や制作者の特徴などを把握しておくことは、発注者にとってのリスクを最初に軽減しておくのに大きく影響します。

　では、発注者にとってのリスクを少なくするにはどうしたらよいでしょうか。法的な面ではなく制作現場からの視点でお話しします。

● リスクヘッジポイント①：スケジュール

　まず、他の項でも書きましたが、発注する前に気を付けたいのがゆとりのあるスケジュールを立てられる制作会社なのかというところです。もちろん発注する側の都合もありますから、納期を無視したスケジュールを立てられてしまうのは論外ですが、ほとんど確認の時間がなく制作や開発のみでギリギリのスケジュールを出してくる会社はかなり危険です。

　この納期では、品質を保証しないと言っているようなものです。せめて、制作会社のテスト期間と発注者側で確認と修正依頼をする期間、欲をいえば納品まで何日か予備日をきちんと設けられるスケジュールがベストです。

　何社かにスケジュールを提出してもらって、すべての会社がギリギリのスケジュールを提示してくるようであれば、それは納期を見直したほうがよいかも知れません。もちろん無理をしてでも対応してくれる制作会社もあると思います。

　ただ、リスクはあるという認識だけは持っておいてください。

● リスクヘッジポイント②：制作体制

　次に、制作体制です。社内のスタッフを使うのか外部スタッフを使うのか、どの作業にどういった人が何人携わるのか。例えば担当者の一人が急病などで倒れた場合の補填は効くのか、など企業としてきちんと対応できる体制なのかを確認しましょう。緊急対応してほしい不具合などが発生した場合、「ちょっと今日は担当者が病欠しておりまして」と言われても、困るのは Web サイトの持ち主である発注者です。作っているのは制作会社でも、サイトを見ている人にとってみると発注者が発信しているものでしかありません。

　できることであれば、発注後の初回の打ち合わせだけでも実際に制作に携わる制作担当の方々ときちんと顔合わせをしておきましょう。

　そうすることで、制作をするスタッフも発注者がどういう意図でどういう熱意を持って制作に取り組んでいるのか感じ取ってもらえますし、制作を進行する上でも、一度顔を合わせていると円滑なコミュニケーションが取りやすくな

ります。

● リスクヘッジポイント③：テストアップ時の完成度

テストアップ時の品質についてもよく確認しておきましょう。特にシステムが関係してくるような制作ですと、テストアップした時点での制作物の完成度というのは制作会社によってまちまちです。

「テストアップなのである程度不具合・バグがあることはご了承いただきたい」「テストアップの段階ではそこまでは、、」などなど、テストアップはあくまでテスト段階なので、完全な納品物ではないというのが制作会社の主張です。

ですから、バグがあり過ぎて動かなくても、プログラムを埋め込む作業までは完了しているので、あくまでテストアップできていると主張されることもあります。

このように、制作物の品質レベルの認識が異なることで揉めることもよくありますので、事前にテストアップや納品時の品質についても認識を合わせておくことが重要です。意外とこの辺りの取決めをしないで制作を進めてしまうことは多く、「常識的に」ということで進めてしまうと、その常識がお互いに異なることもあるので注意しましょう。制作側の考える常識と発注者が商品として考える常識というのは異なることも多くあります。

● リスクヘッジポイント④：進捗チェック

規模が大きくなればなるほど、進捗チェックもマメに行うべきです。もし進捗の遅れが著しかったとしても、それを隠して制作会社は何とか納期直前まで頑張って間に合わせようとします。それで間に合えばよいのですが、結果的に納品当日に品質が悪かったり、未完成だったりするケースも少なくありません。

作業している最中に口を出すとたいていの制作者は嫌がりますが、完成している部分から確認していくなど中間の進捗状況を確認できるよう、最初に進め方を確認しておくべきです。規模が大きく長期的な制作の場合は、必ず途中の進捗状況を口頭や資料ベースでなく、テストサイトなどの現物を見て確認することです。

早めに確認しておけば、もし認識違いなどが生じていても、認識合わせと修正をする時間が生まれますし、完成品を見てから修正をしてもらうより発注側にとっても制作側にとってもお互いにメリットはあるはずです。

こういった制作会社との認識違いや性質を理解した上で、制作会社をうまくコントロールすることは、制作を依頼する発注者にも求められるテクニックだと思います。

👍 第2部第4章｜**業務の進捗管理はどう行えばよいのか**⋯⋯⋯⋯⋯⋯⋯223

4-2

Contract trouble

制作を依頼していた制作会社が倒産した。すでに会社が解散していて担当者ベースで話ができず引き継ぎができない。（制作会社へ発注）

「制作会社が倒産して営業停止したので、案件を引き継ぎたいのだが、仕様書がない、プログラムやデザインの元データを入手することができない」というご相談を受けることが私自身よくあります。

倒産する際に、わざわざ倒産するので引き継ぎをお願いします、と発注者側に言いに来る会社というのもあまり聞きませんので、たいていはうまく引き継ぎができず、発注者が困って相談してくることが多いです。

特に代理店の方が多く、制作を外注していた制作会社が倒産した際に、クライアントに対して、制作を依頼している制作会社が倒産した、などとは言えず何とかしようと焦って連絡される場合がほとんどです。具体的な例を挙げてみましょう。

事例紹介

広告代理店に勤めるＡさんは、少人数のWeb制作会社Ｂに、自社で受注した案件の実制作を発注していました。Ｂ社は少人数ながらも制作のスタッフひとりひとりの対応が良く、Ａさんは贔屓にして発注していました。

年も明け、年度末の制作で制作業界は繁忙期に入っていました。

いつものようにＢ社に複数の案件を発注しているＡさんは、制作のことで少し確認したいことがあり、Ｂ社に連絡を取りました。すると、平日の日中なのに誰も電話に出ません。

おかしいな、と思いながらも、「少人数の制作会社なのでたまたま電話に出る人がいなかっただけかな」と思っていました。一応メールでも連絡したので

第1部　第4章　2

すが、その日の夜になっても返信がありません。いつもだったら少なくとも翌
日の午前中には誰かしら連絡を返してくれるはずなのに、Aさんは少し不安
になりました。

　翌日も連絡がなく、心配になって再度連絡すると、弁護士と名乗る人物の携
帯電話へ電話が転送されました。話を聞いてみると、制作会社は倒産したので、
要件がある場合はすべて弁護士を通して連絡をしてほしい、社長やスタッフへ
は直接連絡を取らないように、ということを話されました。

　現在、複数の制作案件をお願いしているので、急にそんなことを言われても
Aさんも困ります。

　「あの、現在発注していて制作中の案件があるんですけどそれはどうなっちゃ
うんですか？」
　「申し訳ないのですが、制作を進行することはできませんので、データなど
必要であれば、リストか何かにまとめていただければこちらから送らせていた
だくようにしますので」
　「社長さんとか担当者の方には連絡付かないんですか？　本当に困るんですけ
ど！」
　「ええ、それはちょっと難しいですね。会社としてはもう解散していますので」

　Aさんの焦りとは裏腹に弁護士は淡々と話をします。これ以上弁護士に話を
したところでしょうがないと思い、担当者の携帯電話番号は知っていたので、
直接担当者に電話してみました。直接連絡を取るなと言われても納期も迫って
おりしょうがありません。

　何とかB社の元担当者とは連絡が取れ、弁護士からデータ一式を入手して、
その担当者のつながりで他の制作会社を紹介してもらい、うまく引き継いでも
らって何とか納品まで事なきを得ました。
　ただ、デザインの元データなどはデザイナーが共有サーバーに保存していな

51

かったらしく、入手することができないので、制作会社にデザインデータを作ってもらい、その分制作費用が高くついてしまいました。

＊＊＊

● 倒産や担当者退職のリスクは必ずあるのでデータの管理は必ず自社で

倒産だけでなく、担当者が辞めてしまったので会社の中に対応できる人間がおらず、会社として対応するのが難しいということも多くあります。

特にシステムが絡んだ案件だと、少人数の会社では開発したエンジニアが辞めてしまい、後任がいないと対応が不可能ということもあります。こういった話は、私の周りではよく聞きます。

発注者である以上、発注先である制作会社のことを信用するとかしないではなく、倒産や営業停止のリスクは常に考えておく必要があります。大きなシステムでもない限り、つい納品してもらうのを忘れがちな仕様書などのドキュメント、デザインデータなどはきちんと納品してもらうようにしましょう。

案件の規模が大きくなればなるほどリスクは大きくなるので、制作期間の長い大規模な案件の場合は、中間納品してもらう、もしくはデザインなどはいったんデザインフィックスした段階で元データを入手しておく、などある程度形ができた時点で、定期的に納品をしてもらうことを検討すべきでしょう。

制作会社によっては、中間納品が可能ではない場合もあるかも知れませんが、極力データは入手する方向で進めてください。

Web サービスの運営や CMS など、プログラムが絡むものは引き継ぐことが難しく時間がかかります。その際に、仕様書などのドキュメントがあるとないとでは作業時間は大きく異なり、仕様書がないと引き継ぐ先の制作会社で解析や検証をしなくてはならなくなり、その分作業費用もかかってきますので注意してください。

こういったリスクを考慮して、企業によっては Web 制作会社を複数社使っ

てリスクヘッジを取るような制作方式で依頼しているところもあるようです。

　なかなか複数社同時に管理するのは難しく、品質にもムラが出て来そうですが、それほどリスクとしてはあり得る話なのだということを念頭に置いておいてください。

　これはもしかしたらルール違反なのかも知れませんが、個人の連絡先を抑えておくのは有効かと思います。会社が解散しても業界の人であれば、他の制作会社へ転職する可能性が強いので、連絡さえ付けば何とかなるかもしれません。

👍 **第2部第4章｜業務の進捗管理はどう行えばよいのか**························223

4-3

Contract trouble

広告代理店の担当者が忙しくてなかなか応じてくれず、直接制作会社に問い合わせたら直接は連絡しないでほしいと言われ、スムーズに制作が進まない。（制作会社へ発注）

　制作を依頼してレスポンスが遅い、ちょっとした修正に時間がかかる、などの対応面の悪さは、発注者にとってストレスを感じる一番の要素ではないでしょうか。タイトルのようなケースも決して少なくありません。実際の例を見てみましょう。

事例紹介

　大手企業の広報を担当しているＡさんは、新しいWebサイトの制作を広告代理店に依頼しました。この広告代理店は、Ａさんが入社する前から継続して依頼している会社で、広報関係の印刷物やWebサイトについては、この広告代理店に依頼することが社内の暗黙のルールになっていました。

　最初の打ち合わせの段階では、広告代理店のＢさんという担当者が、実際に制作をするWeb制作会社のディレクターＣさんを同行して来社しました。

　制作の打ち合わせをしている中で、Ａさんは少し違和感を抱きました。
　Ａさんが技術的な質問をＢさんにすると、ＢさんはすぐにＣさんの方を向いて、Ｃさんが質問に答えるといった感じで、Ｃさんがほとんどの質問に答えていたのです。Ｂさんが窓口で制作を進行するとのことだったので、「……よく分かってないみたいだけど大丈夫かな」と、Ａさんは少し不安になりました。

　制作に入り、サイトの仕様を確認していく過程で、Ｂさんに度々確認や質問

をする機会があり、そこでＡさんの不安は的中しました。

　ちょっとしたところで、分からないことや確認したいことがあってＢさんへ質問のメールを送信しても、返信が遅い時で２日後、電話で問い合わせても、その場では制作会社に確認して折り返す、と言ってまた翌営業日の回答など、ことあるごとに時間がかかるのです。

　Ａさんも技術的な面は詳しいわけではないので、ストレスは感じつつ我慢して進めていました。

　しかしある日、あまりにＢさんの返信が遅く、サイト制作の社内検討の時間に資料が間に合わないので、制作会社のＣさんへ直接連絡をしてみました。

　すると、その場ですぐに不明点は回答してもらえました。直接聞けばこんなに簡単に回答をもらえるようなことに、どうして今まで時間があんなにかかっていたんだ、もうＢさんはあてにならないから今後は直接Ｃさんに連絡しよう、とその後もＡさんはちょっとした内容は直接制作会社に連絡していました。

　すると数日後、広告代理店のＢさんから「直接制作会社へ連絡するのは控えてほしい」という連絡が来ました。

　「そちらの対応が悪いから直接連絡せざるを得なかったんじゃないですか！」

　今までのやり取りで感じていたストレスもあり、Ａさんは語気を荒げてＢさんに言いました。しかし、あくまで窓口は代理店なので、対応には今後注意を払うからＢさんを引き続き窓口としてほしい、とのことでした。

　「エンドクライアントから直接連絡がきたので、その場で回答を控えることはできなくてイレギュラー対応で回答していたが、直接対応するディレクション費用はもらってないので連絡されると困ります」

　実はこの件では、上記のように、Web制作会社から広告代理店へクレームが入っていたのです。
　＊＊＊

制作を広告代理店に発注したことが何度もある企業の方であれば、大体察し
はつくかと思います。

　代理店によっては制作会社のスタッフに名刺を作り、自社のスタッフとして
同行させる場合もあります。この場合、その場での疑問や不明点については回
答してもらえますが、いったん会社へ持ち帰ると途端に対応が遅くなることが
あります。

　制作会社と広告代理店は、広告代理店から制作会社に発注しているという主
従関係にある場合が多いです。代理店が制作会社に対してクライアント対応
（ディレクション）を見積計上している場合は動いてくれますが、そうでない
場合は基本的に窓口は広告代理店となります。

　ですので、広告代理店の担当者が Web サイトに詳しくない方だと、いちい
ち制作会社に確認を取るため、ちょっとしたことでもタイムラグが発生します。

　Web に特化した代理店であれば知識のある担当者が付きますので、スムー
ズに制作は進みますが、パンフレットなど紙関係のデザインやイベントなどを
中心にしている広告代理店ですと、Web サイト制作上のテクニカルな疑問な
どに担当者が答えられないことはよくあります。

　さらに代理店は営業の方が制作の窓口も兼ねているために、外出しているこ
とが多く、レスポンスが遅くなる傾向にあります。

　広告代理店以外でも、印刷会社がパンフレットなどの印刷物の制作と Web
制作をセットで請け負っていることもあり、そういう場合は下請けで別の
Web 制作会社が動いていることもあります。

　この場合も担当者は印刷会社の営業の方が多く、パンフレットなどの紙物に
ついては詳しいですが、Web サイト制作についてはまったく分からないとい
うことが多々あります。

　色々と相談しながら進めたい、提案が欲しい、レスポンスのスピードを重要
視する、というような場合は直接 Web 制作会社、もしくは Web に特化した
広告代理店へ発注することをお勧めします。Web 制作会社の人間として言う

と、やはり餅は餅屋なのです。

　ただ、広告代理店の方が体制もきちんと整っており、大手ですと企業としての安定性もあるという面もあります。大手企業が広告代理店と契約するのにはそういった理由もあるのです。

　本項では対応という側面で例を挙げましたが、制作体制や企業としての安定性など、代理店を通すメリットもありますので、ちょっとしたことで対応が遅いなど気にかかるようであれば、早めに「詳しい方に担当してほしい」「制作会社の担当者と直接連絡を取れるような体制にしてほしい」などの打診をするとよいでしょう。対応面についてストレスを感じるようであれば、我慢する必要なんてありません。

👍 第2部第4章 │ 業務の進捗管理はどう行えばよいのか⋯⋯⋯⋯⋯⋯⋯⋯⋯⋯223

4-4
Contract trouble

HTMLコーディングをお願いしていたフリーランスが、納期直前に体調不良でダウン。対応ができないと言うので他の制作会社に二重発注することに。（フリーランスへ発注）

　最近、Web業界ではフリーランス（個人事業主）として制作を請け負っていらっしゃる方が増えているようです。制作会社や広告代理店などでも、フリーランスの方に発注して制作作業を進めることが増えています。

　フリーランスの方は、すべて自分の決裁権とスケジュールで動いているので、制作会社では断られた厳しい納期の案件を請けてくれたり、費用面で交渉がしやすかったりするなど、企業より融通を利かせて対応してくれるということで重宝されているようです。

　私の会社でも、現在は主に社内のスタッフで制作は補っていますが、以前はフリーランスの方に協力していただいていたこともあります。個人的な感想では、フリーランスの方は自分のペースで働いていますので、例えば企業であれば休日の土日に対応していただいて月曜日には完成している、などフリーランスならではのフットワークの良さで対応していただき、すごく効率的に制作を行え、「お願いして良かった」という印象が強いです。

　フリーランスの方は、自分で仕事を探して生活しないといけないので、仕事に対する責任感や緊張感は会社員以上に持っているでしょう。しかし、人間ですので急病で倒れたり、葬儀など外せない行事もあるかと思います。その際に、企業などの組織と異なり本人しかいないので、人員の補填は効きません。

　制作会社とフリーランス、どちらに発注するのかは費用のみならず、何かあった場合の補填の面などをよく考えて契約しないといけません。

第1部　第4章　4

　私の会社にも、「お願いしていたフリーランスの方と連絡が取れなくなって
しまったので制作中の案件を何とか御社で完成させてほしい」などの相談は持
ちかけられます。
　制作会社や代理店などが、企業から請け負ってきたWeb制作の仕事をフリー
ランスの方に発注した際に、連絡が付かなくなり、自分たちも納品ができなく
て困ってしまうというケースが多いようです。

事例紹介

　ある制作会社が、自社で受注したWebサイト制作のHTMLコーディングだ
けを、取引実績のあるフリーランスAさんに案件を依頼しました。案件自体
は付き合いのある広告代理店から発注を受けたものですが、自社内でコーディ
ングまで対応するのが難しく、時間的にも柔軟に対応していただけるAさん
にお願いしたのです。
　制作は順調に進んでおり、何ページかテストアップしてもらったページを見
る限りコーディングの品質も悪くありません。この分だと納期にはゆとりを
持って納品できるだろう、と思っていた矢先に急にAさんから制作の進捗報
告が途絶えてしまいました。マメに連絡をくれる人なので、立て込んでいるの
かと思い、数日待ちましたが連絡がありません。

　納期が残り数日になっても進捗報告もメールの返信もないので、気になって
Aさんの携帯電話へ連絡してみました。しかし一向に出る気配がありません。
　同じ日に何回か連絡しても出ないので、大至急連絡欲しい旨を留守番電話に
入れておきました。

　翌朝になって、Aさんからやっと折り返しの連絡が来ました。

「あ、すいません。ちょっと高熱が出て寝込んでたんで電話に出れなかった
んです」
「え!? でも納期って明後日ですよ！ 進捗ってどうなってます？」
「テンプレート作成までは行ってるんですけど、残り5ページの内容を反映

59

できてないです。本当にすいません。ちょっと熱があって作業ができなくて」

「それは分かりますけど、なんで連絡もくれないんですか？　納期は明後日なんで何とか対応してもらえませんか？」

「いや、すいません。ちょっと難しいです」

電話口でか細い声を出すＡさんに、これ以上言っても「やってください、できません」の押し問答なので、取引きのある他の制作会社数社に何とかならないか確認の上、対応してくれる制作会社を探して残りの作業を対応してもらいました。

＊＊＊

ビジネスなのだからそれでは話にならない、と思われる方もいらっしゃるかも知れませんが、例に挙げたようなことは実際に多々あります。私の会社に相談が来る案件の中には、発注者からの電話にも一切出ず、完全に連絡が途絶えてしまうようなこともあると聞いたことがあります。挙げたような例は極端でもないのです。

このような場合は業務不履行になるかと思いますが、法律上の問題だけでなく、制作会社が受託制作で発注するような場合は、自社の信頼が発注元から低くなってしまいます。最終的には自社の損失につながりますので、発注する側としてのリスクをきちんと考えておく必要があります。

リスクという面だけを取ってしまえば、複数人数の体制を整えている企業のほうがよいということになってしまいますが、冒頭でもお話したとおり、フリーランスにもフットワークの良さなど企業にない強みもあります。対応面についても、企業だからよいということもありません。どちらがよいというのは一概に言えません。

私の知っている企業では、リスクヘッジのために制作会社やフリーランスを複数起用して、分担して制作を依頼するという形をとっているところもあります。

納期や制作規模などに応じて、依頼する先を企業又はフリーランスに振り分

けて発注するのが一番安心かもしれません。

👍 第2部第4章｜**業務の進捗管理はどう行えばよいのか**⋯⋯⋯⋯⋯⋯⋯223

4-5

Contract trouble

公開した Web サイトに緊急の修正が発生したのに、午前中 9 時〜 6 時のような一般企業の業務時間帯に連絡が取れない。（フリーランスへ発注）

　フリーランスの方は企業に属していないので、比較的時間に拘束されるということもなく、自分の集中しやすい好きな時間帯で制作されている方も多いです。制作会社と仕事をしていると、平日の業務時間帯はメールなり電話なりで連絡は付くでしょう。もし外出していたとしたら伝言をお願いすることもできますし、緊急であれば他の方にお話しをして対応していただくということも可能です。

　しかし、フリーランスの方は基本的に一人ですので、本人と連絡が付かない以上はどうしようもありません。基本的にきちんと納品さえしてもらえれば問題はないのですが、制作の過程での質問や確認は必ず発生します。注文票を書いて依頼だけしておけば、そのとおりに仕上がってくるものでもありません。コミュニケーションを取りながら進めていくわけですが、その際に重要になってくるのが連絡の取れる時間帯です。

　私も経験があるのですが、一番困るのが一般企業の業務時間帯である平日の9：00〜18：00の間に連絡が取れない場合です。例えば、制作会社からフリーランスの方へ制作作業を依頼している場合、納品に間に合わせて制作が完了していても、エンドクライアントへの提出後の修正依頼や制作内容の確認を取りたい場合は出てきます。例えば深夜帯に作業をされていて午前中は寝ており、提出物に対しての緊急修正が発生した際に連絡が付かない、というのが一番困るのです。

もちろん、他の案件の打ち合わせをしていることもあるかと思います。すべて自分たちの思い通りの時間で対応してもらえるとは思いませんが、夜まで連絡が付かなかったりすると、緊急の対応などがあった場合は自分たちで対応するしかなくなってしまいます。それでは外部に発注した意味がありません。

⚫ 必ず連絡を取りたい時間帯がある場合はあらかじめ 伝えておきましょう

フリーランスの方は自社のスタッフとは違うので、時間を拘束される義務はありません。ただ、納品物に対して動作不具合の修正や、致命的な表記ミスなどは即時修正対応してもらう必要があります。ですので、納品やクライアントチェックなど重要なことがある場合は、事前に何時から何時の時間帯で連絡は付くようにしてほしい、と断りを入れておくと確実です。

私はフリーランスの方に制作をお願いする際には、明日クライアントに提出するから、何かあった時は日中対応できるようにしておいてほしい、などあらかじめスケジュールを伝えるようにしています。また、発注する段階で、クライアントとのやり取りの関係上、必ず日中連絡が取れるようにしておいてほしい、と伝えて承諾してもらうようにしています。

質問や確認などのレスポンスなども踏まえて、コンスタントに連絡を取り合いながら制作を進めたい場合は、日中にきちんと連絡が取れるかどうかを確認しておいたほうがよいでしょう。仕事だから連絡が取れるのは当たり前、という感覚で進めていくと不測の事態が発生します。発注する側も、企業という組織ではなく個人に依頼しているという認識を持つべきです。

私の会社でもよく「フリーのデザイナーやライターが捕まらないので素材を提供できない」などという話を代理店の方から伺うこともあります。「緊急の対応だけど制作をお願いしたフリーの方が捕まらないから対応できないか？」などの相談を受けることもあります。特に広告代理店の方などはエンドクライアントがいるのでかなりあわてて連絡をしてきます。

大半の方は大丈夫だと思いますが、初めてお願いする際には連絡の取れる時間帯など踏まえて、きちんとお話をしたうえで契約をしておくことは、フリーランスと契約する際には重要なことです。

👉第2部第3章｜**業務内容が明確で、理解もできているのか**⋯⋯⋯⋯⋯210

第5章
制作しているのは誰？
最近流行っている
オフショア制作とは

| 5-1 | 「自社のスタッフを使って内製しています」といっていたのに対応が遅いと思ったら、実際の作業をしているのは海外の別会社だった。（制作会社へ発注）……… 066 |

5-1

Contract trouble

「自社のスタッフを使って内製しています」といっていたのに対応が遅いと思ったら、実際の作業をしているのは海外の別会社だった。（制作会社へ発注）

　最近では「オフショア開発」といって、日本で受注や制作管理進行などの窓口業務のみを行い、実際の開発を海外に外注して、非常に安値で制作を行う制作会社も増えてきているそうです。特にアプリ開発やシステム開発に多いようです。

　オフショア開発は、日本より人件費の安い海外に開発を依頼することで、制作コストを抑えられるというのが大きなメリットです。

　個人的には自社のスタッフを使って内製しているほうが、何かあった時の対応は早いですし、安心できるような気がします。もちろん、発注する方が「スピード、対応、価格」の何を優先するのかにもよりますので、一概にどちらが良いとは言えませんが、例を元に考えられるリスクをお話します。

事例紹介

　Ａさんは新しくベンチャー企業を興し、事業としてスマートフォンアプリのリリースを計画しています。まだ立ち上げたばかりの会社なので、捻出できるコストが限られており、かなり安い価格帯でアプリを開発してくれる開発会社を探していました。

　クラウドソーシングサービスを使うと、かなり安く開発を請け負ってくれる制作会社が見つかるという知人の話を聞き、早速クラウドソーシングサービスに登録しました。

第 1 部　第 5 章　1

　アプリの概要と予算感を投稿すると、あっという間に十数社から見積りや一度打ち合わせをしたいというコンタクトが届きました。

　中でも実績がきちんとあり、費用感も想定していたものとかなり近い見積りを提出してくれた B 社に声をかけました。早速会ってみると、社長自らが足を運んでくださったので、A さんが希望するようなアプリが開発できそうか、今の流行りのアプリの動向などざっくばらんに色々な話をしました。

　中でも気になったのは開発体制です。A さんは、知り合いの IT 関係の人間から、内製かどうかはきちんと確認したほうがよいと言われていたので、忘れずに確認しました。

　「アプリは、御社の中で制作されるのですか？」
　「はい、基本的にはそうですね」

　この「基本的には」という言葉に突っ込まなかったことを、開発完了後に A さんは後悔することになります。

　その後、予算内で対応できるという他の会社にも話を聞いてみたところ、「それをやると追加費用が発生します」など、ちょっとした追加仕様でことごとく予算からはみ出した見積りになってしまい、すべて踏まえた上で、予算内で開発してもらえるのが B 社だけという結果となりました。

　開発と納期については問題ないということで、A さんは B 社へ発注しました。

　ところが、発注して作業を開始し、1 か月程度が経っても B 社からは特に何の連絡もありません。不安になり電話で連絡してみると、あわてた様子で「ちょ、ちょっと現場に確認取ります」と言ったきりまた連絡がありません。同日に再度連絡しても電話に出なかったので、今日は諦めて明日改めて連絡しようと思った矢先に、B 社の社長から折り返しの連絡が来ました。

　「いやあ、すいません。ちょっと海外の開発チームと連絡が付かなくて、、本日中にはいったん端末にインストールしてご確認いただける状態にできると思

いますのでもう少々お待ちいただけますか？」

「え？海外って海外支社ですか？」

「いえ、今回の開発は海外のほうにオフショア開発で発注しておりまして。」

「御社の中で内製ではなかったんですか？」

「はい。基本的にはそうなんですけど、ちょっと今回ご提示の料金ですと海外の方に依頼するしかなくて、、ご心配なさらなくても弊社とツーカーでやってるチームなんで品質の方は保証しますから」

途中連絡がなく心配しましたが、納品については期限を守り多少のバグはあったものの、無事にアプリをリリースすることはできました。

ただ、Aさんが心配していたのは今後のバージョンアップやバグ修正などのスピード感などです。バージョンアップのたびに海外とのやり取りを理由に時間が延びてしまうと、あっという間にチャンスを失ってしまいます。

その後、心配したとおり、細かいバージョンアップにおける価格帯は良かったのですが、対応時間がかかることになり歯痒い思いをしてしまいました。

＊＊＊

国内で制作しているからといって、対応スピードが必ず速くなるかというとそうでもありません。制作会社によるとしか言いようがないのですが、海外で制作をしていると連絡面でタイムラグが発生したり、中間に立つディレクターが仕様を伝えるための言語能力と仕様理解力を持っていないため、発注者の意図が海外の制作部隊にうまく伝わらず、思い通りに完成しなかったりするという多少のリスクはあるようです。

発注者にとってみれば言うまでもなく、安くて速くて品質も良いというのが一番です。けれども、他社と比べて制作内容が同じで、価格だけ安いということは、どこかにその理由があっての安い価格なのだという認識は持ちましょう。

Web制作以外を例に取ると、引っ越し会社に引っ越しを依頼する際、平日で時間指定なしであれば、休日で時間指定よりかなり費用が安くなります。ざっくりと言ってしまうと、引っ越し会社にとってみれば自社にとって一番効率が

良いスケジューリングで各家庭を回れるので安くできるといったところでしょう。ただ、引っ越しの前日まで時間は分かりませんし、夕方のほうがいいなと思っていても、午前8時と言われればそれに従うしかありません。

同じように、例えば、

・制作費用は安いけれど、作業は自社の都合で行うので納期については制作会社指定
・初回コストは安いけれど、毎月Webサイト維持管理費用として月額が発生する

など、安い代わりに色々な制約が付いたりすることもあります。逆に即日対応であれば、特急料金で通常の制作費より高くなる制作会社もあります。

制作というのは既製品を販売するわけではないので、費用が安いことへの理由を詳しく確認してから発注しないと、制作し始めてから思いもしない条件などを提示されることもありますので注意しましょう。

👍 **第2部第5章｜業務の再委託は許されるのか**················235

第6章
やっぱりできません！
注意したい発注後の
受注キャンセル

6-1	契約発注までしたのに、「やはり内部のリソース（人員）が足りないので対応できない」と後から断られた。（制作会社へ発注） …………………………… 071
6-2	「対応できる」というので依頼し、納期の1週間前に「やっぱり今の自分のスキルでは難しい」と断られた。（フリーランスへ発注） …………………………… 074

第1部　第6章　1

6-1
Contract trouble

契約発注までしたのに、「やはり内部のリソース（人員）が足りないので対応できない」と後から断られた。（制作会社へ発注）

事例紹介

　Aさんは、広告代理店勤務のクリエイティブディレクターです。ある時、かなり納期が厳しい案件が入りました。納期の厳しさのため、提携しているどこの制作会社からも制作の依頼を断られてしまいました。そんな中、最近は取引きがなかったものの、以前にクライアントサイトの定期更新をお願いした際、急な依頼でも見積り提出から納品までスピーディーに対応してくれていたB社を思い出しました。

　すがる思いでB社に連絡してみると、以前に対応してくれていた、いつもの方とは別のディレクターの方が今回から対応するとのこと。時間もないので先に素材だけ送らせてもらい、見積書を受け取った後ですぐに発注しました。

　ところが数日後、ディレクターから連絡が入り、

　「実は社内リソースの都合が付かなくなりまして、大変申し訳ないのですがこの件についてはお断りさせていただけないでしょうか？」

　と言ってきたのです。今までこんなことは一切なかったので、どうしても対応できないものか問い合わせました。

　「できるとは思っていたのですが、デザイナーの手がちょっと回らなくなってしまって……」

71

「いや、でも発注して素材もお渡ししましたよね？ 弊社も御社をあてにしてクライアントから受注してしまってるんですよ!!」

「ええ、ですから大変申し訳ないのですが、社内が急に立て込んでしまって対応がしきれなくなってしまったので、今回はすいません!!」

これ以上文句を言ったところでしょうがないので、Aさんは提出した写真素材などをすべてB社から引き揚げて、別の制作会社を探し始めました。
B社で引き受けてくれるというので、B社の制作を待っていた数日間分、納期までの制作期間もさらに縮んでしまい、代わりの制作会社を探すのに大変苦労しました。結局、すべての制作を引き受けてくれる制作会社が見つからず、社内の制作部門に手伝ってもらい、制作会社と社内の制作部門で手分けをして作業することで何とか納期を乗り越えました。
＊＊＊

この例で注意したいのは、しばらく取引きをしていなかった制作会社と取引きをする際は、きちんと現在の状況を確認しないと、社員数や担当者が変わって、対応も以前とは変わっている可能性があるということです。経営者は変わらなくても、制作部隊の入れ替えがあれば、当然ながら会社としての対応も変わってきます。

制作会社の窓口となるディレクターが変わると、対応も大きく変化します。例えば、社内の制作担当者をうまくコントロールして難しい納期を何とかやりくりできる人、制作担当者が「できない」と言えばそのまま「できません」と客先へ伝える人、さまざまな人がいます。そのため、ディレクターによって今まで対応してくれていたものが、急に対応できなくなったりすることはあります。特に、中小のWeb制作会社はディレクターの実力が大きく出てきますので、担当者の存在は重要です。

発注案件を請け負ったにも関わらず、それを断った制作会社に、何かしらの

賠償を求めたとしても、将来的な展望を踏まえると、エンドクライアントから信用を失った発注者のほうが損失は大きいでしょう。

　制作会社が、いつでも同じ状況で同じ対応をできるとは限りません。あまりあてにし過ぎると、対応できなかったりするので注意は必要です。「あてにしていた制作会社が対応不可になったので、何とか対応してくれないか？」などの相談が私の会社に持ち込まれることもよくあります。
　制作作業を依頼する際には、事前に制作会社の人員状況などをきちんと確認してから発注を検討しましょう。

第2部第6章 ｜ 発注・受注を一方的にキャンセルできるのか…………………241

6-2

「対応できる」というので依頼し、納期の1週間前に「やっぱり今の自分のスキルでは難しい」と断られた。（フリーランスへ発注）

事例紹介

フリーランスのエンジニアであるAさんは、スマートフォンアプリの開発をベンチャー企業B社より受注しました。B社としては、アプリはヒットするかどうか分からないので、自社のリスクを考えて、なるべく制作のコストを抑えたく、クラウドソーシングサービスで見積りを募ったところ、フリーランスのAさんが一番安く対応可能だということだったので発注しました。

ゲームアプリを作るということで、他社のアプリを参考に仕様の打ち合わせを行い、「今の自分には技術的に不足しているところは多少あるけれど、勉強すれば何とかなる」と思い、Aさんはこの制作を請けました。

開発が始まり、中間報告でアプリの進捗状況を見せてもらっている時は順調に進んでいるかのように見えました。ところが、納期の1週間前にテストとして実際に操作をして確認してみると、満足に動きません。画面上は、出来上がっているかのように見えていたのですが、実際に操作すると効かないボタンがあったり画面が進まなかったりするのです。B社の担当者は、心配になってすぐにAさんに連絡しました。

「これ、ほとんど動いてないように見えるんですけどリリース申請まで間に合いますかね？」

Aさんはしばらく電話口で黙っていましたが、重い口を開きました。

74

「いや、色々やってみたのですが、ちょっと難しくて。。」

「それは納期が厳しいということですか?」

「いえ、納期もそうですが、今のところできる目処が立っていないというか、現時点での自分のスキルではちょっと対応が難しくて。。」

「え?! できないってことですか? でも、できるって話でしたよね?」

「すいません。ちょっと。。」

話をよく聞いてみると、Aさんは最近スマートフォンアプリの開発を始めたそうで、簡単なアプリは作ったことはあるけれど、今回B社が依頼したようなアプリは初めてとのことでした。「何とか実績を作りたくてチャレンジしたのだが、結果として完成できなかった」というのが事の顛末です。もちろん、途中で制作は頓挫してしまったので、B社は改めて制作会社を探すことになりました。

＊＊＊

自分一人で作業を進めている制作者は、何とかしようとしてギリギリまで頑張ってしまいがちです。周りにマネジメントしてくれる人がいれば、技術的に難しいと判断した辺りで、前もってできる他の人を探す、納期の延期を連絡する、などリスクを考えて動けます。しかし、一人で対応しているとどうしてもその辺がおろそかになってしまい、できなさそうでも「できない」と言い出せずに進めてしまうことがあります。

企業であれば万が一できなさそうな場合、できない人をできる人が支える、又は担当を変更するということが可能ですが、フリーランスだと本人しかいませんので、できないと言われてしまうとそれで終わりです。

フリーランスを選ぶポイントをまとめると、次の二つです。

① やろうとしていることと同様の制作実績がある方に必ず依頼する

② できることとできないことの区別がはっきり付いていて、できないことについては、近い形で実現するためにできることを提案してくれる方に依頼する

75

開発は「頑張ります」「個人的にチャレンジしてみたい」などの熱意だけではカバーしきれなくなる場合もあります。特に、規模の大きなシステム開発などは時間を要するものですので、できなかった場合の後戻りが難しくなってきます。

　正直なところ、その人ができるかできないかというのはやってみないと分かりません。しかし例に挙げたように、やってみたらできなかった、という判断をされてしまうことも実際にあります。

　特に、スマホアプリなどで、あまり他社がやっていないような新しいことをやろうとした場合には、それなりの制作実績数がある方を選んだほうが無難でしょう。

第２部第６章｜発注・受注を一方的にキャンセルできるのか⋯⋯⋯⋯⋯⋯⋯241

第7章
発注したけど制作を中止したい。その時、費用の支払いはどうなる?

| 7-1 | 制作会社に提案してもらっていた社内プロジェクトが途中で頓挫したため、依頼していた制作もストップに。制作費はどこまで支払うべき?(制作会社へ発注) … 078 |

7-1
Contract trouble

制作会社に提案してもらっていた社内プロジェクトが途中で頓挫したため、依頼していた制作もストップに。制作費はどこまで支払うべき？
（制作会社へ発注）

　企業によっては、コンペや提案という形でデザイン案やシステムのモックアップを制作させるなど、制作会社に実際に作業をさせた上でプロジェクトの発注を決定する企業があります。特に、企業の規模が大きくなるとその傾向は多くなるようです。

　コンペというと、「コンペなので無料」という場合と「コンペでもコンペ参加費が出る」という場合があり、それは企業によって異なります。コンペ以外でも、制作会社に提案をしてほしいという場合があると思いますが、その際に発注や支払いの話をきちんとしないで、認識がずれた状態で制作会社を動かすと、後でトラブルになることもあります。

事例紹介

　大手企業の広報担当Ａさんは、制作を検討している社内サービスについて制作会社の提案を受けてから社内検討に持ち込もうかと思い、いつも制作を依頼している制作会社に相談をしました。

　まずは見てみないと分からないという上司の意見で、制作会社にデザインラフ案を数案と企画書をまとめてもらうということになりました。

　依頼して数日後、デザイン案を数案と提示してもらった企画書を元に、若干の修正をしてもらい社内検討に回しました。

　制作会社の見積金額も元に社内で検討した結果、想定以上に費用がかかることなどから、予算的にも厳しいのでサービスの開発は見合わせることになりま

した。Aさんは制作会社に今回の見合わせの件を、提案してもらったことへの
お礼と、動いてもらったのに見合わせになってしまったことへのお詫びととも
に連絡しました。

　すると、制作会社から「すでに制作したデザインと提案にかかった作業日数
分の請求はさせてほしい」と伝えられました。提案ベースなのでAさんの中
では無償で対応してもらっているという認識でしたが、確かにデザインも何案
か制作してもらい、提案書についても社内説得用にかなり作り込んでもらって
いたので、Aさんは社内で何とかならないか打診しました。

　しかし、上司は「まだ提案段階で発注もしていないし、納品もしていない案
件に対して、会社としては請求を受け付けることはできない」の一点張りです。
制作会社に掛け合っても、今回は発注確度が高いということで、無料提案の範
囲を超えたデザイン案と企画書の制作をしたので、それはきちんと支払ってほ
しいと言います。
　Aさんは完全に制作会社と上司との間に挟まれてしまいました。

　そもそも事の発端は、Aさんが制作会社に「発注できる可能性は高い」とい
うことを担当者レベルで話をしていたことから始まっていました。
　実はAさん、社内会議ではほぼやる、ということだったので制作会社には
ほぼ確実に発注できると伝え、無償の範囲でデザイン制作まではできない、と
渋る制作会社に、発注の確約を条件に何とかデザイン案を制作してほしい、と
依頼をしていたのです。

　この話は、制作会社の社長も出てくるほどの大事となってしまいました。
　最終的には、日頃自社から発注している案件も多いことから、制作会社には
提案レベルの話だったということで、上司と制作会社の社長との間で話をつけ
てもらい事なきを得ました。
　＊　＊　＊

無償で企画書やデザインラフなどの制作をお願いした場合、うまく発注まで至れば問題ないのですが、例で挙げたように発注に至らなかった場合には、トラブルに発展してしまう可能性もあります。

　ただ、制作会社の提案の方向性は会社によって異なります。無料のプレゼンでもデザイン案を相当数作り込んでくるところや、提案資料のみでデザインなどの実制作については発注をもらってから、という会社などさまざまです。

　ですので、提案から未発注となったからといって、必ずしもトラブルに発展することはないと思うのですが、発注の前段階での提案時に欲しい企画書・デザインラフなどの提案条件、コンペ費用の有無については、前もってきちんとお話をしておきましょう。お金の話は発注者からするのが、依頼するうえでのマナーではないでしょうか。

第2部第6章｜発注・受注を一方的にキャンセルできるのか⋯⋯⋯⋯⋯⋯⋯⋯⋯241

第8章
うっかりすると別料金も。契約前に確認しておきたい検収期間

| 8-1 | 納品物を確認する時間がなく、検収期間後に修正をお願いしたら別料金を請求された。（制作会社へ発注）……………………………………………… 082 |

8-1

Contract trouble

納品物を確認する時間がなく、検収期間後に修正をお願いしたら別料金を請求された。(制作会社へ発注)

　発注者の方の中には、日常業務の合間に Web サイトの運用担当を任されている方も多いと思います。自社でサービスの運用を専門にしているなどの場合は別ですが、一般企業ではなかなか Web サイトの運用だけを担当するということはないでしょう。

　私の会社でもサイト制作をしている際に、クライアントの確認時間は相当長く取るようにはしているのですが、それでも期間内に確認が取れなかったり、納期間際にやっと確認が取れたりするようなことは多いです。

　制作進行中であれば、制作会社も大きな仕様変更でない限り、ある程度の対応してくれると思うのですが、納品完了後(サイト公開後)の修正や変更についてはシビアな対応になってきます。対応は制作会社にもよりますが、具体的な例を挙げてみます。

事例紹介

　A さんは不動産会社で、自社の Web サイトの更新兼経理を担当しています。

　年度末に自社の Web サイトをリニューアルしようという話が持ち上がり、急遽 Web 制作会社を探して制作を依頼しました。

　急な依頼だったのですが、制作会社の対応も早く、何とかリニューアルしたサイトは無事に公開できました。少しあわてて制作を進めたので、A さん自身もよく確認できていないページが多々ありました。

　サイト公開から 2 週間以内は検収期間として、誤記などの修正も対応可能とのことでしたので、もし修正があったらその期間内に修正してもらえばよいと

思っていました。そんな矢先にＡさんの日常業務が急に忙しくなり、Webサイトの確認どころではなくなってしまったのです。

ちょうど検収期間の締め切り日の前日に制作会社から連絡が来ました。

「一応検収期間が明日までなんですけど、もう修正はなさそうですかね？」

「え、ええ、ちょっとまだ確認できてないんですけど、、」

「そうですか。一応検収期間が過ぎたら弊社の作業ミス以外は別料金になってしまいますのでご了承くださいね。」

「あ、はい。分かりました」

Ａさんは忙しいこともあり、空返事をしてそれっきりサイトのことは忘れていました。そして検収期間が過ぎて１週間後、営業部門からサイトの誤字や記載内容の誤りを指摘されました。その時、検収期間が過ぎていることを思い出し、上司に追加費用がかかることを相談すると、上司からはちょっとの修正くらいは１か月くらいしか経ってないんだから無償で対応してもらえ、と言われてしまいました。

Ａさんは駄目だろうと思いながらも制作会社へ相談しました。

「あの、ちょっとだけ修正してほしいところがあるんですけど、もうダメですかね？」

「ええ、一応検収期間前日に連絡差し上げた時は大丈夫とのことでしたので、修正については見積りを取らせていただくことになりますね」

「そこを何とかなりませんかね？本当に今回だけということで、、」

長い交渉の末、何とか今回の修正についてはサービスで対応してもらえることになりました。

しかし、しばらくしてからまた別の部署からも修正依頼が来てしまいました。交渉したのですが、制作会社のミスでない限り、さすがにこれ以上の修正については無償では対応できないとのことで、Ａさんは何とか社内で修正費を捻出

しました。

　Ａさんが上司から「お前はどこを確認してサイトを公開したんだ！」とお叱りを受けたのは言うまでもありません。

　＊＊＊

　例に挙げたのは、単純なテキスト修正でしたのでサービス対応してもらえていますが、システムが絡むと「やっぱり」は効かなくなってきます。

　時間がないから確認できなかった、制作会社が確認しているから大丈夫だろう、と思っていると、忘れたような頃に自分たちの提示した原稿ミスなどが発覚することもありますので、検収期間の指定があればその期間内にきちんと確認しておきましょう。

　期間にシビアな制作会社だと、１文字の対応であっても期間が過ぎれば対応してくれない場合も多いです。少しくらいの修正であれば何とか交渉すれば大丈夫だろう、と思っていると交渉に応じてもらえず、修正作業として別費用がかかる場合がありますので注意してください。

　検証期間は契約段階で取り決めることが多いので、最初にきちんと確認しましょう。発注者にとってみると検収期間は納品物の品質を確認するもっとも大切な期間です。もし確認時間が取れないなどの状況が最初から分かっているのであれば、納品後の検収期間を多めに取ってもらうように交渉しておきましょう。

第２部第７章｜検収前と検収後で、どこまで無償で対応してもらえるのか…………252

第9章
制作時には予測できなかった不具合、何とか無償で対応してほしい。無償対応の範囲はどこまで?

| 9-1 | SNS アカウントを連動した Web サービスがある日突然停止、原因は SNS の API 仕様変更によるもの、制作会社には無償で対応してもらえるものなのか?(制作会社へ発注) ·· 086 |

9-1

Contract trouble

SNS アカウントを連動した Web サービスがある日突然停止、原因は SNS の API 仕様変更によるもの、制作会社には無償で対応してもらえるものなのか？（制作会社へ発注）

　最近では SNS との連携は、Web サイトや Web サービスを制作すれば半ば当たり前のようになってきました。

　SNS アイコンやウィジェットなどは、導入も簡易になっていて取りあえず付けておこうという気持ちになってしまいます。しかし、外部サービスを使っているということをよく念頭において導入しないと、今まで表示されていたものが急に表示されなくなった、などの不測の事態を招くこともあります。

　例えば Twitter や facebook などのウィジェットや API は、制作会社が提供しているものではありません。導入はできても、API の仕様変更や不具合については、制作会社に依頼してもすぐに対処することが不可能なこともあります。最悪、自社のサイト又はサービスが停止してしまうようなこともあります。例を挙げてみます。

事例紹介

　A さんは自社で運営している SNS のアカウントと連携した Web サービスの運用担当をしています。このサービスは、ちょうど 1 か月前に制作会社に依頼して制作し、リリースしたばかりでした。

　ある日、サービスを利用しているユーザーから「SNS アカウントで今まで画像の投稿ができていたのに急にできなくなってしまった」という問い合わせがありました。実際にテスト用のアカウントを利用して画像を投稿しようとしたのですが、確かにできません。正確には、タイムラインに投稿ができなくなっ

ているようです。

　ユーザーの投稿ありきのサービスなので、至急対応してほしいと制作会社に連絡を取りました。すると制作会社の担当者は特にあわてた様子もなく答えました。

　「APIのバージョンがちょうど先月末に変更になったみたいで、それが原因ですね。他にも同じAPI使っているサービスはちょこちょこ同じような現象が起きているみたいですね」
　「なるほど、原因は分かっているんですね。じゃあ修正してもらってもよろしいですか？」
　「分かりました。一応改造という扱いになりますので見積書を先に出させてもらいますね」

　当然のように制作会社の担当者は言いました。

　「え？　動かないのは不具合なので対応してほしいんですけど。一応まだ保証期間内ですよね？」

　Aさんは、契約時にバグなどの不具合についての保証期間は1年間と聞いていたので、当然画像投稿ができないのは不具合として無償で対応してもらえるものだと思っていました。

　「いえ、これは不具合ではなくてAPIの仕様変更なので、保証の対象外なんですよ。一応仕様書の方にも開発時のAPIバージョンを明記してありますので、バージョンアップに関しては申し訳ないのですが改造扱いなんですよね」
　「でも画像の投稿ができなくなるようなことは聞いてないですよ？」
　「はい、でもその辺もAPIの提供元で仕様変更された場合は弊社でも予測が付かないので、事前に対応することが不可能なんですよ」

　AさんにとってAPIがどうこうという技術的な話はよく分からず、とにか

く Web サービスが動かないのに、これが不具合ではないということに納得が
いきません。

　仕様書に API の記載があるというので仕様書を確認すると、確かに動作を
保証する API のバージョンと何月何日時点で確認しているバージョン、とい
うことが明記されていました。意味が分からないので、取りあえず問題なく動
作していればよいと思い、よく確認していませんでした。

　説明を受けても A さんは納得いかない感じがしましたが、現状投稿ができ
ないことを解決する方がとにかく優先なので、見積書を作成してもらい発注し
ました。
　修正が終わった後、制作会社に今後もこういうことが起こり得るのか確認す
ると、バージョンアップや不具合については過去の傾向から十分にあり得ると
のことでした。

　A さんは、どこのサービスを見てもユーザーは SNS アカウントでログイン
しているので、取りあえずうちの会社もトレンドには乗っておこう、と真似し
て SNS 連携を導入しました。しかし、まさかこういう事が起きるとは思って
おらず、ちょっと失敗したかな、と後になって後悔してしまいました。
　その日以降 A さんは、投稿できるか不安で不安で仕方がない日々を送るよ
うになりました。
　＊＊＊

　同じ話を『Web 業界 受注契約の教科書』でも書いているのですが、Twitter
や facebook の API は、仕様変更に伴ってそれまで動作していたものが動作し
なくなったりします。もし、これらの API を自社 Web サービスに組み込む場
合には、開発時の API バージョンやバージョンアップの予定なども念入りに
調べた上で制作を進めてもらうようにしてください。
　仕様変更以外の不具合で停止してしまうこともありますので、SNS ありき
のサービスを制作しようとする場合には、外部サービスを利用することで起こ
り得るリスクなどはきちんと把握して、サービスの利用規約などにも「外部

APIの仕様変更等による不具合」についてのきちんと記載をしておくことをお勧めします。

　SNSのウィジェットなども導入は簡単ですが、突然の仕様変更により今まで表示されていたものが真っ白になったりするようなことも現にありました。こういう場合は、ウィジェット自体を入れ替えるしかありません。こういった作業はメンテナンス契約などを結んでいれば、メンテナンスの範囲で対応してもらえるかもしれませんが、基本的には別作業扱いにする制作会社が多いです。

　API提供元のサービスにはきちんと仕様変更についての告知がしてあります。
　「仕様変更で突然非表示になる」のではなく、使用者側が提供元の告知を常にチェックしていないだけなのです。
　ただ、納品後は制作会社もいちいちバージョンアップ情報を確認して報告はしてくれないでしょう。ですので、不具合が起きて初めて知るということが多いように思います。

　私自身、ちょうどfacebookのAPIを使ったキャンペーンサイトを制作している最中にAPIのバージョンアップがあり、その仕様変更でAPIのアプリ申請で承認が必要になってしまうということがありました。
　以前のfacebookのAPIは、承認なしで自由に利用できていたので、特に承認にかかる時間などを制作スケジュールには加味する必要はありませんでした。しかし、承認が必要となると制作スケジュールも変わってきてしまいます。幸い、バージョンアップ前に登録したアプリはそのまま使えるとのことで、以前検証用に作成していたアプリをそのまま利用することで、無事に納品しました。ほんの少しタイミング遅くアプリの登録をしていたら、承認の手順が入っていたので公開を遅らせる事態になっていたことでしょう。

　SNSに限らず、APIについてはサービス運営元が常に不具合修正や仕様変更などのバージョンアップをしています。有名なサービスの運営元が提供して

いる API は非常に使いやすく PR 効果も高いですが、それと同時に予想していなかった動作や、制作会社では保障できない不測の不具合などもありますので、そのリスクについては十分念頭に置いた上で導入することをお勧めします。

第 2 部第 7 章 ｜ 検収前と検収後で、どこまで無償で対応してもらえるのか………252

第10章
知らなかったでは済まない。
制作にまつわる著作権

10-1 成果物の納品後、「ドキュメントやデザインデータを納めてほしい」と頼んだら「別途データの買い取り費用がかかります」と言われた。(制作会社へ発注)……092

10-2 制作会社に発注して制作したシステム仕様を流用して、制作会社が自社サービスとして類似の新サービスをリリースしてしまった。この場合は著作権侵害に当たる?(制作会社へ発注)……095

10-3 Webサイトに使用している写真が著作権違反だとして、突然使用を取り下げるよう内容証明が届いた。(制作会社へ発注)……098

10-1

Contract trouble

成果物の納品後、「ドキュメントやデザインデータを納めてほしい」と頼んだら「別途データの買い取り費用がかかります」と言われた。（制作会社へ発注）

　制作過程で作成するドキュメントやデザインデータの取り扱いは、制作会社によって異なります。特に、デザインデータや仕様書などのドキュメントについては、制作会社によっては別料金で買い取らないといけない場合もあるので、事前によく確認しておく必要があります。

　Web サイトの制作と連動して、紙のパンフレットなどを作ろうと思った場合、Web で使った素材を印刷物にも使おうと思ってあてにしていると、思ってもいないところで費用がかかったりします。

事例紹介

　雑貨店を経営している A さんは、お店の Web サイトのリニューアルを Web 制作会社に発注しました。サイトは無事公開され、今度はお店のチラシも作ろうと思い始めました。その際に、サイトで使用しているイラストや地図をチラシにも流用したいと思い、制作会社に元データの提供を依頼しました。

　「分かりました。デザインデータについては弊社では買い取りという形を取っておりますので、一度見積書を送りますのでご確認いただけますか？」
　「え？制作という形で費用をお支払いしているのに、別に費用を取られるんですか？」

　A さんは依頼して制作したものなので、当然データはもらえるものだと思っていました。

第1部　第10章　1

「ええ、デザインデータについては弊社では著作権含めてその権利を買い取っていただくという考え方になりますね。修正などが必要であれば弊社の方で対応することも可能ですが、、」

「でも費用をお支払いしているので、権利と言われても権利はうちにあるんじゃないんですか？こちらとしては権利も含めて制作の中で買い取ったと思っているのですが」

「いえ、それは違いますね。一応デザインデータの取り扱いについては見積書の備考にも記載しているのですがご確認いただいてないですか？」

あわてて見積書を確認すると、確かに制作した地図やイラストなどを含むデザインデータについては別途費用が発生する旨が明記されています。全体的な費用に気を取られて、細かい条件をＡさんはよく確認していませんでした。
＊　＊　＊

データの取り扱いは制作会社によって異なります。ある制作会社が無償で対応してくれたからといって、別の制作会社でも同様に無償で提供してくれるとは限りません。もちろんその逆もあり、データを提供してくれる制作会社もあります。

制作会社にとってみると、渡したデザインデータを無断で流用されてしまったといったトラブルも多く、最近では元データを渡すことにシビアになっている制作会社も多くなってきています。デザインデータは **4-2** でも触れているように、他の制作会社に引き継ぐ際にも必要なものです。見積りの段階でデザインデータの取扱いについてはきちんと確認しておいてください。

また、デザインデータだけでなく、システムが絡んでいるような場合には、仕様書などのドキュメント納品も後に必要になってくるかもしれません。見積りの段階で制作条件として必ず伝えておきましょう。

なお、システムの仕様書などのドキュメントについては、どのレベルの内容で仕様書を作成するのか、という確認も必要です。例えば、「社内でプログラムが分かる人間が、納品後のメンテナンスをするので、システムの詳細な仕様を知りたい」ということになれば、制作側が作るべきドキュメント内容も変わ

93

りますし、その分の手間も増えます。当然費用も上がってきます。

　実際に制作前にそこまで細かく決めておくことは困難な場合もあります。

　しかし、企業で発注する場合はあらかじめ予算枠が決まっていることが多いので、出来る限り納品データについても事前に確認しておくことが望ましいでしょう。

　例で挙げたように、データの引渡しについて見積書の備考欄に明記されていればまだマシですが、中には特に記載はないけれど実は別料金という制作会社も多いので、もしデータが必要なことが分かっている場合は、契約時にあらかじめ確認しておきましょう。

第2部第8章｜**成果物の著作権は誰のものか**………………………266

第1部　第10章　2

10-2
制作会社に発注して制作したシステム仕様を流用して、制作会社が自社サービスとして類似の新サービスをリリースしてしまった。この場合は著作権侵害に当たる？（制作会社へ発注）

事例紹介

　Aさんは、勤務している大学で独自のEラーニングサービスを作ることになり、その担当に任命されました。細かいシステムの打ち合わせを頻繁に行いたいので、できるだけ大学と近くの制作会社を選んで発注しました。おかげで頻繁に意志疎通ができ、制作は順調に進みました。

　そして、予定していた年度末には無事に納品が完了、4月から入る学生に対して試行運用を実施しました。

　試行運用中に発覚したバグなどの修正も落ち着いた半年後、ふとしたタイミングでしばらく連絡を取っていなかった制作会社のWebサイトを見ると、Eラーニングシステムというサービスを新しくリリースしたようです。何気なくその内容を確認してAさんは驚きました。

　なんと、今回制作を発注した自分たちのサービスと瓜二つのサービスなのです。デザインやインターフェースは多少変更されていますが、Aさんから見れば、それが自分たちのEラーニングサービスの機能仕様を流用したことは一目瞭然です。

　しかも導入実績としてAさんの大学の名前も挙げているのです。まるで今回作ったサービスが、制作会社のサービスをカスタマイズして作られたかのように見えてしまいます。

　早速、このことについて制作会社に問い合わせると、類似しているサービス

95

ではあるが、納品したものとは異なる汎用性を持たせたパッケージなのでまったく別物である、と主張します。

　制作会社が、すでに自社で制作していたツールをカスタマイズして作ったサービスであれば話は別ですが、このサービスは大学側が立案してオリジナルで制作したものです。類似だけならまだしも、大学の名前まで出されてしまうと、何のために仕様を自分たちで考えてオリジナルのサービスを作ったのか分からなくなります。このことは大学の中でも問題となりました。

　後日、制作会社と協議を重ね、最終的には大学の名前は出さない、酷似している機能については別の形にしてもらう、ということでお互い合意をしました。
　ただ、プログラムの著作権については契約書上も口頭でも特に触れておらず、制作会社は自社の著作権表示で作っており、著作権は自社にあるとの主張は崩しませんでした。
　＊＊＊

　例に挙げたような感じで、同じサービス仕様でプログラムを流用してインターフェースを変更されてしまうと、類似サービスは簡単に作れてしまいます。特にプログラム処理は、誰が作っても記述に個人の癖などはあるものの、ある程度同じ処理になりますので、変数名や処理などをほんの少しでもアレンジされてしまうと、オリジナルと主張されても分かりません。

　プログラムの著作権については、特に何も指定しないと制作会社は自社の著作権表示を記載してプログラムを作る場合がほとんどです（修正や改造があった際に、他社ではなく自社に継続して作業を依頼してもらえるので）。
　プログラムの著作権にまで頭が回らない方も多いと思いますが、きちんと契約書に「プログラムの著作権の帰属先」を明記するよう注意しましょう。逆に明記しないと、他社に依頼してリニューアルをしようとした時に、他社で勝手に改造ができないなどの弊害が出てくるおそれがあります。

ただ、書き換えもできてしまうプログラムコードの著作権についてはどのような形で守られるのでしょうか。契約書上では著作権について取決めをしてもプログラムの動作などは簡単にコピーできてしまいます。

簡単に流用できるプログラムですが、流用されてトラブルになった時、法的に著作権を立証する、もしくは事前の契約で流用を防止するような対策はあるのでしょうか。一制作者としても気になるところではありますので、藤井先生にご回答いただきましょう。

第2部第8章｜**成果物の著作権は誰のものか**………………………………………266

10-3

Contract trouble

Webサイトに使用している写真が著作権違反だとして、突然使用を取り下げるよう内容証明が届いた。（制作会社へ発注）

　Webサイトを制作する際には、「写真素材などを自分たちでは用意できないけれど、何かイメージ写真くらいは使用したい」という場合があるかと思います。最近では、無料写真素材をダウンロードできるサービスも増えてきており、インターネットで検索すると、イメージ写真くらいであればすぐに探すことができます。

　無料でも多くの写真素材がありますが、レンタルポジなどお金を払ってレンタルする、もしくは買い取りをする写真もあります。

　それらの購入前のサンプル写真には、サンプルであることを示す運営会社やサービスのロゴマーク（ウォーターマーク）などが記載されています。サンプル写真の一部を無断で使っていたり、写真を購入する前に、確認のため貼り付けていたサンプル写真をそのままでWebサイトを公開したりしてしまうと、無断使用となり運営会社から連絡が入りますので注意が必要です。イメージしやすい例を挙げてみましょう。

事例紹介

　ある不動産会社でWebサイトの担当をしているAさんは、ある日会社宛てに届いた1通の郵便物の件で上司から呼び出されました。

　郵便物はあるレンタルポジサービスの会社からです。使用している写真が無許可でサイトに使用されているので、至急差し替え又は料金の支払いをしてほしいという内容でした。

　制作会社に依頼して、こちらから提供できないイメージ写真などについては

無料の写真素材などで対応してほしい旨伝えていたので、そんなことはないだろうと思い、制作会社に問い合わせてみました。

　すると、指摘を受けていた箇所についてはデザイナーがイメージでレンタルポジをトリミングして仮当てしていたものが、そのまま公開されてしまっていたということです。レンタルポジ会社のロゴをうまく外したところでトリミングされていたので、Ａさんも当時ディレクターとして管理していた担当者もまったく気が付きませんでした。

　至急対応して、レンタルポジサービスの会社へ通知が来た旨と対応したことを伝えて事なきを得ました。

　＊＊＊

　名前は挙げませんが、大手のレンタルポジサービス会社などはきちんと使用状況を監視しているようです。ロゴの部分を切り取ったり加工したりして使ってしまえば大丈夫、などという安易な考えで掲載すると発覚する場合もありますので、きちんとお金を払って利用しましょう。

　制作中には、イメージとして仮当てでレンタルポジのサンプルを使用して進めることもありますので、発注する側も十分にチェックすることが必要です。

　しかし、中には詐欺まがいの通知もあるので注意が必要です

　これは私自身の経験ですが、会社に写真の無断許可云々の郵便物が届いたことがあります。差出人を見ると、弁護士事務所の名前が記載されています。内容を見てみると、「御社で制作したサービスで使用している写真の中に、無断使用されている写真があるので、すぐに掲載費用を支払うように」という内容でした。

　指摘されているその写真を見ると、今までどこのレンタルポジでも見たことのない可愛らしいぬいぐるみの写真でした。まったくサービスにも関係ない写真ですし、少なくとも我々はWeb制作会社ですので、レンタルポジを勝手に

使用するようなことは絶対あり得ません。一応社内のデザイナーにチェックを
してもらい、そんな可愛い写真はどこにも掲載していないことを確認しました。

　なぜ私の会社にそんなものが送られてくるのか不審に思い、インターネット
で弁護士事務所の名前で調べてみると、同じような内容の郵便物が送られてき
たという口コミがたくさん出てきました。どうやら、新手の詐欺だったようで
す。

　そんなこともありますので、もし写真素材の無許可利用などの通知が送られ
てきた場合はあわててすぐに費用を支払わず、制作会社へきちんと確認して然
るべき処理をしましょう。

　どちらにしても、写真などの素材の扱いで責められるのはWebサイトの所
有者である発注者です。素材の取り扱いには十分注意しましょう。

第2部第8章 ｜ **成果物の著作権は誰のものか** ⋯⋯⋯⋯⋯⋯⋯⋯⋯⋯⋯⋯⋯⋯⋯266

第11章
その制作費は適正価格？ 制作見積りを確認する際の注意点

11-1	思っていたより見積金額が高かったので、どの作業に対していくらかかっているのか詳細を出してほしい、と依頼したのに詳細を提示してもらえない。（制作会社へ発注）……………………………………………………………………………… 102
11-2	前回依頼した時とまったく同じ作業を依頼したら、費用や作業項目が変わって増額されていた。（フリーランスへ発注）……………………………………………… 105

11-1

Contract trouble

思っていたより見積金額が高かったので、どの作業に対していくらかかっているのか詳細を出してほしい、と依頼したのに詳細を提示してもらえない。（制作会社へ発注）

　Webサイトの制作見積りは、制作会社によって単価や項目の出し方がかなり異なります。特に、デザインやプログラムの開発に関する見積りというのは、作業にかかるであろう予測作業日数によって算出されることが多いため、制作会社の感覚によるものでしかありません。ひとつ何円のものを何個買ったからいくら、という金額の算出の仕方ではないので、発注者にとってはいまいちピンと来ないこともあるでしょう。

　要求するデザインや技術的な難易度、それにかかる期間というのは制作側の判断でしかないので、「デザイン一式50万円」などの単位で出されてしまうと、発注者にとってそれが妥当な金額なのかすらよく分からなくなることがあります。

　どういう作業にどれだけの費用がかかっているのか知りたい、と言っても制作会社によっては、それ以上の細かい項目が出てこない場合もあります。そもそも、詳細を算出するという概念がない会社も中にはありますので、お願いしてもなかなか難しい場合もあります。

　では詳細な見積書を出してもらうにはどうしたらよいでしょうか。

👍 詳細に見積りを出してもらうには

　制作の内容についてざっくりした内容しか伝えないと、ざっくりとした見積りしか制作会社も出せません。もし、どの作業にいくらかかるのか詳細な見積書が欲しい場合は、問い合わせる際にできるだけ具体的な内容を伝えるべきで

す。

　単純に問い合わせフォームや電話でざっくりした内容を伝えるだけでなく、可能であれば一度打ち合わせをしてもらい、やりたいことをきちんと伝えることです。そうすれば細かい項目と、それに対する費用を算出してもらうことができるはずです。自分で項目を出せるのであれば、「この項目に沿って費用を埋めてほしい」というお願いをしてみてもよいでしょう。私の経験では、社内に詳しい方がいらっしゃる会社の場合、費用を算出してほしい項目を詳細に指定されることもありました。

　予算内に収まっていて安いのであれば、一式だろうが何だろうが関係ない、とお思いの方も読者の中にはいらっしゃるかも知れません。しかし見積り項目を細かく出してもらうことは、制作後に想定していない費用が加算されたりすることを防ぐ上で重要なことなのです。

　また、どの作業にいくら費用がかかるのかを把握しておけば、もし見積りが予算をオーバーしていても「この作業については今回は見合わせて来期に依頼しよう」などの検討ができるわけです。

　他の項でも触れていますが、システム開発などテクニカルな要素が制作に絡むと、ちょっとしたことで仕様変更となり、追加費用がかかることもあります。デザイン費などは、単位や根拠を出せと言われても難しいところなので、担当するデザイナーのデザインセンスや実績を見て、納得できればそれでよいかと思います。しかし、Webサイトは印刷物ではないので、どうしてもテクニカルな要素が発生します。

　アバウトな項目の見積りで、要望をすべて叶えてもらえるのであれば願ったり叶ったりですが、曖昧な条件で作業を依頼してしまうと、費用の加算や「今回の見積り内では対応できない」といったことが制作中に発生してしまいます。

　ですので、見積りについては納得できる形で提示してもらえる制作会社を選んだほうがよいです。

👍 どうしても詳細を出せない制作会社には発注を見合わせることも念頭に

　案件の規模にもよりますが、ざっくりした見積りしか提示できないような制作会社は、見積金額に対しての作業範囲が不明確であるとも言えます。そのため、発注した後にトラブルになりかねません。

　日頃からお付き合いがあって、信頼関係のある制作会社であればともかく、初めて発注するのにそのような制作会社を選ぶのは危険かもしれません。

　見積書ひとつ取ってみても、金額だけでなく詳細の出し方で、その会社の対応などが見えてきますので、そのことを念頭に置いて確認してみてください。

第 2 部第 9 章 ｜ 費用はどう決めればよいのか・・・・・・・・・・・・・・・・・・・・278

11-2
Contract trouble
前回依頼した時とまったく同じ作業を依頼したら、費用や作業項目が変わって増額されていた。
（フリーランスへ発注）

11-1 でも見積書については触れましたが、制作の費用というのは発注者から見ると、どうしてその価格になるのかが大変分かりにくいものです。前回発注した作業とほとんど同じ作業なので同額だろうと思っていたのに、前回なかった項目が付け足されていたり、作業単価が上がっていたりするということはよくあります。

制作の立場からすると、Web の技術は常に進歩しており、ブラウザもどんどんバージョンアップされていくので、制作費の価格変更は仕方のないことだと思います。

表面上ほぼ同じだと思っていた動作でも、微妙な動作の差で技術的な難易度が上がり、開発作業の手間が増えたりするものです。しかし、発注者にとってその価格は妥当なのかどうか判断は付き難く、納得がいかないというケースも出てくるでしょう。

HTML ページを何ページ制作するから、ページ単価×ページ数という明確な単価設定の見積りであれば分かりやすいのですが、作業日数（人日）で算出するようなケースだと、発注側からは難易度などが分からないので当然です。

見積り内容について、きちんと納得のいく説明をしてもらえればよいのですが、中には制作の内容ではなく、予算や制作の規模に応じてころころと見積内容を変えてくる方もいますので、これには注意が必要です。

例えば、前回 10 万円でやってくれた作業と同様の作業で、今回は 20 万以

内でやってほしいと予算を伝えれば、前回とまったく同じ作業であっても20万円で見積書を作成してくる人が多いでしょう。

適当と言ってしまえばそれまでなのですが、作業人日で計算するようなプログラムやデザイン制作については、予算を伝えればその予算の中で何とか調整してくるのが制作です。

予算があれば出された予算の中で、最大まで見積額を引き上げるのは制作側の交渉テクニックのひとつでもあります。

この話はフリーランスに限った話ではないのですが、どうしてフリーランスの章で挙げたかというと、企業の場合、見積書はクライアントに提出する前に社内承認が必要な場合が多く、個人の判断で単価がころころ変わるということはまずないでしょう。

しかし個人で受注し見積額を決定したものだと、自分で自由に変更することができますので、その時々で予算に合わせて単価や工数を変更してくる可能性は高いのです（制作会社も同じかもしれませんが、、）。

👍 自由に決められる価格を逆手に取って交渉する

制作会社の立場からすると、これをやられると困るのですが、発注する時の交渉としては予算をなるべく低めに設定して交渉をするとよいでしょう。まずは予算を伝えて、足が出るような見積りであれば、その足が出た分の費用の中間で交渉していくというやり方です。

これは、相手が費用を自由に変更できることを逆手にとっての交渉です。

制作というのは、外注したり写真の購入などがなければ、材料費がかかりませんので、極端に割の合わない価格でなければ調整はできるものです。

制作会社の場合はスタッフに対して給与を支払いますので、割に合わない見積りの作業を続けると、スタッフの給与分赤字が累積されていきますが、フリーランスの場合は個人なので交渉はしやすいかと思います（こういうことを書いてしまうとフリーランスの方に怒られそうですが、、）。

もし、長いお付き合いになりそうな方でしたら、「他の制作も引き続きお願

106

いしたいので、金額については次回以降も同じ費用感でお願いしたい」など、最初の契約時に交渉をしておいたほうがよいでしょう。また、前回の費用感という前提でその方にお願いしたい時は、きちんとその予算感を伝えておくのも交渉のひとつです。

第2部第9章｜費用はどう決めればよいのか……………………………278

第12章
長期間の制作、どのタイミングで制作料金を支払うべき?

| 12-1 | まだ納品できていないのに請求を迫られ、ここから先は入金がないと作業できないと言われてしまった。(制作会社へ発注) ……………………… 109 |

12-1

Contract trouble

まだ納品できていないのに請求を迫られ、ここから先は入金がないと作業できないと言われてしまった。（制作会社へ発注）

納品から請求の定義というのは契約によって異なります。例えば、

・本番の Web サーバーへサイトを公開するところまで制作会社に任せている場合
・電子データ納品をしてもらう場合

など、納品の条件は会社や依頼している案件によって異なります。

作業を発注するにあたり、きちんと「納品の定義と期日」を決めておかないと、制作会社と発注側で認識がずれることもあるので注意が必要です。

認識がずれると請求など金銭が絡む問題になってきますので、制作担当者レベルの話ではなくなってくる場合もあります。サイト制作の過程ではよくある具体例を挙げてみます。

事例紹介

建設会社で広報の担当をしている A さんは、自社の物件を紹介する総合サイトの立ち上げを担当していました。制作会社はコンペ形式で何社かに提案をしてもらい、その中から選びました。

制作自体は非常にスムーズに進み、大方のコンテンツはそろい、1 か月半で9 割程度制作が完了し、後は社内チェックのみとなりました。しかし、この社内チェックは全国の支店と本社の関連部署すべてに物件情報などをチェックしてもらう必要があり、日常業務の合間でチェックをしてもらうことになるので、

109

どこの支店や部署もレスポンスが悪く、思ったように進みません。

　しかも、「修正反映のチェックはすぐにしたい」という要望が各支店や部署から届きます。修正依頼が社内から届くたびに、Aさんは五月雨式に制作会社に修正を依頼していました。

　そして、制作を開始してから3か月後、いつものように修正の連絡をすると制作会社より請求の打診をされました。

　「あの、すでにテストアップは完了してますので、いったんこの辺で作業完了分だけでも請求を立てさせてもらえませんか?」
　「でも、まだ納品いただいてないので会社としては経理の方には回せないんですよね」
　「じゃあ、いつ納品できるんですか?」
　「一応今月の予定なのですが、すべての支店と部署のチェックでOKが出ないことには公開というわけにはいかないので、確認次第ということにはなってしまうんですよね、、」
　「……分かりました。では、いったん修正などの反映作業は止めさせていただきます。納品期日がきちんと御社内でまとまったらご連絡いただけますか?」
　「いや、修正については部署ごとに確認しないといけないので、できればなるべく早めに修正していただいて社内確認を取っていきたいんですけど、、」

　ここで修正を止められてしまうと、それこそサイトの制作は先へは進みません。Aさんとしても、Web担当としていつまでもサイトを公開できないのでは社内の目も気になります。

　「でも納期が見えない状況で、これだけの修正を続けるのは我々としてもちょっと厳しいですよ。テストサイトにはすでに9割サイトは出来上がっている状態ですし、こちらとしては期限をきちんと守って対応してるつもりなんですけどね」

制作会社の担当者も、度重なる修正に嫌々な雰囲気を隠しもせずに交渉してきます。

しかし、社内チェックにはある程度時間がかかることは制作の前に説明していたので、Ａさんとしても修正を止めるというのは納得ができません。

そうかといってこのまま修正を依頼し続けるのもよくないと思い、制作会社と協議の上、修正については後１回でまとめ、月内の納品がチェックの都合で完了できなかった場合は分割請求を検討する、ということで決着がつきました。

＊＊＊

⬤ 納品のタイミングは請求のタイミング。

例に挙げたように、制作を止めるという制作会社は極端かもしれませんが、制作期間が長引けば長引くほど、分割請求や追加費用などの打診があるかと思います。その際に、どのように応じるかは会社の決定によるかと思いますが、あまり無茶な交渉をしてしまうと本当に制作を停止するところもあるかも知れません。

納品のタイミングというのは請求のタイミングでもありますので、制作会社にとって非常にシビアです。

制作期間が最初から長くなることが想定される場合、支払いや分割納品などの条件は制作会社から打診してくる場合もありますが、最初から長引かせるつもりがなく、予定以上に納品までの期間が長引いてしまった、又は長引きそうであれば、早めに制作会社に合意を取って進めるべきです。

もし不安であれば、確認を含む制作期間については多少長めに取ってもらいたい、と伝えておいたほうが後々のトラブルは少なくなるでしょう。

制作によっては、忘れてしまうほど長い時間がかかることもあるかと思います。規模としては１か月程度の制作が、結果として半年や１年に及んでしまった場合、支払期限などに対して法律上何か決まり事があるのでしょうか。発注書に納期を記載していれば、それが有効となったりするのでしょうか。

これは発注者としても制作会社の人間としても気になります。この話は藤井

111

先生の項で回答していただきましょう。

第 2 部第 10 章｜**費用はいつ支払わないといけないのか**⋯⋯⋯⋯⋯⋯⋯⋯⋯284

第13章
どうしてそれが追加費用？ 想定していなかった 追加費用の発生

13-1 契約前に話を進めていた営業担当者と制作ディレクターの話が異なり、ことあるごとに仕様変更で追加費用が発生すると言われた。(制作会社へ発注) ……… 114

13-2 運営しているオンラインショップのショッピングカートがセキュリティーの脆弱性を指摘され、開発した制作会社に対応を依頼したら高額な対応費用が発生した。(制作会社へ発注) ……………………………………………………………… 118

13-3 「古いバージョンのブラウザで閲覧できないので修正してほしい」と依頼したら対応費用を請求された。(制作会社へ発注) ……………………………… 123

13-4 開発を依頼したスマートフォンアプリが、一部端末で画面崩れが発生。修正対応を依頼したところ、実機検証は保証していないので別料金がかかると言われた。(制作会社へ発注) ……………………………………………………………… 126

13-5 納品後になって、もらっていた見積りと異なる請求金額を請求された。抗議すると作業中に見積り外の作業が発生しており、その分を上乗せしたという。(フリーランスへ発注) ………………………………………………………………… 131

13-1

Contract trouble

契約前に話を進めていた営業担当者と制作ディレクターの話が異なり、ことあるごとに仕様変更で追加費用が発生すると言われた。（制作会社へ発注）

　発注のタイミングで担当者が入れ替わることで、実際に制作に入ってから担当者の認識違いから起こるトラブルは多々あります。営業担当者は受注を取るために、ある程度都合の良いことをいうものです。しかし、制作担当者は仕様や納期などを考慮のうえ制作を進めますので、制作が始まってみると最初に営業担当者が言っていたことと対応が違う、というようなことが出てくるのです。具体的な例を挙げてみましょう。

事例紹介

　最近、飲食店を出店したＡさんが、お店のサイト制作をWeb制作会社に依頼した時の話です。Ａさんは、お店のサイトに空席状況の確認機能や予約フォームを設けたいと思っており、そのシステム開発も含めてお願いしたいと考えていました。しかし、Ａさん自身はまったくWebサイトの仕組みは分かりません。知人からの「せっかくお店のホームページ作るんだったら、予約くらいはできたほうが良いよね」という言葉から、予約フォームも欲しいと思っていた程度でした。特に仕組みが難しいとか費用がかかるとか、そういうことはよく考えてはいませんでした。

　発注前の打ち合わせで、営業担当のＢさんにやってほしいこととサイトのイメージなどを伝えました。予約フォームについても、こちらの考えているイメージを伝えて基本的にはお任せで進める、ということで話はまとまりました。予算も思ったより高くなかったので、まずはひと一安心です。そして最後に、

114

第1部　第13章　1

一番気になっている制作の進め方について、Aさんは次のように確認しました。

「私、Webとかまったく素人でよく分からないんで、取りあえず実際に出来上がったものを見せてもらってから調整していただく、ということも可能なんですか？」

「それはもちろんです。実際に操作してみないと分からないですものね。多少の調整については融通利かせますのでご安心ください！」

この言葉を聞いて、Aさんは安心しました。正直、目の前にある商品を購入するわけではないので、どんなものが出来上がってくるのか、気に入らなかったらどうすればよいのか不安だったため、「見てから調整できるということなら」と、少し気が楽になりました。

実際に制作に入ると、発注段階で提案をしてくれた営業担当のBさんではなく、制作ディレクターのCさんが担当するということです。実際に制作を開始してテストアップしたものを確認すると、デザインの雰囲気などは良いのですが、ちょっとしたところで「こうしたほうが良いのではないか」というポイントがあったのでそれをCさんに伝えました。

「これだと予約人数が分からないので、予約人数を表示することってできますか？」

「それをやるとなると追加の作業になりますけど大丈夫ですか？」

「え？そうなんですか、、じゃあ、こちらに予約キャンセルが出た場合の表示とか追加できますかね？」

「……それも、追加の作業になってしまいますね」

「じゃあどの程度であれば調整していただけるんですか？Bさんとお話させていただいた時はある程度融通が利くということだったのですが」

思ったことを伝えると、ことごとく追加費用と言われるのでAさんも言い返します。しかし、ディレクターのCさんは困った表情で答えます。

115

「もちろん、ある程度は制作の過程で融通を利かせることはできますけど、表示項目を変更するなどのシステムの改修が入ってしまいますと、最初に仕様を提示させていただいているので、追加修正になってしまうんですよ」

確かに、Ｃさんとの打ち合わせでは、仕様書というものを提出してもらっていました。資料を見て説明されても実際触ってみないとイメージが沸かないので、細かい表示項目は後で確認するつもりで、「そのまま制作を進めてください」とお願いしていたのも確かです。それでも融通が利くということだったので、Ａさんとしては表示項目などもある程度調整は効くと思っていたのです。

「こちらは素人なんで難しい仕様書とか見せられてもよく理解できないんですよ！　出来上がったものを触ってみて調整したいというお話は営業担当のＢさんにさせていただいてるんですよ！」

最初の話と違うので、どうにも納得のできないＡさんは、最初に話をしたＢさんに直接電話をして事の次第を伝え、何とか費用の範囲の中で調整はしてもらいました。
　＊＊＊

仕様変更にまつわる揉め事は、システムが絡むとほぼ必ずと言っていいほど出てきます。システムの規模が大きくなればなるほどその確率は大きくなります。

発注する側と制作する側では、「調整」や「修正」などの言葉の認識も違います。そのため、挙げた例の冒頭で出てきた「基本的には」とか「融通を利かせる」といった曖昧な表現だけに基づいて安心してしまうのは非常に危険です。

また、「ちょっとした修正」というのは、追加料金を生むケースもあります。分からないからそのままお任せではなく、発注者側は提示された仕様書をきちんと読み解く努力はするべきです。挙げた例の場合は、営業担当者が何とか社内調整をしたことになっていますが、仕様書を満足に確認しないまま「後で修

正してもらえればよい」という軽い気持ちでいると、調整が効かない場合も出てきます。

　挙げた例のようなケースは頻繁に起こり得るので、「調整」や「融通」が、どこまでの範囲での対応を意味しているのかはきちんと確認しましょう。
　どうしても不安な方は、本項で挙げたような具体例をお話して「このようなことにならないか？」と確認してみるのも効果的です。ちょっとうるさいな、と思わせるくらいの印象を持たせると制作会社も慎重に案件を進めるようになりますので、後に揉めることも少なくなります。

第 2 部第 11 章 ｜ どんな場合に追加費用が発生するのか……………………291

13-2

Contract trouble

運営しているオンラインショップのショッピングカートがセキュリティーの脆弱性を指摘され、開発した制作会社に対応を依頼したら高額な対応費用が発生した。（制作会社へ発注）

　お問い合わせフォームをはじめとして、Web 予約システムやショッピングカートなど、現在では Web サイト上でさまざまなことができるようになりました。カスタマイズして簡単に会員制サービスを立ち上げられるようなツールも出ていますので、Web 制作会社でもそのようなツールを使って Web システムの導入を提案することが多くなっています。

　システムを導入するにあたり、発注する側に Web システムの知識や認識がないと、セキュリティーに対してのどのような配慮をすべきかなど思いつきもしないでしょう。

　専門的なことをお話しすると、SQL インジェクションやクロスサイトスクリプティングといった手法で、簡単にサイトデザインを崩したりデータベースを破壊したり、ユーザー情報を無断で取得したりといったことが可能となってしまいます。知らなかったでは済まされないようなことが起こってしまうのです。

　とはいえ、プロである制作会社に依頼したのだから、セキュリティー面も当然大丈夫なのだろう、と思う方もいらっしゃるかと思います。けれどもそれは大きな間違いで、制作会社から必ずしもセキュリティーに配慮したシステムを納品してもらえるかどうかは分かりません。

　というのは、セキュリティー対応は予算や制作期間次第というところもあり、十分な制作期間や対応費用を見ていない状況で制作を進めると、見かけだけの

操作は動いていても、細かい配慮をしていない場合も多くあるからです。

　特に、Web の場合はスピードを重視される方が多く、公開した後に問題が次々に明るみに出る場合も多いのです。例を挙げてみましょう。

事例紹介

　雑貨店を経営している A さんは、店舗で販売している雑貨をオンラインショップでも販売したいと考え、Web 制作会社へオリジナルのショッピングカート機能の開発を依頼しました。ショッピングカートサービスの利用も考えたのですが、月々の利用料など諸々の経費を考えると多少イニシャルコストがかさんでも、オリジナルで作ったほうがよいだろうと判断したのです。依頼して数ヶ月後、オリジナルオンラインショップは完成しました。早くオープンしたかったので、制作会社には無理を言って納期を早めてもらいました。

　すでにお店の Web サイトでは告知しておりましたので、オープンからまずまずの売上げも上がり、A さんは非常に満足しました。

　しかし、運営を開始したある日、利用中のユーザーから「ログインした覚えがないのに最終ログイン日時が更新されているので調べてほしい」との依頼がありました。

　A さん自身はよく分からないので、開発を依頼した Web 制作会社に調査を依頼しました。Web 制作会社が調査した結果は「確かにログインはしているようだがよく分からない、ユーザーが実際にログインしているのを忘れただけではないのか？」という見解でした。

　専門家がそういうならそうかと思ったのですが、ユーザーの方に勘違いではないか？と返答するのもどうかと思い、念のため IT 関連の会社に勤めている知人に見てもらいました。

　すると知人は「ああ、これセキュリティーがザル（ほぼ未対応の意味）ですよ」と、呆れた様子で言いました。知人が言うには、ショッピングカート自体の作り上セキュリティー処理が甘く、やろうと思えばユーザーのログイン情報が簡単に抜き出せるようになっているとのことです。

知人に指摘されたことが本当であれば、個人情報の漏洩につながるので大至急対処しなければなりません。すぐに制作会社に連絡して、システムの見直しと対応をしてほしい旨を連絡しました。

「今回の開発ではそこまでの対応と検証は費用に入ってないので、別費用になります」
　制作会社の担当者は、さらに費用がかかるというのです。しかし、Ａさんとしては納得ができません。

「え?! でもセキュリティー面に配慮するのは Web システムとして常識なんじゃないんですか?こちらは素人なんで、セキュリティー面について具体的な依頼なんてできるわけがないじゃないですか!」
「おっしゃることは分かるんですが、すでに御社で検収を終えて納品したものなので、そこを無償でというわけには、、」
「だって Windows でも脆弱性があったらアップデートされるじゃないですか? 御社が開発したものなんですよ! こういうのは不良品ではないんですか?!」
「ええ、しかしご提示いただいたスケジュールだと十分に検収する時間もありませんでしたし、それでも早くオープンしたいということで対応したんですよ」

　不良品とまで言われて、さすがに制作会社の担当者もムッとした様子で答えました。
　その後交渉を重ねましたが、制作会社も無償で対応という部分に対しては検収期間が十分になかったことなどを理由に一歩も引き下がらず、かかる費用の半額での有償対応ということで手を打ちました。
　＊＊＊

　ショッピングカートを例に挙げていますが、セキュリティーの問題は問い合わせフォームからログインを必要とするような会員制のサービスまで、どんな

システムでも関係してきます。特に Web の場合は、メールアドレスなどの個人情報はほぼ必ずと言っていいほど取り扱うので、サイト運営者としては「セキュリティーに関してはよく知りませんでした」では済みません。多少制作期間がかかったとしても、どんなセキュリティー対策を配慮してもらえるのかしっかりと確認してから発注してください。

やりたい内容にもよりますが、システム自体をオリジナルですべて作ると期間と費用がかかりますし、例に挙げたようなセキュリティーに関するチェックも、自分自身に知識がないと指摘をすることすらできません。

その点、すでに稼働している既存のサービスを利用すると、サービス運営側でセキュリティー面も踏まえて定期的なメンテナンスを行っているので安心です。どちらにしても、セキュリティーの脆弱性問題は出てくるものなので、リスクを考えるとランニングコストはかかるものの、自前でメンテナンスするよりは、メンテナンスを定期的に行ってくれる既存のショッピングカートサービスなどを利用した方が安心かも知れません。

特にショッピングサービスなどは、出店費用やランニングコストが無料のサービスも出てきています。独自のデザインにこだわるとフルオーダーで制作するしかない場合もありますが、セキュリティー面もよく考えて検討することをお勧めします。

● 外部サービスを利用することによるトラブルも

とはいえ、セキュリティーのトラブルは外部サービスを使っていても起こります。

例えば、ある公共機関の Web サイトでテキストを音声で読み上げてくれる音声再生サービスが改ざんされてしまい、サイトへアクセスすると関係のないアダルトサイトへ転送されてしまうようなこともありました。

Web 自体オープンなものですので、いつどういう攻撃を受けるかは分かりません。厄介なことに、ハッキングなどの攻撃をする人の技術も日々進化していますので、絶対に安心なサービスなどないのかも知れません。

セキュリティー関係の話は、発注側から確認しないと制作会社が積極的に話

をしてこないかも知れません。ですので、発注者からきちんと念を押して確認するようにしましょう。詳しい内容が分からなくても話をすることが大切です。

　予算が許せば、セキュリティーチェックを専門に行ってくれる会社もありますので、たくさんの個人情報を扱うようなサービスの制作をされる場合は、第三者にチェックをしてもらうというのもひとつの手です。

　また、自分たちで常にセキュリティーの最新情報を入手するのが難しいようであれば、「契約時にシステムに影響が及ぶようなセキュリティーの脆弱性などが発覚した場合は速やかに報告してもらう」などのメンテナンス契約を結んでおくのもよいでしょう。

第 2 部第 7 章 ｜ 検収前と検収後で、どこまで無償で対応してもらえるのか..........252

13-3 Contract trouble

「古いバージョンのブラウザで閲覧できないので修正してほしい」と依頼したら対応費用を請求された。（制作会社へ発注）

　スマートフォンやタブレット端末の登場により、Web サイトを閲覧するブラウザやデバイスにさまざまなバージョンや種類が出てきました。今後も改良がなされ、バージョンはどんどん変わっていくでしょう。

　特に、最近のブラウザは自動アップデートがかかったりしますので、今まで動いていた動作が急に効かなくなったり、表示されなくなったりするといった現象も起こります。

　かなり昔に制作したサイトは、現在では表示できなくなっていたりすることもあり、私の会社でも簡単に修正できるものなのか相談を受けることも多々あります。

　Web サイト制作では、閲覧を保障するブラウザ環境の定義は非常に重要です。あまり古いブラウザまで保障範囲に入れてしまうと、アニメーションの動作などに制限が出てきたり、あまりに最新のものだけを対象とすると、閲覧できなくなるユーザーも出てきてしまったりします。

　何も指定がなければ、Web 制作会社としてはマイクロソフトのサポートも終了してしまったようなブラウザは対象ブラウザにはしたくないので、なるべく最新のブラウザを対象とするところが多いでしょう。今後はどんどん OS もブラウザも新しくなっていくことが予測されますので、最新の 1 つ前くらいのバージョンを保障しておけば問題ないかとは思うのですが、何が正しいのかは発注者それぞれのサイトに対する考え方次第となります。

担当者レベルでは新しめのブラウザでもよいだろうと定義したのに、「会社の重役の PC は古いブラウザを使っているので、その環境でも見られないのは困る」ということを急に言われるケースも私の周りではよくあります。

最新にアップデートすればよいだろうという話ではあるのですが、使い慣れているバージョンをそのままにしておきたい方もいらっしゃるので、社内の古いブラウザでも閲覧できることを重要視するのであれば、対応させるブラウザのバージョンを事前に確認しておきましょう。

バージョンにもよりますが、過去の古いブラウザも含めて対応しようとすると割高になる制作会社も増えているようですので、発注を担当している方は本当に対応すべきなのか、よく考えてから発注してください。

👍 印刷がきれいにできるかどうかも重要な確認事項です！

ブラウザでの表示のお話をしましたが、ブラウザに絡んで印刷についても事前にきちんと確認を取っておかないと、印刷対応は別料金を取られることが多いです。

どういうことかというと、ブラウザに付いている印刷ボタンで印刷した際に、背景に画像や背景色を使用していると、ブラウザのオプション設定で背景を印刷するよう指定しないと背景が印刷されなかったり、ブラウザ上で表示されている状態とは異なる状態で印刷されてしまうことがあります。

企業のサイトだと、営業担当者が自社の商品のページをそのまま印刷して客先を訪問しようとしたら、何ページにも渡って崩れて印刷されてしまった、などという話もよく聞きます。私の会社でも印刷対応するかどうかの確認を失念して制作を進めてしまい、クライアントが Web サイトを印刷したものでチェックをしようとしたところ、背景などが印刷されず、ちゃんと印刷できないぞ！と不具合扱いをされたこともありました。以降は必ず印刷対応するかどうかの確認はするようにしています。

「ブラウザの印刷ボタンをクリックすれば、当然見たままの状態で印刷されるだろう」と思い込み、特に指定をせずに発注すると、制作会社では印刷を意

識しないで制作してしまうことも多いので、印刷対応をきちんとしてほしいということは見積りの時点で伝えてください。

　見積り確認時は、デザインやシステムにかかる費用に意識が向いてしまい、こういった細かい確認事項を忘れがちになってしまいます。後から気が付くと、思わぬ費用追加を生み出すことにもなりますので忘れずに確認しましょう。

第2部第7章｜検収前と検収後で、どこまで無償で対応してもらえるのか⋯⋯⋯252

13-4

Contract trouble

開発を依頼したスマートフォンアプリが、一部端末で画面崩れが発生。修正対応を依頼したところ、実機検証は保証していないので別料金がかかると言われた。（制作会社へ発注）

　最近では、スマートフォンアプリの開発を自社でも行いたいという企業がかなり増えてきました。本書執筆時の 2015 年現在、個人で開発されている方も増えてきており、アプリ開発への参入の敷居が確実に下がってきているように感じます。

　アプリの制作で一番注意しないといけないのは、動作を保証する OS のバージョンと動作を保障する機種の範囲です。Web サイトのように「保障していないブラウザバージョンだと表示が崩れる」というレベルではなく、OS のバージョンが変わると、完全に動作しなくなってしまうようなこともありますので注意が必要です。

　特に、スマートフォンアプリはユーザーからの評価が付き、ストア上にその評価が掲載されてしまいますので、バグやバージョンアップに対してのメンテナンスは非常に重要なのです。

　OS をアップデートしたら起動しなくなった、使っている機種では画面が崩れて操作できない、などの不具合があるとすぐに悪い評価を付けるユーザーもいますので、人気があるアプリであればあるほど早急な対応が求められます。

　ただ、対応すると言ってもスマートフォンにはたくさんの機種があり、OSのバージョンも使っているユーザーによってさまざまです。そのため、制作時にきちんと保障する機種やバージョンなども決めておかないと、場合によって

は改造費がかさんでしまうこともあります。例を挙げてみましょう。

事例紹介

　ベンチャー企業の経営をしているAさんは、自社で運用しているWebサービスのスマートフォンアプリ版をリリースしたいと考え、Web制作会社へ依頼しました。すでに運用しているサービスのアプリ版なので開発は比較的早く完了し、無事にリリースすることができました。

　リリースから数週間後、一般ユーザーからアプリについての問い合わせがありました。「使っているB社の端末では画面が崩れてしまい、使い物にならないので何とかしてほしい」とのことです。

　もしかして他にもそんなユーザーがたくさんいるのか、と気になってアプリの評価を見ると、「起動できない糞アプリ」「使えないゴミアプリ」などの酷いコメントと共に最低の評価ばかりが増えていました。

　評価を見て焦ったAさんは、B社の端末を持っていなかったので、制作会社に取りあえず状況を報告し、不具合として大至急対応してもらおうと思いました。

　すると制作会社からは、「それは不具合ではなく、改造扱いなので通常の発注手続きを踏んでほしい」と返信が来ました。Aさんはすぐに電話で連絡をしました。

　「どうして崩れてる不具合の修正が改造扱いなんですか?!」

　「いや、でも今回の開発では実機での検証は開発には入っていないんで、特定の機種の不具合を挙げられた場合は、別途対応ということは最初にご説明しましたよね」

　「そ、そうでしたっけ? でも、B社って結構メジャーなメーカーじゃないですか?それなのに保障できないっておかしくないですか?」

　「ええ、メジャーなメーカーの機種だということは分かりますが、あくまで今回の制作はエミュレーターを使っての確認のみという条件なので、実機につ

いては保証していないんですよ。もし対応するのであれば、テスト評価会社へ依頼するとかしないとダメですね」

Aさんは、確かに見積りの際に、「実機検証については制作会社では保障できないので、別のテスト評価会社を紹介する」という説明は聞いていたように思いました。

ただ、開発費とは別にテスト費用をかけるほどの予算を確保するのは難しかったので、制作会社が確認できるレベルで取りあえずは開発を進めてほしいと依頼していたのです。

「分かりました。費用の話は別として、取りあえず指摘のあった機種だけでも対応ってできないんですか？」

「うーん、、ユーザーさんの使ってる機種とOSバージョンが完全に一致したもので検証するとなるとやはりテスト評価会社へ依頼しないと、、」

何とかしてほしいと思うAさんの想いとは裏腹に、制作会社としては、実機の動作は実機を保有しているテスト評価会社へ依頼しないと対応はできないの一点張りです。

いずれにしてもすぐには対応できない、とのことなのでいったんストアからはアプリの配布を停止してもらいました。

Aさんは、実際に画面が崩れているのに保証対象外ということに納得できず、後日他の制作会社へ声をかけて、実機の検証も含めて対応してくれる会社を探しました。しかし、どこの会社も端末すべては持っていないので、テスト評価会社へ依頼するなどしないと対応は難しいとのことでした。

＊＊＊

⬤ テストするのにも多額の費用がかかる。

例に挙げたように、初めてスマートフォンアプリの開発を依頼する場合、開発費用ばかりを優先して、実機検証の費用を削減してしまう企業も多いです。

企業としては、アプリ自体がどれほどの収益を生むのか分からないので、賭

けの部分もあり、立ち上げたばかりのベンチャー企業などであれば実機検証に
かかる費用を削ってしまいがちです。

しかし、スマートフォンは毎年多くの機種が発売されています。機種によっ
て解像度なども異なり、今後もさらに新しい解像度の機種が出てくることは予
想されます。

制作会社はすべてのスマートフォンの実機をそろえているわけではなく、特
定のスマートフォンの実機しか持っていないのが常です。そのため、エミュレー
ターという開発環境に付属している疑似端末を使って確認することが多いので
すが、それはあくまで疑似環境なので実機とは異なる動作をすることもありま
す。

そこで、市場に出ている多くの機種を実機でテストしたい場合は、さまざま
な OS バージョンと実機を保有しているテスト評価会社へ依頼して、テストし
てもらう必要が出てくるのです。

テストの費用は会社によりまちまちですが、テスト検証をする機種や OS
バージョンの組み合わせが増えれば増えるほど、当然のことながら費用は高く
なってきます。

特に、スマートフォンは端末と OS バージョンの組み合わせがたくさんあり
ますので、過去から現在にかけてスマートフォンなどの携帯端末を多数保有し
ているテスト評価会社へ依頼するしかないのが現状です。

大手企業などでは、きちんとテスト評価会社へ依頼して確認されているよう
ですが、予算が厳しい企業の場合、あらかじめ対応する OS のバージョンや推
奨する解像度などを定義して、少なくとも保障範囲の端末ではきちんと動作確
認を行うなどの計画を立てることをお勧めします。

ターゲットは広いほうが良い、と存在しているすべての OS バージョンなど
を対象としてリリースしてしまうと、例に挙げたようなリスクも発生しますの
で十分注意してください。

第 2 部第 7 章 | 検収前と検収後で、どこまで無償で対応してもらえるのか……252

13-5

Contract trouble

納品後になって、もらっていた見積りと異なる請求金額を請求された。抗議すると作業中に見積り外の作業が発生しており、その分を上乗せしたという。(フリーランスへ発注)

　公開日やリリース日は死守したいという状況下で制作を進めていると、追加作業が発生した際に、金額の話は後で調整するからとにかく作業だけは先に進めてほしい、ということで制作を進めさせてしまうことは制作現場ではよくあります。

　特に、広告代理店や制作会社が自社で受注している制作案件を、外部の制作会社やフリーランスに発注している場合に多いようです。

　追加作業というのは制作している側の認識で決まるものなので、きちんと確認しながら進めていかないと、出来上がったものに対して予想していなかった追加作業費用が加算されることもあります。具体的な例を挙げてみます。

事例紹介

　ある企業で Web 制作の担当をしている A さんは、自社の Web サイト制作をフリーランスのデザイナー B さんに依頼しました。B さんは A さんがサイト検索で探した方で、ポートフォリオサイトのデザイン実績を見て一目惚れしての依頼でした。

　デザインについては予想通り、社内での評判も良く、サイト制作については順調に進行していきました。ところが、制作も佳境に入り最終の確認段階になった時、TOP ページのスライドアニメーションについて A さんの認識違いで社内 NG となってしまい、作り直しになりました。

Aさんは Bさんにやり直しになったことをお詫びし、とにかく時間がない
ので Bさんには無理を言って制作を間に合わせてもらいました。何とか社内
でも問題ないとの承認がおり、めでたく Web サイトは公開されました。B さ
んにお願いして良かった、Aさんは自分が初めて担当した Web サイトが社内
でも評判良く、感無量でした。

　ところが、月末に届いた請求書を見ると、最終見積書から金額が増額されて
いました。Aさんとしては、もらっている最終見積書の金額で請求がくるもの
だと思っており、会社の経理部門にもその金額で申請を出していました。請求
書のミスの可能性もあるのですぐに Bさんに連絡を取りました。

　「今日届いた請求書の額を見たんですけど、以前いただいた見積書の金額と
違いませんか？」

　すると Bさんは当然といった感じで答えました。

　「ええ、TOP ページのスライドを作り直しましたよね？その追加作業の分加
算してるんで。」

　Aさんは追加作業なんていう話は聞いていませんでした。

　「追加作業って、、見積書いただいてましたっけ？」
　「いえ、とにかく作業を進めてほしいとのことでしたので。もし見積書が必
要なら一応発行しましょうか？」

　確かに、口頭ベースで追加作業だということは何となく聞いていましたが、
増額の金額までをきちんと確認していませんでした。今から社内で経理に稟議
を通すのは難しいと交渉はしましたが、進めてほしいと言われて納品完了まで
している作業に対して今から値引きはできない、の一点張りです。結局 Aさ
んが社内で何とか話を通して何とか請求の都合を付けました。

＊＊＊

　見積書なしでいきなり請求書の金額が上がっていた、というのは極端な例かも知れませんが、口頭ベースで確認していて見積書には反映していなかったために、請求段階で認識の食い違いが発生することはあります。

　作業をお願いする前に、少なくとも見積りの範囲外の追加作業なのか、追加作業に対しての費用はどのくらいかかるのか確認してから依頼すべきです。

● 計算が誤った見積書についての指摘義務はあるのか。

　見積書の金額と請求額が異なるのは、何も制作の過程での認識違いだけではありません。見積り自体の金額計算が誤っているということもあります。

　見積書の計算にディレクション費が計上されていなかったので修正させていただきたい、ページ数のカウントが間違っていたので修正したい、など制作側のミスにより見積金額の訂正をされることもあります。

　企業として発注している場合は、予算取りなどの都合で後から金額訂正をされても、社内で稟議を通すのが難しくなる場合もあるでしょう。ただ、明らかに依頼しているページ数と異なるページ数であるのに、そのまま見積書の訂正を認めないというのは法律的にも何か問題があるように思います。

　また、2014年の4月で消費税が5％から8％へ上がりました。その際に、見積りの消費税が5％のまま計算してしまっていた、という見積りの作成ミスもあったのではないかと思います。もちろん、発注側でも気が付けば指摘してあげることはできますが、双方で見逃しており、請求段階で発覚した場合という場合は発注者にとっても大きな誤算になります。3％の誤差でも発注した金額によっては大きく変わってきます。

　制作費用の認識違いや金額ミスであれば、制作会社のミスで交渉の余地はありそうですが、法律で定められている消費税については明確に決まっているものです。払わないというわけにはいかないでしょう。

このような場合、法律上発注者に指摘の義務はあるのでしょうか。また、請求段階で消費税計算が誤っていたことに気が付いた場合、計算し直した金額で請求ができるものなのでしょうか？この件については藤井先生の章で法的な見解について説明していただきましょう。

第2部第11章｜どんな場合に追加費用が発生するのか……………………………291

第14章
制作会社を変更したい。どのように契約を引き継げばよい？

| 14-1 | 現在サイトの運営を依頼している制作会社の対応が悪く、他の制作会社に頼みたいが、どのように他社へ依頼したらよいか分からない。（制作会社へ発注）… 136 |

14-1

Contract trouble

現在サイトの運営を依頼している制作会社の対応が悪く、他の制作会社に頼みたいが、どのように他社へ依頼したらよいか分からない。（制作会社へ発注）

　Web サイトの制作は、制作側と発注側のコミュニケーションが非常に重要です。しかし、依頼している制作会社とのコミュニケーションがうまくいかず、「制作会社を替えたいのだけれど、うまく引き継ぐにはどうしたらよいでしょうか」という相談を私自身よく受けます。

　制作会社の切り替えは、制作会社の不備など契約を破棄する原因が明確であれば、義務として引き継ぎを行ってもらうこともできるかと思います。しかし、「コミュニケーションがうまくいかない」「対応がいまいち」など、発注者の主観によるものですと、契約を破棄される制作会社も快くは思わないので、場合によっては引き継ぎがスムーズにいかない場合もあります。

　引き継ぎがうまくいかないと、他の制作会社への引き継ぎ自体にかなりの費用が発生してしまったり、不具合などがあった際にスムーズな対応が取れなくなってしまったりする場合もあります。

　では、発注側の都合で制作会社を替えたい場合は、事前にどういう点に注意しておけばよいでしょうか。

◯ まずはドキュメントやデザインの元データを回収

　まず、制作会社を変更したい場合はドキュメントなどの仕様書やデザインデータについては必ず入手しておいてください。

　制作会社によってはドキュメントやデザインデータを納品する場合は別料金になる場合もありますので、発注のタイミングで、

「納品物一式にはデザインデータや仕様書などのドキュメントデータも含む」ということを納品条件として交渉しておきましょう。発注時の納品データの確認については、**10-1** でも例を挙げていますので合わせて読んでみてください。

元データがあって、事情を説明すれば制作会社間で引き継ぎデータのやり取りはしてもらえると思います。ただ、引き継がれる制作会社も良い思いはしないでしょうから、丁寧に対応してくれるとは限りません。ですので、最初の納品の時点でデータをきちんと入手しておけば、引き継ぎはスムーズになります。

⚫ サーバーなどのアクセス情報について整理

自社でレンタルしているサーバーであれば問題ないのですが、制作会社経由で契約を代行してもらっている、もしくは制作会社のサーバーを利用している場合はサーバーやドメインごと解約になってしまい、Web サイト自体が一時的になくなってしまうことも考えられます。

個人的には、サーバーはサーバー会社で個別にレンタルすることをお勧めします。設定や契約がよく分からなくても、最近のサーバー会社はサポート電話などサービスも充実していますので、契約や簡単な設定であればサーバーに詳しくない方でも、サポートを受けながら何とかできてしまいます。どうしても分からない場合は、制作会社に代行してもらうのも手だと思いますが、あくまでも自分たちの名義で契約してもらったほうが安心です。

サーバーの契約も代行してもらっている場合は、FTP などのアクセス情報については確認しておいてください。接続情報さえあれば次の制作会社に引き継ぐ際にもスムーズです。

もし、サーバーとセットで契約している場合は、少なくともサイトにアップされているデータについては、まとめて制作会社から回収しておいてください。何も言わなければそのままクローズされてしまい、最悪作り直しになる場合も考えられます。データさえあれば URL は変更になってもすぐにサイトを復活できます。

たいていの制作会社は、引き継ぎ自体はしてもらえると思います。ただし、

倒産などでスムーズにデータをまとめられない場合もありますので、発注段階でデータや接続情報については自分たちできちんと管理をしておいてください。

第 2 部第 12 章｜契約の引き継ぎはどうすればよいのか················299

第15章
契約満了でWebサイトもなくなる？気を付けたい激安制作の契約内容

| 15-1 | 月額制のメンテナンス契約で制作したWebサイトの制作会社を変更しようとしたら「サーバーもドメインも同時に解約となります」と言われてしまった。（制作会社へ発注）... 140 |

15-1
Contract trouble

月額制のメンテナンス契約で制作したWebサイトの制作会社を変更しようとしたら「サーバーもドメインも同時に解約となります」と言われてしまった。（制作会社へ発注）（制作会社へ発注）

　Webサイトの制作会社を探していると、「4ページでたったの40,000円！！」などの触れ込みで、標準的なWebサイトの制作価格からかなり安い価格帯でWebサイトを制作してくれるWeb制作会社を見つけたことはないでしょうか？ 実際に、少し検索しただけでも「＊＊ページで20,000円」など、制作業界の私としても、どうやったらそんなに安くできるんだ、と思うほど安価で制作してくれる制作会社を見かけます。

　しかし、この安い制作費用ですが、よく確認しないと毎月のメンテナンス契約ありきの制作費用であることがまったく読み取れない場合があります。

　Webサイトの制作料金自体は他社に比べるとかなり安いのですが、結局月額メンテナンス費を先払いで1年分支払わないといけない、というようなプランも多くあるので、直接電話で連絡するなどしてきちんと確認しましょう。

　そして、メンテナンス契約の一番の問題がサイトリニューアルのタイミングです。リニューアルのタイミングでメンテナンス契約を解約すると、場合によってはサイトのURLなどすべて一緒に解約となったりするのです。例を挙げてみましょう。

事例紹介

　Aさんは居酒屋を出店し、お店のWebサイトをなるべく安く制作してくれる制作会社を探していました。「Web制作会社」で検索していると、他の制作会社で10万円かかるところを5万円で請け負ってくれるという、かなりお得

そうな制作会社 B を見つけました。

　取りあえず「お店の Web サイトくらいないといけない」と思っていた A さんは、B 社の安いプランに申し込みました。

　しかし、申し込んだ後に送られてきた請求額を見ると 11 万以上です。間違ったプランを選択してしまったのかと思って、制作会社のフリーダイヤルへ電話してみると、月額のメンテナンス費用も込みだと言います。5 万円かと思っていたので少し迷いましたが、メンテナンスもしてくれるのであればよいかと思い、そのまま契約をして翌日には請求の金額を振り込みました。

　制作に入ると、簡単なイメージなどのやり取りをメールベースで進めていくようです。A さんにとっては Web サイトが存在すること自体が最重要だったので、写真をたくさん使ってほしい、ということだけ伝えてデザインについては特に要望は出しませんでした。

　3 週間程度で Web サイトは完成し、教えられた URL をクリックすると自分のお店のサイトが公開されていました。これで名刺に URL を載せられる！ A さんは満足しました。

　最初は月々の更新もやるつもりでしたが、お店が忙しくほったらかし状態、結局 1 年間で 1 度も修正しませんでした。

　そして 1 年後、店も軌道に乗りそろそろデザインにこだわってリニューアルしようと思い、今度は別の制作会社に声をかけました。

　現在メンテナンス契約している B 社とは、リニューアルを機に解約をさせてもらおうと思い B 社へ連絡しました。すると、思ってもいないことを伝えられました。

　「ご契約を解約されるとドメインとサーバーも解約になります」

　「それはどういうことですか？ホームページが見れなくなるってこと？」

　「ええ、ドメインを新規に取得していただいて移行していただければ大丈夫です」

　「それはお願い出できるんですか？」

141

「いえ、当社の側ではご解約されたお客様の対応には応じかねますので、お客様ご自身で行っていただくことになりますね」

今度リニューアルをお願いする制作会社に何とかならないか相談しましたが、URL は B 社のドメインのサブドメインなので、URL 変更は解約する以上避けられないとのことです。名刺などに記載された URL をすべて変更するには予算が厳しいため、渋々そのまま B 社との契約を続けました。

＊＊＊

 極端に制作費が安い制作会社にはわけがある。

メンテナンス契約の制作会社自体が悪いわけではありません。ただし、発注する側が細かい内容をきちんと把握して判断しないと、不測の事態が発生します。

例の場合は、お店の独自ドメインを使わずに、制作会社で契約しているサブドメインを使う、という部分をよく分からずに契約してしまったため、解約の時点で URL がなくなってしまうという事態に陥りました。このようなことはレンタルサーバーを使っていても、レンタルサーバー自体を変えたりすると、起こり得るので注意が必要です。

また、費用の面で初期制作費が安い、と思っても毎月のメンテナンス費を通算してみると、普通に制作会社に依頼するのとほぼ同じ額の費用が掛かる場合もあります。更新を頻繁に行う場合はお得なのかも知れませんが、そうでない場合は契約年数が長ければ長いほど費用はかさんでいきます。

Web サイトの制作は既製品の販売ではないので、基本的に在庫処分のような形で、投げ売り価格という概念はありません。ですので、他の制作会社に比べて極端に安い場合はその理由があるのです。

はっきり言ってしまうと、デザインにこだわりたい、分からないことなどを相談しながら進めたいという場合には、安価な制作費用を打ち出している制作

第 1 部　第 15 章　1

会社にお願いするのはお勧めできません。制作というのは人件費がほとんどなので、安ければ安いほど時間をかけず効率よく制作を進める必要が出てきます。ですので、例に挙げたようにメールベースのやり取り、デザインの修正は〇回までなど、やり取りの回数にも制限が出てきます。

　「サーバーやドメイン費用はサーバー会社へ支払い、Web サイト制作費は制作会社へ支払う」などのように支払いが分散されず、とにかく全部やっておいてほしいという方には、制作費用が安い会社に一括でお願いすることは向いています。ただし、例に挙げたようなことも考慮の上、内容をよく確認してから契約を検討してください。

第 2 部第 12 章 ｜ 契約の引き継ぎはどうすればよいのか ………………………………299

143

第16章
広告代理店が窓口となる Web制作について

16-1 自社で受注した制作案件を他の制作会社に発注、納品後クライアントから仕様矛盾の指摘があり、制作会社に無償で対応を依頼すると断られた。下請けの制作会社への責任追及はどこまでできる?（制作会社へ発注）……………… 145

16-2 広告代理店の担当者がWeb技術などに疎く、こちらの伝えた要望が毎回正しく制作会社に伝わっていない。（制作会社へ発注）……………………………… 149

第1部　第16章　1

16-1
Contract trouble

自社で受注した制作案件を他の制作会社に発注、納品後クライアントから仕様矛盾の指摘があり、制作会社に無償で対応を依頼すると断られた。下請けの制作会社への責任追及はどこまでできる？（制作会社へ発注）

　この項は広告代理店の担当者など、自社で制作を請け負って制作会社など外部に制作を発注する立場の方に読んでいただきたい内容です。自社のサイトを直接制作会社に発注する場合はあまり関係ないかも知れません。

　自社で受注した案件を外注した際に、品質に問題があった場合は真っ先にクライアントからクレームを受けるのは受注した会社です。これは仲介している会社の宿命なのでしょうがないのですが、しっかりと確認しながら制作を進行しないと、思わぬところでクライアントと制作を依頼している制作会社の板挟みになったりするので注意が必要です。具体的な例を挙げてみます。

事例紹介

　広告代理店のB社は、ある大手企業からWebサイトのリニューアルを請けて、いつも制作を依頼しているWeb制作会社A社へ制作を発注しました。

　制作が完了し、クライアントへ納品する際、代理店のBさんは制作会社が品質チェックをしていることを信じて、ざっと確認するに留めてクライアントに納品しました。クライアントのほうでもあまりよく確認せず、代理店の確認を信じて本番公開しました。

　すると後日、クライアントの担当者から「CMSの機能について実際に使ってみたところ仕様矛盾がある」との指摘を受けました。Bさんは制作会社A

145

社へ仕様の見直しと修正を連絡しました。

「あのぅ、クライアントから連絡があって、納品した CMS のところで実際に操作してみたら仕様にちょっと矛盾というかおかしい部分があるみたいなんですよね」
「仕様ですか？バグではなくて」
「ええ、仕様バグという感じですかね。」

B さんは詳細な指摘内容を、画面を見ながら説明しました。一通り説明すると、A 社の担当者は「指摘の点はあくまで仕様変更の範囲だ」と主張します。

「いや、でもそれは仕様変更ですよね。仕様バグではないですよ。矛盾とおっしゃいますけど、これは逆に弊社としても運用面で矛盾が生じるのであれば先に指摘してほしかった部分ですよ！ こちらでは判断付きかねる内容ですよね！」
「まあ、それはそうなんですけど、クライアントからは仕様の矛盾だと指摘されてしまって、今回は無償で対応してほしいんですよね。一応御社からご提示いただいた仕様なんで」
「いや、でも打ち合わせで OK をいただいていたから制作を進めたのであって、納品後に指摘されても、、仕様がおかしかったら仕様検討の時点でご指摘いただかないと」

B 社としては、クライアントには納品完了しているとはいえ仕様矛盾なので別途費用を見てもらうことができず、制作会社が無償で対応してくれないと修正費用は自社の持ち出しとなってしまいます。B 社としても確認不足があったとはいえ、仕様策定も制作費用の中に含んでいた今回の制作、矛盾点についてはきちんと対応してほしいところです。

「でも、仕様策定も今回の御社の制作費用の中に入っていましたよね？仕様の矛盾点は御社にはまったく責任がないとおっしゃるんですか？」

「そうは言ってませんけど、御社のほうでもご確認いただいてからエンドクライアントに納品していただく、ということだったじゃないですか。一応御社での検収期間もきちんと取っていたんですよ？ 検収期間内にご指摘受けたのであればまだ分かりますよ。でも納品してからもう結構時間経ってますよね。それで無償対応は厳しいですよ！」

　話をしているうちに、A社の主張ももっともだと思い、B社からクライアントへ仕様変更扱いで対応させてほしいと交渉しました。しかし、それは受け入れてもらえず、制作会社も無償では対応できないという姿勢は崩しません。最終的にはB社が費用を捻出して、制作会社A社へ発注して対応してもらうということになりました。
　＊＊＊

　例に挙げたようなやり取りはよくあることで、孫請け構造になっていると、エンドクライアントから受けたクレームの責任を段階的に押し付け合うような感じになることも多いです。
　仕様だけでなくサーバートラブルやその他トラブルでも、クライアントから受けたクレームの責任の所在と、対応にかかる費用などの負担はどこがするのか、ということで揉めることがあります。

　明らかな作業ミスなど、分かりやすい内容であれば揉めることはあまりありませんが、仕様に絡む部分で修正が入ると、誰が責任を持って決定すべきだったのか、といったところにまで話が飛躍することもあります。
　そういったことを防ぐには、関係する会社がきちんと確認すること以外ないのですが、発注元の注意点としてはクライアントへ事前にきちんと確認を取ることでしょう。

　例に挙げたような話は、クライアントと代理店の間で改造と修正の取決めがきちんと定められていなかったために発生しています。外部に制作を依頼する際に、Webはよく分からないので、と責任ごと丸投げしてしまうような代理

店の担当者も中にはいらっしゃいますが、あくまでもクライアントから受注しているのは自社であるという自覚を持って対応しないと、万が一トラブルがあった時に責任のなすり合いのような揉め事が起こってしまいます。

第2部第4章｜業務の進捗管理はどう行えばよいのか················223

16-2

Contract trouble

広告代理店の担当者がWeb技術などに疎く、こちらの伝えた要望が毎回正しく制作会社に伝わっていない。（制作会社へ発注）

　Webに特化した広告代理店でないと、担当者がWebに精通していないことも多くあります。それゆえに仕様や要望が間違って伝わり、うまく制作が進まないこともあります。

　CMSの導入などシステムが絡んだプロジェクトになると、専門的な見解から検討することも多くなり、間に入って発注者と制作会社をつなぐ担当者の役割と責任は大きくなります。

　発注者として気を付けたいのは、窓口となる担当者がこちらの要望をうまく仕様に落とし込める能力があるかどうかです。プログラムやサーバーなど、細かく専門的なことが分かっていなくても、表面上の仕様をきちんと理解できる方であれば問題ないかと思います。しかし、仕様を理解できない人が間に入ると大きなトラブルになることがあります。例を挙げてみます。

事例紹介

　自社のコーポレートサイトとWebサービスのサイト運営を担当しているAさんは、自社で新規にWebサービスを開発するため、いつも自社サイトのリニューアルなどを依頼している広告代理店に話を持ちかけました。何回か打ち合わせを行い、仕様の概要と費用感については概ね合意が取れたので、発注して制作が始まりました。

　今回はいつもの担当者とは異なり、営業担当のBさんが仕様も含めて窓口担当をするとのことです。初回の打ち合わせには、実際にサイトを制作する制作会社のメンバーも含めて参加しました。社内検討の時点で、かなり細かい仕様について固めていたので、制作会社に直接説明したい気持ちもあり、制作会

社のメンバーも同席してもらうよう調整してもらったのです。

　リリースまでの期間が短いので、制作会社には制作に集中してもらうため、基本的には窓口であるＢさんが仕様を取りまとめていました。
　概ね開発が終了し、テストアップされたサービスをＡさんが確認すると、要所要所の動作が説明していた仕様と異なります。
　そのことをＢさんに伝えると、最初は指摘したとおりに修正してもらえていたのですが、バグなどの不具合含めて修正が多くなってきた段階で、こちらの指摘したことが内容通りに反映されなくなってきました。
　間違っている内容が、単純ミスというよりは、誤った仕様理解をしてまったく別の仕様で動作をしているように思われてなりません。

　「Ｂさん、ここの動きは仕様通りではないと思うんですけど、、」
　「は、はい！ すいません。すぐに確認します！」

　制作会社に確認したＢさんはすぐに折り返し連絡をしてきました。

　「ご指摘の部分ですが、仕様通りの動きなのでＡさんのご指摘のとおりに修正するとなると改造ということになってしまうんですが、、」
　「改造？いやいやいや、違いますよ。私は打ち合わせできちんと説明したはずです。なんで仕様変更扱いになってしまうんですか？」
　「あ、いや、分かりました。ちょっと制作会社の方に確認してみます」

　Ａさんに指摘されて、Ｂさんはまた制作会社に確認するとのことで、しばらくして折り返してきました。

　「あの、ここの仕様についてはログイン前の動作の話なので、仕様ではログイン後の挙動なので、やはり仕様変更ということに、、」
　「だから‼ 私はログイン前にも同じ動作をしてほしいということを説明したじゃないですか！ それをＢさんがログイン後に勝手に置き換えて解釈して

しまってるんじゃないんですか?」

　Ｂさんの仕様の取り違いは制作段階でもちらほらあり、Ａさんは少し心配していましたが、やはりＢさんはこちらの要望を理解できていないと確信しました。

　Ｂさんに説明をしても埒が明かないので、Ｂさんとともに制作会社の担当者にも来社してもらい、一緒に画面を見ながら確認することにしました。

　その打ち合わせで、Ｂさんになかなか理解してもらえなかった仕様の部分を説明すると制作会社の担当者はすぐに理解しました。

「ああ、なるほど。そういう意味だったんですね。確かに伺っていた仕様とはちょっと異なりますね。理解できましたのでこれで修正します」

　数日後、Ａさんの希望通りの仕様できちんとサービスは修正されていました。

　やはり蓋を開けてみると、代理店のＢさんが少しずつニュアンスの異なることを伝えていたのがすべての誤解の始まりだったようです。

　このことがあり、公開までの確認修正期間では、制作会社にも同時にＡさんから要望や修正などを共有するという進行の仕方に変更して、無事にサービスのリリースに漕ぎ着けました。

＊＊＊

　4-3 でも触れましたが、広告代理店が受注している案件の下請けとして制作会社が動いている場合、あくまでも広告代理店が窓口となるので、手っ取り早いからといってクライアントが制作会社に直接連絡を取ることはＮＧであったりします。

　中には、直接やっていただいたほうが早いので細かい話は制作会社に直接連絡しても構わない、というところもありますが、代理店によって制作のポリシーが異なります（ただ、直接制作会社とやり取りしてしまうと代理店を通す意味がなくなってきますよね）。

例では制作中のことを挙げましたが、公開後のバグやトラブルなどが一番問題で、スムーズに内容が伝わらないとすぐに不具合を解決できず、大きなトラブルにつながることも考えられます。

もし、制作過程で担当者が仕様を理解できていないなどの力量不足を感じたら、早めに担当者の変更、もしくは話が通じる制作会社も絡めてプロジェクトを進められるよう打診をしてください。

その担当者の駄目出しをすることにもなるので気が引けるとは思いますが、あくまでもビジネスなので変に気を使って我慢せず、きちんとこちらの意図を伝えることは双方にとっても重要なことです。

第 2 部第 4 章 | **業務の進捗管理はどう行えばよいのか**················223

第17章
作ったWebサービスが既存のサービスと類似していたら？

| 17-1 | 新しいサービスを制作会社に制作させたら、「類似サービスかつネーミングが似ている」ということで取り下げるよう他の類似サービスを運営している会社から通知がきた。（制作会社へ発注）……………………………………… 154 |

17-1

Contract trouble

新しいサービスを制作会社に制作させたら、「類似サービスかつネーミングが似ている」ということで取り下げるよう他の類似サービスを運営している会社から通知がきた。（制作会社へ発注）

　本書のテーマである発注とは少し異なりますが、制作会社へ依頼して自社の
Web サービスやスマートフォンアプリの制作を検討されている方にとっては
重要なことなので触れておきます。

　新しい Web サービスやアプリのアイデアを考え付いた時、自分では世の中
にはまだないサービスだ、と思うかも知れませんが、世の中には誰かしらが同
じような事を考えていたり、話題にはなっていなかったけど実は既出のもの
だったりすることはよくあります。

　サービスやアプリをリリースした際に、あまり目立たなければ何事もないの
ですが、嬉しいことに話題になったりすると、すでに運用している類似サービ
スの運営会社からサービスやアプリ名の変更又はサービスの停止や取り下げを
要求される場合があります。実際の例を挙げてみましょう。

事例紹介

　Web サービスの開発を行っている A 社は、自社で新たにネットで行う教育
サービスを立ち上げました。リリース時にプレスリリースを打ち、教育関連の
情報を取り扱うポータルサイトなどにも取り上げられるなど、期待していたと
おりの好スタートを切りました。

　プレスリリースから 1 週間ほど経ったある日、1 通の内容証明がきました。
差出人は法人ですが、取引先でもなく見慣れない会社名でした。会社を調べる
と A 社というネット関係のサービス運用をしている IT 企業です。

154

内容を見てみると、先日リリースしたサービスが現在 B 社で運用している
サービスの内容と名称が類似しているので、サービス停止もしくはサービス名
の変更を至急行うことを要求するものでした。

サービスの内容は確かに似ているといえば似ています。しかし、教育系のサー
ビスを運営している会社はたくさんありますし、自社サービスの停止や名称変
更まで要求される覚えはありません。

しかも、A 社のサービスは PC に特化したものなので、タブレット端末に特
化した B 社のサービスとは異なります。A 社のサービスは PC を対象にしてい
ないので、サービスカテゴリーは類似しているものの、内容がかぶっているわ
けではないのです。

しかも A 社は FLASH、自社サービスは HTML ベースなので技術的にも異
なるシステムなのです。言いがかりに近いものを感じて、結局 A 社は何も連
絡をせず、放置していましたが、特に訴訟やその後に連絡が再度来るようなこ
とはありませんでした。

＊＊＊

私自身、例に挙げた事例に近い経験をしたことあります。「類似といえば類
似だけど、取り下げろ、と言われるほどのものでもない」と感じ放置していた
ら、結局その後には何事もありませんでした。

話は異なりますが、プレスリリースや広告の表現で「業界初！」「今までに
ない！」などの表現を使っても、既出のサービスがあると、「うちのサービス
はすでにやっていたので取り消せ！」などのクレームが入ったりすることもあ
ります。実際にそういったやり取りを、私自身 Twitter で見たことがあります。
SNS でやり取りするような内容なのか？とは思いましたが、どうなるのか興
味があったのでやり取りを見ていると、最終的には新しいサービスの運営会社
が「業界初！」の表現を取り消していました。

新しいサービスやアプリを作る際に、まずは同じような内容のサービスがす

155

でに運営されているかを調べがちですが、ネーミングについても先に商標を調べておくことは重要です。例に挙げたようなことはサービス名が類似していなければ起きないことなのかも知れません。

　また、ちょっとした表現でもクレームにつながるようなこともありますので、プレスリリースや広告の表現にも気を付けましょう。

第 2 部第 13 章｜**類似のサービスはどこまで許されるのか**······························305

第18章
もし発注先が制作中のサイト情報を漏らしてしまったら？

18-1 キャンペーンサイトの制作を制作会社に発注。テストアップの段階で制作会社のスタッフがキャンペーン情報をSNSで漏洩させてしまった。（制作会社へ発注） …… 158

18-2 受注したWeb制作案件を外注したら、クラウドソーシングサービスやブログ等に制作実績として納品したサイトを勝手に掲載されてしまった。（フリーランスへ発注） ………………………………………………………………………… 161

18-1

Contract trouble

キャンペーンサイトの制作を制作会社に発注。テストアップの段階で制作会社のスタッフがキャンペーン情報を SNS で漏洩させてしまった。（制作会社へ発注）

　最近、SNS 経由で勤務中のちょっとしたいたずらが大炎上してしまい、企業を巻き込むような事態につながってしまった、というニュースを見かけることが多くなっています。

　Web サイトや Web サービスでも、最近は SNS と連携するのが当たり前となってきており、実際に SNS アカウントを仕事中に利用するような機会も増えてきました。SNS の怖い部分は、ちょっとした油断が取り返しの付かない事態を招いてしまうところです。個人情報の漏洩のみならず、機密事項も漏洩してしまう危険もあるため、発注者、制作者ともに扱いには十分注意したいところです。例えば、一人の油断がこんなことにもつながります。

事例紹介

　広告代理店の A 社は、SNS を利用したキャンペーンサイトの制作を自社で受注しました。そして、その実制作を制作会社 B 社へ発注しました。制作自体は順調に進み、B 社のテストサイトでテストをしていた時のことです。

　B 社のスタッフが、テストしていた URL を SNS のタイムライン上に流出させてしまいました。そのスタッフは、テスト用のアカウントではなく、個人使用で公開制限もかけていないアカウントでテストしてしまっていたのです。

　テスト中のサイトに BASIC 認証（ログイン ID とパスワードが必要なロック）をしていなかったために、SNS を経由して一気にキャンペーン情報は拡散してしまいました。掲載していた原稿は本番のものを反映していなかったので、具体的な期間などは流出しませんでしたが、キャンペーンそのものの企画自体

158

は漏洩してしまいました。

　しかも、クライアントの担当者もたまたまSNSを見ており、現在制作中の
はずのキャンペーンサイトの情報が流れて来たのを発見してしまったのです。
すぐにSNSのキャプチャー画像とともに、クライアントから代理店の元へク
レームの連絡が来ました。
　翌日、すぐに代理店A社の担当者はクライアントの元へ上司と謝罪に訪れ
ましたが、今回のキャンペーンを担当した部署からは、今後は一切取引きでき
ないと厳しいことを言われました。
　＊＊＊

　制作会社に発注した広告代理店を例に挙げましたが、このように何かあった
時に真っ先に痛手を負うのは、直接クライアントから受注しているベンダーで
ある代理店です。実際にテストをしている制作会社にも責任はありますが、ク
ライアントから見たらそれはあまり関係ありません。ですので、発注者として
も十分に注意をする必要があるのです。

　最近では、SNS経由での情報流出などが度々問題になっていますので、制
作会社各社も相当注意を配っているはずですが、例に挙げたようにテストのタ
イミングなど、ちょっとしたところで流出してしまうようなことは十分に想定
できます。
　もちろん、機密情報の管理は制作会社が注意すべきことですが、インターネッ
トでは想定もしていなかったところで情報が漏洩してしまうこともあります。

　特にSNSについては、勤務中に個人のアカウントを使うということ自体当
たり前のようになっています。大手企業だと社内のイントラからはSNSには
アクセスそのものができなかったり、制限がかかっていたりするところもある
ようですが、中小規模の制作会社ではノーチェックでしょう。

　そもそもSNS関係の仕事をしていれば、SNSの使用も仕事の一環ではある

ので、その使用を禁止するというのもナンセンスです。そういう状況で仕事をしている制作会社がほとんどですので、どういうリスクが想定できるのかよく考えて、発注者としても制作過程での漏洩などの防止をきちんと考える必要があります。

SNS経由でのトラブルは後を絶ちませんので、発注者からも念のため、「制作中の個人SNSアカウントの利用は十分気を付けてほしい」ということは伝えておきましょう。当たり前のことでも、伝えると伝えないのでは制作現場のスタッフの認識も大きく変わってきますので。

第2部第14章 │ 営業秘密の漏洩や制作実績の公開はどう防げばよいのか⋯⋯⋯316

18-2

Contract trouble

受注したWeb制作案件を外注したら、クラウドソーシングサービスやブログ等に制作実績として納品したサイトを勝手に掲載されてしまった。（フリーランスへ発注）

　最近では、ロゴやイラスト制作からWebサイトの制作まで、さまざまな制作の仕事を個人でも請け負えるクラウドソーシングが流行っているようです。この本を読んでくださっている方の中には、実際にクラウドソーシングサービスを使って仕事を依頼された方もいらっしゃると思います。

　クラウドソーシングサービスには、それぞれの制作者の実績を掲載するポートフォリオページがあって、今までの制作実績を掲載している方が目立ちます。ポートフォリオページには掲載していなくても、独自に自身のポートフォリオサイトを持っている個人の方の多くは、そこに制作実績を掲載しています。

● ポートフォリオが外部委託した企業のデメリットになることも

　もし、こうしたポートフォリオページやサイトに、自分の会社やお店のWebサイトを掲載されてもあまりデメリットはないかと思います。こういうケースでデメリットとなるのは、制作会社もしくは広告代理店などが自社で受注している案件を、フリーランスの方へ外部委託している場合です。

　制作会社や広告代理店の制作実績として自社のWebサイトに掲載しているのに、個人のポートフォリオでも同じものを掲載されてしまうと、実は発注先の会社で制作していなかった（フリーランスが下請けしていた）ことを見抜くクライアントが出てくるかもしれません。

　また、代理店経由で発注を請けていた案件で、エンドクライアントが直接制

作会社やフリーランスの方へ連絡して、修正やリニューアルの発注を打診してくるということも実際にあります。

　担当者が制作のことを分かっている方であれば、代理店などを経由して発注するより、制作している制作会社やフリーランスへ直接発注した方が安く済むということを知っているからです。

　自社でサービスを運営しているようなクライアントによっては、基本的には自社で運営しているものなので、どこの制作会社へ依頼したのかを表立って公表してほしくない場合もあります。

　そういう時に、自社の制作実績に掲載するのを控えていたのにもかかわらず、外部委託したフリーランスの方のポートフォリオサイトに実績を掲載されていたら、自社で掲載を控えた意味がありません。

　こういうケースも考えられます。

　制作実績を掲載したブログやWebサイトのほうがSEO的に強いと、作ったサイト名で検索した際にヒットするのがつくったサイトではなく、実績紹介ページになってしまう、などのアクシデントです。

　とはいえ、制作実績を共有してしまったがために大きな実害を被ったという話を私はあまり聞いたことはありません。しかし、大きな実害はないものの、制作実績として掲載してほしくないという声を聞くことは多々あります。

　制作実績に掲載されているかは、依頼した制作会社やフリーランスのWebサイトを見張ってないとわかりません。アクセス解析の参照元サイトなど予想していなかったところから偶然発覚するようです。

　最近ではTwitterやfacebookなどのSNSを使えば、「僕のかかわった案件が本日公開！」という具合にURL付きで簡単に情報共有できてしまいます。実際に、自分の制作実績をツイートしたり共有したりする方は大勢います。

　もちろん事前に許可を取っていたり、もともと掲載してもよかったりする実績なのだとは思いますが、「許可取得済み」や「転載・掲載OK」のような但

し書きをつけてつぶやくケースはまずないでしょう。

そういったツイートや記事を見て、自分も大丈夫だと勘違いして、安易に掲載してしまう方もいるのではないかと思います。

制作した Web サイトにリンクを貼ってもらうことで、SEO 効果も多少あるので、掲載されてしまうことがデメリットだけでもありませんが、制作実績として Web サイトやブログなどに掲載してほしくない場合は、発注先に一声かけるか契約内容に含めるとよいでしょう。

第 2 部第 14 章 | 営業秘密の漏洩や制作実績の公開はどう防げばよいのか⋯⋯⋯316

第19章
SEOや広告出稿に費用対効果はどこまで求められる?

19-1 広告代理店からリスティング広告を推薦され、成果が全然上がらないのに「継続することに意味がある」と言われ、いつまで継続してよいのか分からない。(SEO、広告業務を発注) ……… 165

19-2 御社が運営しているサービスのPRに効果がある、と言われて雑誌に広告出稿したのに成果が出ず、問い合わせたら「媒体の購読者層とサービスがマッチしないのが原因ではないか」と言われた。(SEO、広告業務を発注) ……… 169

19-3 「2か月連続掲載で広告掲載費用を通常の半額!」というプランでインターネット広告を契約したが、最初に聞いていた効果が出ないので途中で打ち切りたい。(SEO、広告業務を発注) ……… 172

19-4 広告を掲載中のWebメディアがメンテナンスやサーバー障害で度々ダウンして広告非表示の状態になってしまう。表示されていない期間の料金を返金してほしい、と思い問い合わせたら返金はできないと言われた。(SEO、広告業務を発注) … 175

19-1

Contract trouble

広告代理店からリスティング広告を推薦され、成果が全然上がらないのに「継続することに意味がある」と言われ、いつまで継続してよいのか分からない。（SEO、広告業務を発注）

最近では、Yahoo! や Google にスポンサー広告として表示されるリスティング広告費用を、毎月の運用費として予算取りしている企業も多く、SEM 対策としては当たり前のことのようになっています。運用コンサルティング会社も増えており、さまざまな提案があります。

こういった広告は 1 回打っただけで効果が出る場合もありますが、継続しないと効果が出ない場合もあります。広告代理店などに相談すると、とにかく継続して欲しいため、どんどん提案をしてきます。ですので、費用対効果と期間対効果をよく確認してから継続の判断をしないと、費用だけがかかってしまい、思った通りの成果が得られないこともあります。例を挙げてみましょう。

事例紹介

A さんは自身で運営しているショッピングサイトの売上拡大をしたいと考えており、広告代理店へネット広告の出稿の相談をしました。営業担当者が言うには、リスティング広告を定期的に打って、徐々に認知度を高めていくのがよいのではないか、ということでリスティング広告の出稿をお願いしました。

リスティング広告のキーワード選別や運用自体は広告代理店が代行してくれるとのことで、A さんは毎週の売上げだけを気にしていました。

1 か月実施したのですが、あまり目立った効果はないので A さんは広告代理店の担当者へ問い合わせました。

「ここ数か月見てて、クリック数は上がってるのですが、売上自体ほとんど変わらないんですけど、これって続けていく意味あるんですかね？」

「はい、むしろ続けていくことでブランディング効果も出てくるので続けないと意味がないんです。停止することは即日可能ですが、今まで出稿してきたものが無駄になってしまいますよ」

「リスティング広告より効果ある媒体とかないんですか？このまま続けて本当に成果出るのか正直不安なんですけど、、一応費用も毎月発生しているわけなので、、」

「なるほど。継続するかはお客様次第なのでお任せしますが、他の媒体を利用しても継続しないと効果が出ないことだけは認識しておいていただけますか？」

　Ａさんとしては１日の金額は大きな金額ではないものの、１か月毎日広告を出し続けるとまとまった費用になるので、何とか目に見える成果が欲しかったのです。代理店の担当者が言うように、ここまで広告を打ってきて無駄になってしまったら元も子もありませんので、そのまま掲載の継続をお願いしました。

　しかし、数か月経過してもこれと言って目に見えた成果は上がりません。１日の予算はあっという間にクリックされて消費されてしまう上に、クリックしたユーザーが購買することはほとんどありませんでした。

　結局、代理店との契約期間が過ぎ、期待していた成果は出ることなく終わってしまいました。代理店の担当者に何がいけなかったのか確認すると、１日の費用が足りず、もっと予算をかけないといけないということでした。

　＊＊＊

　確かに継続することに意義があるというのは間違いではありません。

　企業によっては毎月の予算をきちんと組んで、リスティング広告を出し続けているところもあります。常に上位表示されることで人の目に触れ続けるという効果はもちろんあるでしょう。

第 1 部　第 19 章　1

　ただ、それも予算によります。少ない予算の中で続けられるだけ続けても、あまり効果が出ないことが多いです。特にリスティング広告は、キーワードをオークションで購入するようなものですので、上位表示しておきたければそれなりの費用がかかります。少ない予算を設定して、検索率の高いキーワードを選択すれば、あっという間に 1 日のクリックを消費してしまうでしょう。間違えて自分でクリックしてしまったりすると最悪です。

　ネット広告については、予算をかけられない状態でミニマムなことをやっても成果が出ないことが多いです。代理店の方のほとんどはネガティブな要因については話をしません。キーワードの提案などは広告掲載を継続をしている限り提案をし続けてきます。もちろん、媒体との相性などもあるので一概には言えませんが、予算をかけられない状態でリスティングなど継続的な広告を打つのはあまりお勧めできません。

　とはいえ、効果が出ているかどうかを判断するのは発注者自身でしかありません。判断する時期というのは非常に難しいですが、自分で納得のいく成果が出なければ早めに代理店の方に相談してみるのもよいでしょう。

　実際にやってみると分かりますが、リスティング広告は費用が結構かかります。広告を打つ際には 1 日の予算を立てますが、1 日数千円としても、1 か月で何十万もかかります。広告代理店などに運用代行を依頼すれば、さらに費用がかかります。私の会社でも、サービスの会員数獲得強化のためリスティング広告を出稿したことがあるのですが、何十万もかけた割には普段とあまり変わらない会員数の増加だったりして、これなら他の媒体の方に同じ値段かけた方がよかったのではないか、と後悔したことがあります。

　その費用を安いと考えるか、高いと考えるかはやはり発注者次第なので、「この期間内に効果が出なければ止める」など、最初にきちんと期間と目標を設定しておくとよいでしょう。

167

第 2 部第 15 章 | **マーケティングの成果は保証されるのか**································323

19-2

Contract trouble

御社が運営しているサービスのPRに効果がある、と言われて雑誌に広告出稿したのに成果が出ず、問い合わせたら「媒体の購読者層とサービスがマッチしないのが原因ではないか」と言われた。（SEO、広告業務を発注）

　私自身、会社でWebサービスを運用しているので経験があるのですが、広告媒体と紹介したいサービスなどのマッチングはすごく難しいです。「掲載料を取られるからには、それなりに効果が出るのだろう」と思い込むのは大きな間違いです。

　「効果が出る」という言葉だけを鵜呑みにして発注してしまうと、後で後悔しますので、広告出稿の費用対効果については、よくよく考えてから出稿することをお勧めします。例えば、こんなことも起こり得ます。

事例紹介

　Aさんは、ベンチャー企業でWebサービスの運営を担当しており、広告の出稿を検討していました。何回か購読したIT系の雑誌が記憶に残っており、その雑誌を発行している出版社へ声をかけました。

　話を聞いてみると、やはりそれなりに業界の人には知名度のある雑誌なので、広告掲載費も思っていたより高額でした。駆け出しのベンチャー企業には少し重い出費です。しかし、担当者いわく「雑誌の購読者層などに御社のサービスはマッチするので、かなりの効果を期待できる」とのことでしたので、その言葉を信じてAさんは広告掲載を発注しました。多少費用をかけてでも、知名度と発行部数のある雑誌に広告を掲載して、一気にユーザーを獲得したいと勝負を賭けたのです。

そして雑誌発売の前日、Aさんは反響でサーバーが落ちてしまうのではない
か、という心配という名の期待を胸に、ワクワクしながら眠りにつきました。
　発売日、Aさんはアクセス解析が気になって気になって他の仕事が手に付か
ないほどでした。しかし、仕事の合間にアクセス解析を見続けていたのですが、
期待していたよりアクセスは上がりません。期待以下どころか、がっかりとい
うレベルです。結局、雑誌発売日当日のその日は期待外れのアクセスで終わり
ました。

　翌日、営業担当者が電話をかけてきました。

「どうでしたか？効果のほうは？」
「思った以上に効果ないですね。というか、正直ちょっとがっかりです」

　Aさんは正直に伝えました。

「そうですか、、まあ、まだ発売の翌日なのでもう少し様子を見ましょう。数
日後に雑誌を見た読者がブログで紹介したりしてバズることもありますので」
　そして発売から1週間後、ほとんど雑誌掲載以前の状態くらいまでアクセス
は低迷してきました。また、営業担当者から成果を確認する連絡がきました。

「全然駄目ですね」
「そうですかあ、、うーん、ちょっと弊社の媒体とは相性が悪かったのかもし
れないですね。」
「え?! でもマッチしているし成果が出るというから広告を出稿したんです
よ！ 相性悪かったって、掲載してからそれはないでしょ！」
「ええ、力不足ですいません。私も反響が出るかと思ったのですが、弊社の
媒体の購読層は個人なのでBtoBのサービスが響かなかったのかもしれないで
すね。申し訳ないです。
　もしあれでしたら、同じITのジャンルで発行している弊社の別の雑誌の大
きい枠をご提案させていただくこともできますが」

170

「今回の料金の中でってことですか？」

「いえ、それは別料金で」

「……」

＊＊＊

　最初の契約時には、営業担当者はたいてい都合の良いことを言うものです。営業の言葉を信じなくて誰の言葉を信じるんだ、というところはありますが、広告出稿はあくまで自己判断と自己責任です。例えば、記事に誤りがあって雑誌が回収になったなどの話であれば別ですが、たいていの雑誌が保障するのは広告の掲載です。アクセスを保障するものではありません。

　特に、Web サービスの広告などは雑誌に掲載しても、わざわざ読者に URL を入力させてアクセスさせるだけの魅力がそのサービスや広告にないと、掲載する意味がありません。PR したい商材と広告媒体の相性は、広告の発行元である自分自身でよく考えてから発注しましょう。

第 2 部第 15 章 ┃ **マーケティングの成果は保証されるのか**……………………323

19-3

Contract trouble

「2か月連続掲載で広告掲載費用を通常の半額！」というプランでインターネット広告を契約したが、最初に聞いていた効果が出ないので途中で打ち切りたい。（SEO、広告業務を発注）

　広告出稿だけでなく、採用サイトでも何でもそうですが、掲載したからといって必ずしも費用対効果があるわけではありません。広告の内容にもよりますし、媒体との相性もありますので、よく考えて選ばないと期待通りの効果が出ずに終わってしまう場合も多くあります。

　特に、広告枠を売る営業担当者は営業トークに長けています。価格を下げたり成果を保障するようなことを、あの手この手を使ってアピールしてきます。
　実際にやってみないと分からない部分もあるのですが、営業担当者の言う成果だけを鵜呑みにして、その成果に対して費用を支払うという感覚だと、成果が思うように出なかった時に必要以上に揉めることにもなりかねません。具体的な例を挙げてみます。

事例紹介

　ベンチャー企業の社長をしているAさんは、自社で運営しているビジネスパーソン向けのWebサービスをPRするため、インターネット広告の出稿を検討していました。
　広告代理店などにも相談したのですが、いまいち納得のいくプランをもらえず、最終的には自分がよく見ているポータルサイトへの出稿に決めました。IT関係のビジネスパーソン向けに経済ニュースやIT関連のニュースを掲載しているポータルサイトです。バナー広告とテキスト広告をセットで2か月連続掲載するという条件で、通常の半額という破格のプランで契約できました。それ

なりに有名なサイトなので、Aさんは大満足でした。

　ところが、実際に掲載されてみると思っていたよりクリック数も上がりません。インプレッション数（広告の露出数）だけは上がっているのですが、実際にサイトへ訪れるユーザーの割合が異常に低いのです。

　あまりに効果がないので、ポータルサイト運営会社の営業担当者に相談したところ、新しいバナーデザインとテキスト文言の入れ替えを提案され、そのとおりにしました。しかし、営業担当者の提案通り広告の内容やデザインを変更して出稿したのですが、効果は相変わらずありません。1か月掲載した時点で限界を感じたAさんは、営業担当者に電話で連絡をして広告掲載の途中解約の意向を伝えました。

　「さすがにここまで効果ないとか思ってもみなかったんで、打ち切ってもよいですかね？」

　「いやあ、、できれば弊社として2か月間は出稿していただいて何とか成果を出したいと考えているんですけど、、」

　「こちらも言われたとおりにバナー広告を制作したり、人件費もかかってるんでね、残り1か月で成果出すと言われても社内的にも厳しいですよ。出稿した1か月分はお支払いしますから請求書切ってもらえますか？」

　「はい、分かりました。それで大変言い難いのですが、今回は2か月連続掲載ということでのご契約でしたので1か月で打ち切りとなると、割引が適用できなくなってしまいますので通常料金でのご請求となってしまうんですが、、」

　「え？でも効果が出るっていうお話だったんで契約したんですよ？それなのに料金満額なんですか？それっておかしくないですか？」

　「……ええ、まあ大変申し上げ難いのですが、一応コンバージョン（会員登録などの成果）については保証の対象外という契約ですので、、」

　　＊　＊　＊

　広告の考え方にもよるのですが、雑誌やWebサイトなどの広告媒体では効果を保障しているわけではありません。露出する回数ということでの保障なの

で、これに対して確実な効果を期待するのは的外れです。広告の効果というのは広告のクリエイティブやキャッチなど、多くの要素が重なって生まれるわけで、掲載すれば何とかなるという考えでは失敗します。

　中には成果を期待して成果が出ないから請求額を支払わない、という無茶な交渉を投げかけるような極端な方もいるようです。
　交渉は自由だと思いますが、やり過ぎると発注側が無理難題を押し付けているということにもなりかねません。あくまで掲載する場所に対してお金を支払う、という気持ちで依頼したほうがよいでしょう。

第 2 部第 15 章 | **マーケティングの成果は保証されるのか** ·································323

19-4

Contract trouble

広告を掲載中の Web メディアがメンテナンスやサーバー障害で度々ダウンして広告非表示の状態になってしまう。表示されていない期間の料金を返金してほしい、と思い問い合わせたら返金はできないと言われた。（SEO、広告業務を発注）

ネット広告は、おおまかに次の二つに分けられます。

・リスティング広告のようにクリック単価で精算するもの
・アフィリエイトのように成果報酬、月額料金で掲載するもの

　ポータルサイトのようなネットメディアの広告掲載費用は、大体が月額制などで、掲載期間の広告露出に対しての対価となっています。クリックや購入、会員登録などのような成果を保障するものではないので、常に広告が表示されていることは発注者にとって重要なことです。

　しかし、ネットメディアは紙媒体と異なり、メンテナンスやトラブルなどで掲載している広告が表示されないという事態に見舞われることもあります。

　では、発注した広告がトラブルで表示されなくなった場合、どうなるのでしょうか。

事例紹介

　A さんは、ある Web サービスに自社開発のグループウェアの広告を掲載しようと問い合わせをしました。費用は月額固定です。営業担当者と打ち合わせを行い、保障される内容などを確認しました。月額料金もかなり値引きサービスをしてもらえるとのことで、すぐに契約しました。すでに自社でバナーなどの広告素材はあったので、広告の掲載はスムーズに進みました。

広告掲載から数週間後、アクセス解析を見ていると、掲載されている間のクリック数は伸びているのですが、所々アクセスが落ちている日があります。どうしてそうなってしまうのか不審に思ったＡさんは、アクセス参照元などを確認しました。すると、広告を掲載しているサイトからの流入が時々途切れているのです。広告掲載サイトを見ると特に何も変わった様子はないのですが、定期的にアクセスが少なくなっているので、広告はきちんと毎日表示されているのかサービスの運営会社へ問い合わせました。

「ああ、定期メンテナンスが毎週金曜日にありますので、そのタイミングじゃないですかね？」

当たり前のことのように担当者は言います。

「え？そんな話聞いていませんけど、、だってこういうのって表示を保障されての月額料金なんじゃないんですか？毎週表示されなくなるタイミングがあるなんて聞いてませんよ」
「それは大変失礼いたしました。一応利用規約にもその辺りのことは書いてありますので、一度ご確認いただけますか？」

サービスの利用規約を確認すると、確かに定期メンテナンスにおけるサーバー停止についての返金は一切保障しないということです。ただし、システムトラブルなど自社都合でのサーバー停止については停止期間に応じて返金ではなく、掲載期間の延期ということで対応するとのことです。
確かに規約には書いてあるのですが、営業担当者からはメンテナンスに関する説明を一切受けていませんでした。Ａさんとしては、今回のグループウェアはBtoBの商品なので、できるだけ平日は広告の露出を高めたかったのでかなりがっかりしました。
＊＊＊

利用規約をよく読むと分かるのですが、サーバーがダウンした場合のことや、

176

メンテナンスでサービスを停止した場合の返金などについて、免責事項への定め方は各社さまざまです。

自社都合で止めた場合は、日割りで計算して返金するところもありますし、メンテナンスや自社都合で、サービスを一時的に停止することもあるという前提で返金はしないところもあります。

例に挙げたように、平日の日中にメンテナンスをするようなところは少ないでしょうが、それでもメンテナンスをするところはしますし、サーバーやシステムの不具合で広告が表示されなくなったり、されにくくなってしまったりすることはあります。

広告メディアによっては、インプレッション数などを保証してくれるところもありますが、保障内容、免責事項などを含めた細かい条件は、各メディアの利用規約や媒体資料などにきちんと載っていますので、よく確認してから契約しましょう。

営業担当者は、自社にマイナスな確認事項は契約時にはあまり説明しないものですので。

第2部第15章｜**マーケティングの成果は保証されるのか**……………………323

第20章
クラウドソーシングサービスを利用して起きたトラブルの責任は運営者に問えるもの？

| 20-1 | クラウドソーシングサービス経由でフリーのデザイナーに仕事を依頼したが、制作途中で連絡が付かなくなってしまった。サービス運営者に責任は追求できる？（フリーランスへ発注）……………………………………………………………179 |

20-1
Contract trouble

クラウドソーシングサービス経由でフリーのデザイナーに仕事を依頼したが、制作途中で連絡が付かなくなってしまった。サービス運営者に責任は追求できる？（フリーランスへ発注）

　最近ネットを見ていると、クラウドソーシングサービスを介してやり取りをしていた際のトラブルの経緯を、ブログなどで公開している方を時々見かけます。

　トラブルに発展するまでの詳しいいきさつは分かりませんが、お互いに相手がどういう感じの人で、自分の要望や思っていることを理解してくれているのかどうか、一度も顔を合わせず直接話をしないでメールのみでやり取りをしているような場合にトラブルが起こりやすいのではないかと思います。

　クラウドソーシングサービスは使い方によっては、発注者にとっても制作する側にとっても場所を選びませんし、お互いに非常に効率の良いサービスであることは確かです。ただ、手軽ゆえにトラブルになることも多いのではないかと思います。

事例紹介

　飲食店を経営しているAさんは、お店のWebサイトを作ろうと思いました。けれども、制作会社をどうやって選んだらよいか分からないのでクラウドソーシングサービスを介してWebサイトを制作してくれる人を探しました。なるべく早めにWebサイトを公開したかったので、クラウドソーシングサービス上で有料のオプション機能を利用して、依頼の注目度を高めるなどの施策をしました。

　オプション機能を使ったせいか想像以上に応募があり、十分にデザイナーを

検討して選ぶことができました。

　発注の手続きをサービス上で行い、その後は直接メールでやり取りをしました。他県のデザイナーなので、打ち合わせをする時間もなく、メールのみのやり取りには不安を感じましたが、レスポンスも早い方なので最初は安心していました。

　しかし、デザイン案を提出していただき、制作の進行を進めていく上で、どうしてもデザインに納得できず何回か修正をお願いしていました。
　正直なところ、悪いなと思いながらも、しばらく同じデザインでサイト運用を続けていくつもりだったので、細かい部分も指摘し修正を繰り返しました。
　ある日修正を出し続けていると、Bさんから「いつまで修正が続くのか」という連絡が来ました。Aさんとしても何度も修正してもらっているのは悪いと思うけれど、妥協はしたくないので、もう少し付き合ってほしいということを連絡しました。

　すると、「自分にはこれ以上は難しいので他を当たってほしい」という連絡を境に、Bさんから一切の連絡が途絶えてしまったのです。
　すでに修正のやり取りだけで数週間が過ぎていますので、Aさんとしてもこのまま途中で終わらせるわけにはいきません。特に、クラウドソーシングサービスでは案件が注目されるよう、オプションサービスも有料で使っていたので、時間も費用もかかっています。しかし、そのデザイナーとはメールを送っても電話をしても、その後まったく連絡が取れなくなり、Aさんは仕方なく他のデザイナーを探し始めました。

　クラウドソーシングサービス会社へ文句を言ってもしょうがないのは分かっているのですが、Aさんはやりどころのない怒りを覚えて運営会社へクレームを入れました。
　＊＊＊

180

個人の方とは連絡が取れなくなってしまうとそれまでです。企業とは異なり代わりの人を他に探すしかありません。

仕事として発注しているのに、途中で投げ出すなんてことあるのだろうか、と思う方も中にはいらっしゃるでしょう。しかし、例に挙げたように急に連絡が取れなくなってしまったり、仕事が嫌になって音信不通になってしまったりということは現実にあるのです。クリエイターは個性が強く、中には自分の意見が通らないと、へそを曲げてしまう方も多いのです。他の項でもお話していますが、私自身、そういったことで相談を受けることが多々あります。

誤解のないように言うと、クラウドソーシングサービス自体が悪いわけではありません。ただ、制作は商品の売買行為だけを行うオンラインショップとは違います。発注者と制作者、双方がコミュニケーションを重ねながら制作は進みます。ネット経由のやり取りだけだと、お互いに考えていること、伝えたいことの真意がよく分からないこともあり、例に挙げたようなトラブルにつながることになるのではないかと思います。

私自身、インターネットにかかわる仕事をしていることもあり、こういうクラウドソーシングサービスは非常に便利だと思いますし、フリーランスの方や新しく起業された方にとっては、大変役に立つサービスだと思っています。ただ、顔も見ず手軽に利用できる分、手軽に仕事から身を引くこともできてしまうように思います。

では、契約が成立しているのにも関わらず、例に挙げたようなことが起きないようにするにはどうしたらよいでしょうか。残念ながら確実な防止策というのはないように思います。

ひとつ挙げるなら、仕事をお願いする相手がどういった人なのかを確認するために、一度でも会って打ち合わせをするべきです。企業が面接もしないで人を採用するようなことはないのと同じで、仕事をするパートナーなのですから、どういった人で、どういう受け答えをする人なのか、会わないと分からないこ

ともあるでしょう。

　実際に会って打ち合わせをしたところで、音信不通になる人はなるのだとは思いますが、少なくとも実際に会って話をすると、やる気や理解度などは分かります。特に制作はコミュニケーションが大切なので、制作する「人」もよく確認する必要があると私は思います。

　実際に会う時間もないので、クラウドソーシングサービスなどを効率よく利用して制作をしてほしい、という方もいらっしゃると思います。また、すぐに会うことのできないくらい遠いところにいるけれど、腕の良い制作者に発注している方もいるでしょう。クラウドソーシングサービスでのトラブルは本当に稀な話です。大半の方がうまく制作を進めていなければ、そもそもクラウドソーシングサービスは成り立ちません。

　ただ、便利とはいえ、顔の見えない相手と仕事をすることのリスクは常にあるということは念頭に置いておいてください。

第2部第16章｜クラウドソーシングサービスの運営者はどんな責任を負うのか‥‥332

Column 1
Web 制作会社とうまく制作を進めるポイント

　第一部では、Web 制作会社の性質や、現場で制作している人々の特徴も交えて例を挙げてみました。Web 制作会社を選ぶのはなかなか難しく、何を優先するのかにもよって、選ぶ会社も変わってきます。

　とにかく費用を抑えたい、打ち合わせを密に行いながら品質を重視したい、すぐに公開したいのでなるべく早く納品してほしい、などさまざまな要望があるかと思います。担当者同士の相性などもありますので、一概にどういう制作会社が良いとか悪いということは言えませんが、ここでは「制作会社を選ぶポイント」と「制作をうまく進めるためのポイント」についてお話します。

🖐 レスポンスや対応のスピードを確認する

　制作会社を入れ替えたいという方に理由を伺うと、まず一番に「対応が悪い」と言われる担当者の方が多いです。「デザインセンスがない」「技術力がない」などという理由を伺ったことはほとんどありません。

　実際には、その辺りのことも含めて対応が悪いとおっしゃっている方もいらっしゃると思うのですが、「言ったことをすぐにやってくれない」「なかなか応答がない」などレスポンスについてのストレスを抱えていらっしゃる発注者の方が特に多いようです。

　では、最初にそれ（レスポンスの速さ）を見極めるポイントは何でしょうか。それはやはり、最初に問い合わせをした際のレスポンスです。お問い合わせフォームで問い合わせをした時に、担当者がすぐに折り返し連絡してくれるか、というところは今後の対応にも大きく影響します。

　遅いところだと 1 週間後に返信してくるような制作会社もあります。そのぐらいの対応だと、問い合わせ対応の優先度を下げているのか、対応自体がルーズな会社なのかもしれないと見るべきです。

また、見積書が出てくるまでの期間もひとつのポイントになります。
　見積りというのは、社内で承認などのフローを経てから提出されることがほとんどですが、そこに時間がかかるということは、スピーディーで腰が軽い会社ではないということの証しなのかも知れません。
　もちろん、普段はレスポンスが速いけれど、たまたまその時だけということもあるかと思いますので、これがすべてではないと思うのですが、ひとつのポイントとして覚えておいてください。

一番良いのは制作者も含めて打ち合わせをすること

　他の項でもお話しましたが、デザイナーやエンジニアなど、実際に制作を担当する方がどういう方々なのかを知るために、一度でも顔合わせを行っておくことです。
　もちろん、「会った際の印象が悪かったのでこのエンジニアは外してほしい」なんてことはなかなか頼めませんが、こちらがどういう意図と要望を持ってサイト制作をしたいのか、制作する方々へきちんと直接伝えることは重要です。
　制作者の立場からすると、発注者がどんな感じの人で、どんな話し方をする人なのか知っていたほうが、後にメールでやり取りするにしても、コミュニケーションは取りやすくなります。制作を進める過程でも、コミュニケーションは重要ですので、ぜひ一度、制作者と打ち合わせをする機会を作ってみてください。

打ち合わせは1回でも制作会社の事務所に行ってみる

　特に大規模なプロジェクトの場合、自社に呼ぶだけではなく、一度でもよいので、制作会社へ足を運んでみることをお勧めします。
　どんな事務所で制作を行っているのか、例えば機密事項を含む案件を任せるのにセキュリティー面で安全な事務所で制作をしているのか、などチェックする意味でも足を運んでみることは有意義です。もちろん、他社の制作もしているので、実際に制作している部屋を見ることはできないと思いますが、事務所を見ることで制作会社の売上規模やスタッフの数など会社の規模も見えてきます。

マンションの一室などで作業している制作会社もあり、なかなか事務所で打ち合わせを行ってもらえない制作会社も中にはあると思います。制作場所で品質が決まるわけではありませんが、発注する費用や規模が大きいのであれば、制作スタッフの人数含めて、ある程度の規模の制作会社に発注する方がさまざまなリスクを回避することにもつながります。

発注者としてうまく制作会社をコントロールするコツ

　制作会社で制作しているスタッフも人間ですので、自分の会社のスタッフなり部下なりと同じように、コントロールするつもりで対応すると、お互い気持ちよく進められます。追加作業があった時など、追加費用なしなどのおまけで対応してくれたりすることもあります。

　過度にご機嫌取りをする必要はありませんが、良いところは良いときちんと伝えることで、制作現場の覇気も上がるものです。ビジネスなのだから良い物をきちんと納品するのは当たり前、と言われればそれまでですが、制作しているのは人間です。ある程度気分を乗せることで制作もスムーズに進むのは発注者にとっても良いことだと思います。

　私の会社のクライアントでも、うまく制作側を盛り上げてくださる方はいらっしゃいます。意図的ではないのかもしれませんが、やはりそういう方と一緒に仕事をしていると、制作スタッフも力を入れて取り組むように思います。

　制作している人間というのは、認めてくれる人、きちんと自分たちのことを評価してくれる人を、良いクライアントと認識することが多いです。自分たちが時間を割けない、できないことだからお金を払ってやっているんだ、という気持ちも分かりますが、そこはうまく制作者をコントロールするつもりで接してみてはいかがでしょうか。

　「本当は仕様変更なんだけど今回はおまけで対応しますよ！」なんてこともあるかも知れません。

お互いに期限などの約束は守ること

　発注者として一番気を付けたいのはここです。私も発注する場合は気を付けていますが、発注者も制作をする上では制作メンバーのひとりなので、きちん

と期限を守る、連絡をするというのはマナーです。

　制作会社が納期を守るのは当たり前のことですが、その納期を守ってもらうために、発注者側も確認の期限などの約束はきちんと守らなければなりません。そうしないと公開が延びたり、強引に納期に合わせたことで、品質の悪い納品物が出来上がったりします。サイトの品質が悪くて困るのは発注者です。

　日常の本業をやりながらの確認作業になる方も多いと思います。実際に制作を始めてみると、規模によっては予想以上に確認作業や素材の用意など、発注側も大変なこともあります。しかし、Web サイトは発注する側の材料で制作するものですので、そこは発注者として良いサイトを作るための頑張りどころです。

ある程度の勉強は必要

　これは身を守る意味でも必要です。例えば自分のお金で家を建てるとしたら、どんな材料が安くて品質が良くて耐震性が高い、など、色々勉強すると思います。それと同じで、発注者でも多少の勉強は必要です。

　専門的なことは分からないからプロに任せている、という感覚の方もいらっしゃいますが、何も知識がないまま発注すると、「そういう認識ではなかった」などというトラブルに発展することが多くあります。制作におけるトラブルの発端は、発注者と受注者の言葉や内容の認識違いがほとんどです。

　Web サイトの制作はイメージが頭の中にしかないものを形にするので、制作過程でのコミュニケーションが重要になります。同じオーダーメイドでもそこが製品のオーダーメイドとは少し異なります。

　Web サイトを作ろうと思ったら、制作会社選びも大切ですが、発注する側にもそれなりに準備と対応が必要になることを念頭に入れておいてください。

Column 2

制作をお願いする際にフリーランスを選ぶポイント

　20章でも触れたように、クラウドソーシングサービスの出現などもあり、フリーランスの方へ仕事を依頼しやすくなっています。制作会社へ依頼するよりは安価でお願いできるという側面もあり、良い方と巡り合えると時間や費用、品質も含めて非常に快適に制作を進められ、満足のいくWebサイトを制作してもらえます。

　ただ、企業とは異なりその人と相性が悪いとなると、代わりの担当者を付けてほしいなどの融通は利きませんので人選は重要です。

　では、初めて契約する際にどういった点に注意をしたらよいでしょうか。いくつかポイントを挙げてみます。

 連絡が付く時間帯を確認する

　連絡がきちんと付く方がまず大前提です。

　フリーランスの中には、夜型の生活をしていて日中は仮眠を取っていたり、中には企業へ常駐して日中は企業の契約スタッフの一員として働き、帰宅後に個人で請けた制作をされているといった、ダブルワークで生活をしたりしている方もいますので、連絡の取れる時間帯をきちんと確認しておきましょう。

　よく、「フリーランスの方と連絡が付かない」と言っている方に限って、連絡が付くことを当たり前のように信じている方が多いです。企業であれば一担当者ではなく、企業として対応してもらうことができますが、フリーランスはその人ひとりしかいません。約束したからと言って、必ずすぐに連絡が付くわけではないのです。

　だからこそ、「平日の日中は確認や質問などの連絡をしたいから連絡が付くようにしてほしい」と、一言の念を押しておくだけで、ずいぶんその後の対応が違ってきます。

制作実績を確認する

　ここでいう制作実績というのは、あくまでも「仕事として依頼された経験が実績としてどのくらいあるのか」です。個人で制作したものではありません。

　Web業界は資格や免許がない業界ですので、他業種からいきなりフリーランスとして入ってきたり、専門学校を卒業していきなりフリーランスになったりする方もいます。

　実力の世界ですので、資格や卒業した学校はあまり関係ありませんが、仕事としての実績がない方といきなり契約をすると、制作の進行手順が効率悪くストレスを感じることがあるかも知れません。

　特にフリーランスの方はひとりでやっているので、不測の事態が発生した際に、企業のようにすぐに周りに相談する人もいません。何かあった時、柔軟に対応できるのは制作経験が豊富な方です。

　さらに、「各制作実績に対してどのくらいの制作期間がかかったのか」なども踏まえて確認をすると、その人の制作スピードや制作の進行なども見えてきます。

 作業場所を確認する

　最近ではコワーキングスペースといって、Wi-Fiなどネット環境が完備されて安値で利用できる共有スペースがあり、そのような場所やネットのつながる喫茶店などで制作作業をされる方も増えています。

　しかし、そういった公の場所で作業をされると、機密事項が漏れてしまう可能性が非常に高いです。本人は気を付けているつもりでも、ノートPCで作業しているところを、通りすがりに見られたりするリスクがないとは言いきれません。機密保持契約を結んでいれば、外で作業しないのは常識だと企業の方が思うかもしれませんが、フリーランスの場合はそうでもないので注意が必要です。

　ですので、守秘義務の契約をする際に、作業する場所についてもきちんと確認をしたほうが安全です。そんな質問をすると失礼なのではないか、と思われる方もいらっしゃるかも知れませんが、情報というのはどこでどう漏れるか分

かりません。これだけ情報漏洩、機密保持が騒がれている時代です。そこはきちんと念を押して確認をしてください。

Column 3
広告出稿する前に自分たちでもできる
プロモーションを考えてみる。

　私自身、会社で Web サービスの開発と運営に携わっているので、広告については色々な媒体を使ってきました。リスティング広告からアフィリエイト、紙媒体など一通り試してきたつもりです（広く浅くではありますが）。

　その経験の中でひとつ分かったのは、広告を出せば必ず成果や効果が出るほど甘くないということです。

　掲載する媒体にマッチするかどうかの判断もそうですし、出稿する広告のクリエイティブも効果的なものでなければ、欲しい効果は得られないでしょう。

　最近では、雑誌掲載やテレビ番組で紹介してもらえるようネゴシエーションをしてくれるようなプロモーション会社もあり、自分たちが PR したいものがどの媒体に向いているのか、判断するのがなかなか難しいのが現実です。

　十分に広告費が取れるのであれば、さまざまな広告媒体を試したり、長い期間で効果測定をしたりするということもできますが、限られた予算の中で費用対効果を得ようと思うとなかなかうまくいきません。

　では、予算を取るのが難しい場合はどうしたらよいでしょうか。外部委託せずに、自分たちでプロモーションを行うという選択肢もあります。

　片手間にやるのはなかなか難しいかも知れませんが、自分たちでできることもたくさんありますので少し説明します。

　Google AdWords や Yahoo! スポンサードサーチなどのリスティング広告は、キーワードアドバイスツールなどが用意されていますので、自分たちである程度運用ができるようになっています。

広告代理店がキーワードを選別する時も、実はこれらのツールを使っていることがあり、そのまま資料にして持ってきていたりするので、これは自分たちでやっても変わらない場合もあります。個人的な経験ですが、実際に自分たちにもできるような提案をしてきた会社も多くありました。

　ただ、有効な広告の使い方や広告媒体の選別は、代理店の方のほうが経験と知識があるので、自分たちでどうしてもうまくいかない場合はお願いしたほうがよいです。

　また、キーワードの選別や広告の文言などを考える時間がない、という場合には運用代行をお願いするという感覚でお願いするのもよいでしょう。

　広告代理店を使う場合には、相手に何を求めるのかよく整理してから納得して依頼することをお勧めします。

　また、広告を出稿する際には広告費だけではなく、バナーなどの広告を制作する費用もかかりますので、その辺りのことも念頭に入れておきましょう。

　最近では Twitter や facebook などの SNS を使ってアピールする、ブログを書いて商品やサービスを紹介する、などの地道な PR も継続をしていけば効果が出ます。

　ブログは、読者の興味を惹くような記事が書ければ、広告費をかける以上の効果が出ることもあります。インターネットの良いところは、お金をかけなくても自分次第で効果的なプロモーションができるということです。これも、記事の書き方や PR の仕方など自分自身で勉強して実施をし、更新を継続していく必要がありますが、手間を惜しまなければ外部委託しなくてもできるものです。

　いずれもすぐに結果が出るわけではないので、まずは自分たちでやってみて、時間的な面などで効率が悪い、お金を払ってでもお願いしたほうがよいと判断したら、初めて代理店などへ依頼することを検討してみるのがよいでしょう。

　ひとつ個人的な経験で、広告ではありませんが、プレスリリース配信はお金を払ってでも依頼しておいて損はないと思っています。プレスリリース配信会社へ依頼して配信をすると、プレスリリース配信会社の提携メディアへの掲載

が確約され、SEO 対策的にもかなり効果もありました。その記事を見てテレ
ビや新聞などの取材が来たことも実際にあります。

　プレスリリースも自分で FAX などを送ることができますので、やろうと思
えばできるのですが、配信する手間を考えたら数万円程度の配信費用は支払っ
たほうが効率的です。もちろんプレスリリースの内容にもよりますが、配信会
社によっては校正や提案をしてくれますのでお勧めです。

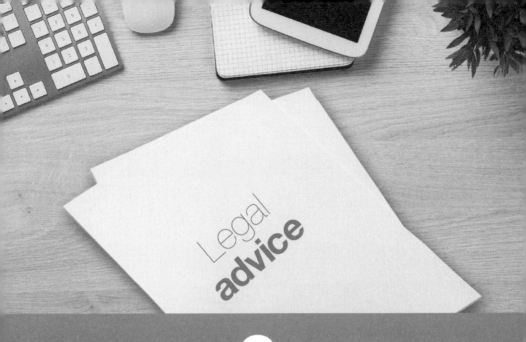

第2部
Web発注制作にまつわるトラブル

法的解説編

第1章
契約前の口約束は契約内容に含まれるのか

法的解説 ··· 195

第1部　トラブル事例ポイント解説（関連事例　1-1,1-2） ································ 201

第 2 部　第 1 章

法 的 解 説

❗ 口約束は契約内容には含まれない（と考えたほうがよい）

口約束は、契約内容には含まれません。

いきなり極端なことをいいますが、この本は、「Web業界 発注制作の教科書」というタイトルのとおり、Web業界の発注者の皆さんに向けて書いた本です。

そして、発注者の立場からは、これくらいは考えておいたほうがよいでしょう。

法律の原則は、そうではありません。

法律の原則では、口約束であっても、つまり契約書や発注書などの書面に記載がなくても、約束をした以上は、契約内容に含まれます。

ですが、受注者が後になって口約束を守らず、「そんな約束はしていない。契約内容には含まれていない」と話をひっくり返すケースは、少なくありません。発注者としては、まずは話し合いでの解決を目指すでしょうが、解決しなければ、諦める（泣き寝入りをする）か、あるいは、裁判を起こして戦うしかありません。

では、裁判を起こしたとして、「受注者とは、こういう約束をしたはずだ。それなのに約束が守られていないから、契約違反だ」と主張して、裁判所はそれを認めてくれるかというと、残念ながら、認めてくれる可能性は低いでしょう。

というのは、口約束をめぐって裁判になった場合に、「そのような約束が存在したこと＝それが契約内容に含まれていること」を裁判所に認めてもらうためには、とても厳しいハードルをクリアしなければならないのです。

そのハードルは、以下の三つです。

195

ハードル1. 要望が言語化して具体化されているか

　この本を読んでいる発注者の皆さんは、エンドクライアントというよりも、エンドクライアントから発注を受けて、その一部（全部？）の業務を再発注している、一次請けの制作会社や、広告代理店が多いのではないでしょうか。

　そんな皆さんが、エンドクライアントの対応で、こんな経験をしたことはありませんか。

　仕様はひとまずFIXしたはずなのに、エンドクライアントに仕様をころころ変えられたり、話をひっくり返されたりして、「それなら初めからそういってくださいよ」とクレームを入れたところ、「初めからこうしてほしいと伝えていましたよね？ メールでも、打ち合わせでも、そうお伝えしたはずですが」と返され、「あの時のあのメールの文面、あの打ち合わせでの発言に、そんな意図があって、そんな要望が出されていたなんて、エスパーじゃないんだから、分かるわけがないだろ。ちゃんと日本語で説明してくれよ！」と頭を抱えたことが……。

　まるで、モヤッとした悩みをぶつければ、自身が言語化できていない深層レベルでの要望を、こちらが的確に汲み取って、真に必要としているものを把握して、何もいわずに鮮やかに実現できるとでも思っているような、受注者にお任せの姿勢です（それができるプロが、この業界で勝ち残っていくのでしょうが……）。

　この感覚は、皆さんが発注者の立場になった時に、受注者も同じように感じているところです。

　皆さんとしては、こちらとしては要望を出したつもりで、それに対して受注者が、できる、やる、といったのだから、それが約束されたと思うかもしれません。

　ですが、果たして受注者は、皆さんの要望をきちんと認識した上で、できる、やるといったのでしょうか。

第2部　第1章

約束というものは、お互いの認識が一致した範囲でしか成立しません。

そして、受注者がプロだとしても、担当者のレベルはピンキリです。

ヒアリング力や提案力が低い担当者に当たった場合は、発注者の側で言語化して具体化した要望以上のことは、認識してくれないでしょう。

いえ、それどころか、言語化して具体化したとしても、きちんと理解してくれない可能性すらあります。

また、ヒアリング力や提案力が高い担当者に当たったとしても、結局は「他人」です。エスパーではありません。

要望が、発注者の深層レベルのものではなく、それを言語化して具体化され、担当者のヒアリング力や提案力に関係なく認識できるレベルになって、そしてそれを実際に認識できた担当者から、できる、やるという話があって、初めてそれは、約束になるのです。

ハードル2. 要望が反映された見積りなのか

では、発注者から言語化して具体化された要望が出されて、それに対して受注者から、できるという話があったとして、果たしてそれは「その要望に見積りの範囲内で対応できる」という約束なのでしょうか。

それとも、単に「その要望に対応できる能力・実績がある（費用に関してはまた別の話）」という約束なのでしょうか。

これが例えば、発注者が要望だけでなく予算の上限も示して、「この要望をすべて盛り込む必要があるが、これ以上の金額だと発注は難しい」と伝えたところ、受注者から、できるという話があったのであれば、「その要望に見積りの範囲内で対応できる」という約束になるでしょう。

ですが、予算の上限がきちんと示されていない段階で、そもそも発注者の要望を実現できる能力・実績があるのかという話をしていた際に、受注者から、できるという話があったとします。

そして、その後に費用の話になり、発注者の予算を踏まえて、受注者がその予算で対応できる範囲の（発注者の要望がすべて盛り込まれているわけではな

197

い）業務内容、仕様を前提として見積りを出してきて、その内容に発注者が同意して発注した場合はどうでしょうか。

　交渉過程でのやり取りがなんであれ、最終的にその見積りに発注者が同意したのであれば、あくまでもその見積りに対応した業務内容、仕様の範囲までしか、約束したことにはならないでしょう。

　これは別に、おかしな話ではありません。

　発注には、二つの段階があります。

　発注者として、まずは何がやりたいのか、何を実現したいのかについて要望を出し、それに対して受注者が、その要望を実現するためのソリューションを提案して、イメージを膨らませる段階。

　次に、それを具体的な業務内容、仕様に落とし込んで、現実的な予算との兼ね合いから取捨選択をして、最終的に対応する範囲で見積りを出して、費用を決める段階。

　この二つの段階は、別の話です。

　イメージを膨らませる段階で、受注者の「できる」という言葉で言質を取ったつもりになって、その後に受注者が示してきた見積りが、どこまでの業務内容、仕様に対応したものなのか（発注者の要望をどこまで盛り込んだものなのか）、ということをきちんと確認せず、それに同意して発注した発注者が、迂闊なのです。

　また、単に担当者が個人レベルで（サービスで）対応するといっているだけの場合もあります。

　受注者（会社）としては与り知らない約束であり、見積りに反映されていませんし、そのため、業務内容にも含まれません。

　その担当者が担当している限りは、約束を（個人的に）守ってはくれるでしょうが、業務内容にはなっていない以上、担当が外れれば、新担当者は対応してくれないでしょう。

198

第2部　第1章

ハードル3. 約束が書面に記載されているか

このように、発注者から言語化して具体化された要望が出されて、それに対して受注者から、見積りの範囲内で対応できるという話があって、ようやくその約束は、契約内容になったといえます。

法律の結論としては、以上のとおりですが、話はここで終わりません。この段階で油断してはいけないのです。

契約内容になったその約束を、契約書・発注書などの書面に記載する、というプロセスを踏まないと、現実の結論としては、その約束は契約内容に含まれない（と扱われてしまう）ことになってしまうのです。

契約をめぐる多くのトラブルは、「言った」「言ってない」の争いです。

一方が（たいていの場合は発注者になります）、「契約書・発注書に記載はないが（あるいは、契約書・発注書は作成していないが）、できる、やるといったはずだ」と主張し、他方が（たいていの場合は受注者になります）、「契約書・発注書に記載がないのは（あるいは、契約書・発注書を作成していないのは）、できる、やるとはいっていないからだ」と主張します。

そして、これが話し合いで解決しなければ、裁判が起こされることになりますが、裁判所は、この手のトラブルでは、基本的に後者だと判断をします。

皆さん誤解をしているようですが、裁判所は、真実を解き明かしてくれる神様ではありません。

裁判の場で、原告と被告が提出した証拠から、どちらの主張が事実と認められるか、判断をするだけです。

そして裁判所は、約束が存在したかどうか判断をする際に、契約書や発注書の記載内容を重視します。その重視の度合いは、皆さんのイメージをはるかに上回ります（私も弁護士になって裁判を担当して驚きました）。「記載がない＝約束が存在しない」、という運用になっているといっても、言い過ぎではないレベルです。

担当者が証人として証言をして証明できるのでは？　と考えるかもしれませ

199

んが、証言はいくらでも嘘をつけるので、裁判所はあまり取り合ってくれません。

「本件の契約書には、そのような合意の存在をうかがわせる記載はなく、他にそのような合意が存在したことを認めるに足りる証拠はない。」というのは、判決文の常套句です。

口約束で済ませずに、約束した内容を契約書・発注書などの書面＝証拠に残しておかなかった発注者が、迂闊なのです。

弁護士は的確にアドバイスをする

ここまでの話を聞いて、皆さんの中には、「三つ目のハードルまでクリアしないと、裁判では負けてしまうのか。恐ろしい話だな。とはいっても、裁判までいくなんて、極端なケースだけだろう。Web 業界では、契約書や発注書を取り交わさないことが多いし、二つ目のハードルさえクリアすれば、法律上は口約束でも契約内容になっているのだから、それで十分だろう」と思う方がいるかもしれません。

ですが、三つ目のハードルをクリアしていない状態で受注者とトラブルになった場合、受注者は、口約束が契約内容に含まれるとは認めないでしょう。

それは、弁護士がそのようにアドバイスをするからです。

弁護士は、クライアントからトラブルの相談を受けた場合に、二つの段階で分析をします。

まず、法的に分析すると、どのような結論になるのか。

次に、実際に裁判になった場合に、裁判所がどう判断をするのか。

この二つの段階は、別の話です。

法的に分析すれば、クライアントが不利な立場であったとしても、その結論を導くための証拠が不十分などの理由で、実際に裁判になった場合には負けずに済むと判断すれば、そのようにアドバイスします。

弁護士の仕事は、法的に分析して終わりではなく、クライアントの利益の最大化を図ることなのです。

弁護士からアドバイスを受けた受注者は、「それならいった者勝ちだ」と考

第 2 部　第 1 章

えて、発注者に対して、「そんな約束はしていない」と突っぱねてくるでしょう。

だからこそ、三つ目のハードルまでクリアしておくことが必要なのです。

というわけで、発注者の皆さんは、次の三つのハードルをクリアするよう心がけてください。

1. 要望を言語化して、具体化して、それを受注者に認識してもらう

⬇

2. その要望について、実現できる能力・実績があるということだけでなく、見積りの範囲内で対応できることまでも約束してもらう

⬇

3. その約束の内容を、契約書や発注書に記載する

第 1 部　トラブル事例ポイント解説

1-1 プレゼンでは「できます！」と言っていたことが、制作が始まってから「100％要望通りにはできない」と言われた。（制作会社へ発注）……003

　このケースで A 社の担当者は、発注段階では Web サービスの機能に関する要望を、言語化して具体化できていません。

　また、B 社の営業担当者が約束したのは、「運用面のサポートや技術的な面について、世の中にある Web サービスでやっているような技術については、たいていのことは自社でも対応できる」という、能力・実績に関する約束だと考えるのが、話の流れ的に自然でしょう。

　さらに、基本契約の締結は完了したとのことですが、基本契約はあくまでも、当事者間で複数生じる個別契約で共通する契約条件を定めたものであり、費用が総額でいくらになるのかという点については、普通は定めていません。そうなると、本件で B 社が、この費用の範囲内で A 社が望むすべての機能を実装します、という約束をしているとは評価できません。

201

B 社の営業担当者の対応は、ビジネスマナー的には大いに問題がありますが、A 社が契約違反を主張することは、難しいでしょう。

　このような事態を防ぐためには、第 1 部で高本さんが提案しているように、プレゼンの際にしつこいくらいの質問、確認をして、こちらのやりたいこと＝要望を言語化して具体化した上で、その要望に対して見積りの範囲内で対応することを約束してもらい、さらにそれを、契約書や発注書に記載することが必要になります。

1-2 広告代理店にプロモーションを依頼したところ、担当者がころころ変わり発注時に口頭で約束していたサービスが反故になってしまっている。（SEO、広告業務を発注）……008

　1-2 は、B 社の一人目の担当者は、営業段階では、提案も含めたサポートを行うと話してはいましたが、どれくらいの頻度で何に関する提案をどのような形態で行うのか、という点については具体化していません。

　おそらく、契約書の中にも、提案に関する業務は定められていないでしょう。

　そうなると、そもそも提案を行うという業務そのものが約束されていない可能性があります。

　本件で、一人目の担当者は、途中までは提案を行っていたものの、案件が軌道に乗ると、提案をしなくなり、二人目の担当者も、一応はヒアリングに来て、こちらから要請すれば、提案は行ってくれましたが、あまり積極的ではなく、三人目の担当者に至っては、もはやヒアリングにすら来ず、B 社の対応は、どんどん悪くなっています。

　ですが、提案を行うことが約束されていない（業務内容になっていない）のであれば、この対応が直ちに契約違反ということにはならないでしょう。担当者のモチベーションがだんだんと下がったり、担当者が交代されたりする可能性は常にある以上、口約束で済ませないように注意してください。

第2章
デザインの要望や実績への期待は契約内容に含まれるのか

法的解説 ·· 204

第Ⅰ部　トラブル事例ポイント解説（関連事例　2-1, 2-2）·············· 208

法 的 解 説

❗ デザイン制作は請負というけど、請負って何？

Web 業界でのデザインの制作は、「請負」という種類の契約になることが一般的です。

「請負」とは、受注者が「仕事を完成すること」を約束し、発注者がその仕事の結果に対して費用を支払う契約のことです。法律は、契約の種類に応じて、「請負」や「委任」といった名前をつけて分類しています。その上で、それぞれの契約ごとに、発注者の権利や受注者の義務の内容を定めています。

一口に「契約」といっても、どの種類の契約かによって、法律が定める内容は変わってくるのです。そして、デザインの制作は、発注者の要望を元に、受注者がデザインを仕上げて、発注者がそれをチェックして、OK を出したら費用を支払う、という流れになることが多いので、請負になることが一般的です。

では、請負の受注者は、どのような義務を負うのでしょうか。

これには色々ありますが、その中で一番重要なのが、「仕事を完成させる義務」です。そもそも請負は、受注者が仕事を完成することを約束し、発注者がその仕事の結果に対して費用を支払う契約なのですから。

この「仕事を完成させる義務」により、発注者は、受注者の仕事が不完全だった場合、完成するまで修正作業を何度でも無償で行うよう請求できます。また、仕事が完成するまで、代金を支払う必要がありません。さらに、期限を過ぎても仕事が完成せず、それにより損害が生じれば、損害賠償を請求できます。

その上、合理的期間内に修正作業が終わらなかったり、納期遅れによる支障が重大であったりすれば、契約を解除できます。

これら、受注者が契約上の義務を果たさないことに対する各種の責任を、「債

204

務不履行責任」といいます。

　契約上の義務を「債務」といいますが、その債務を履行しないこと（不履行）に対する責任なので、債務不履行責任というわけです。

🔔 デザイン制作では、どうすれば仕事が完成するのか

　では、「仕事が完成した」といえるかどうかは、どうやって判断するのでしょうか。これは、契約で合意された最後の工程まで終わっているかどうか、という基準で判断されることが一般的です。

　勘違いしてはいけないのが、発注者が納得することまでは、法律上は要求されないのです。

　この判断基準は、特にデザインの場合に問題になります。

　デザインは、個人の感性、趣味嗜好に左右される部分が多く、受注者には理解できないような発注者のこだわりによって、納得に至らないことが多いです。

　こうした場合でも、「最後の工程まで終わっている」のであれば、つまり、発注者がデザインに納得していなくても、「決められたとおりの仕様でデザインを制作する」という工程が終わっているのであれば、仕事は完成したと扱われます。

　仕事が完成したと扱われれば、受注者は債務不履行責任を負わずに済み、一方で発注者は、それ以上の修正を請求できない（費用を支払わないといけない）ことになるのです。

　とはいっても、発注者からすれば、実際に作業を進める中で受注者からデザイン案を出してもらわないと、こちらのイメージも固まってこない以上、事前にデザインの仕様を決めることなどできないのでは、と思うかもしれません。

　それはまさにそのとおりです。

　デザインの制作では、発注時点はもちろんのこと、作業を進める中であったり、出されたデザイン案に修正作業を指示したりする場面でも、発注者が受注者に対して、的確に指示（ディレクション）をして、両者協議の上で仕様を固めていって、仕事の完成に向けて協力していくことが必要になります。

205

むしろ、発注者がきちんと協力をしなければ、納得できないような水準のデザインであっても、仕事が完成したと扱われてしまうこともあるのです。

パチスロガンダム事件

この、デザイン制作における仕事の完成の判断基準や、発注者の役割が争われたのが、パチスロガンダム事件（東京地方裁判所平成20年12月25日判決）です（事件名は便宜上私が付けただけです）。

この事件は、パチスロ機器の開発・製造などを手がける会社（発注者）が、パチスロ用の3DCG映像制作などを手がける会社（受注者）に対して、「機動戦士ガンダム」の劇場版アニメーション映画（いわゆる劇場版三部作）の映像を3DCGデータ化してパチスロに搭載する企画に関連して、3DCGデータ化の業務について発注したものの、受注者が制作したシーンデータの多くが検査に合格しなかったため、発注者が代金の大部分を支払わずに契約を解除したところ、受注者から未払代金の支払いなどを求める裁判を起こされた事件です。

この事件で裁判所は、問題となったアニメーション映像の3DCGデータ化業務に関する契約は、請負的な性格の契約であることを前提としつつ、2Dアニメーション映像を3DCGで表現することの難しさ（この難しさは、まさにデザイン制作の難しさと通じるところがあります）を考慮して、「その完成に至るまでに、受注者の作業や修正作業等に対する発注者の的確な指示（ディレクション）が必要であり、このような発注者と受注者のいわば共同の作業によって、仕事が完成するものだ」と述べ、仕事の完成にあたって発注者のディレクションが必要であることを認めました。

さらに裁判所は、仕事が完成したといえるかの判断基準について、発注者が「元映像に「そっくりそのまま」似ていると言えるような相当高い水準が要求されて、これが契約内容になっていた」と主張したのに対して、「元映像自体、2Dの手書きを基本とした画像であって、3DCGで制作される画像と比べて、正確さに欠ける画像を含むものであるから、「そっくりそのまま」似ているといえるかどうかは程度問題であり、それが仕事の完成基準として合意されていたとまではいえない」と述べて、これを否定しました。

その上で裁判所は、「本件における仕事の完成基準は、発注者の具体的な指

示を前提として、受注者が元映像にできる限り似せることである、としかいいようがない」と述べて、発注者の納得までは求められないことを明らかにしました。

　最終的に裁判所は、発注者がサンライズ（ガンダムシリーズの制作会社）のOK基準を把握できずに、受注者に対する指示が必ずしも明確ではなかったことや、発注者が受注者に指示して行わせた作業について、一度はOKを出しながら、後になってこれを覆すことは許されない、などと述べた上で、発注者の行った査定をベースにしつつ、裁判所が認定した出来高分の代金については支払うよう、発注者に命じました。

　発注者としては、受注者が仕上げてくるデザインに納得できず、何度修正をさせても改善されないのであれば、費用は支払いたくない、契約を解除したい、と思うでしょう。

　ですが、発注者の側で的確に指示（ディレクション）をすることなく、あやふやな判断基準で駄目出しを続けた挙句に契約を解除すれば、出来高部分の代金相当額について、受注者から請求されることになります。さらに、場合によっては、解除によって受注者に生じた逸失利益（発注金額×一定％相当の営業利益率）の損害賠償まで請求されることもあるので、注意が必要です（債務不履行責任による解除ができないにもかかわらず、発注者が解除をした場合に、損害賠償責任を負ってしまう問題については、第12章で解説をします）。

❗ 発注者として納得できるデザインを制作してもらう方法

　以上のように、発注者が納得できるデザインを制作してもらうためには、つまり、発注者の納得できるラインと、契約上で合意された仕事の完成基準とをできる限り近づけるためには、発注者が、発注時点はもちろんのこと、作業を進める中であったり、出されたデザイン案に修正作業を指示したりする場面で、受注者に対して的確に指示（ディレクション）をすることが必要になります。

　そのために必要なポイントは、以下の四つです。

1. 過去の受注者のデザインの実績を評価して発注するのであれば、同じデザイナーに担当させる
2. 参考にしたいデザインを複数ピックアップして示す
3. 希望するデザインの要素をできる限り言語化して具体化して示す
4. デザインの修正回数や修正期間を確認しておく

　自分が納得できないデザインには、なかなか愛着が持てません。自分とデザイナーが夫婦になったつもりで、可愛い子どもが生まれ育っていくように、協力することが大切なのです。

第1部　トラブル事例ポイント解説

2-1　制作実績のデザインを指定したのにまったく異なるテイストのデザインしか出てこない。確認すると実績を制作したデザイナーはすでに退社していた。（制作会社へ発注）……………………013

　2-1 は、制作会社が公開している制作実績と、Aさんのイメージがマッチしたので発注したとのことですが、高本さんが指摘しているとおり、デザインはデザイナー個人のセンスに大きく左右されますし、この業界は人の移り変わりが激しいです。

　自分が希望するデザインを制作できるデザイナーは今も在籍しているのか、そしてこの案件を担当してくれるのか、スケジュール的に大丈夫なのか、という点は、契約に際してきちんと合意しておく必要があります。

　このケースでは、発注に際してAさんが、「御社のこの実績のような感じでデザインをお願いします。本当にこのデザインがイメージ通りなので」ときちんと伝えていたことが、不幸中の幸いでした（それを伝えていなかったら、デザイナーと連絡をつけるまではしてくれなかった可能性があります）。

初めての制作依頼で制作してほしいデザインイメージがなかなか伝わらず、挙句の果てには「これ以上やるなら追加費用」と言われた。（制作会社へ発注）……………………………018

　2-2 は、Aさんは発注者として的確に指示（ディレクション）をしているとはいい難いです。

　店が扱う商品の特徴を汲んだデザインにしてくれ、というだけで、具体的に何をどうすればいいのか指示していませんし、終盤まで参考サイトすら示していません。

　もしこのケースで、Aさんが途中で制作会社を変えていたら、第12章で解説する発注者都合による解除と扱われて、制作会社から、出来高部分の代金相当額や、逸失利益の損害賠償を請求されていたでしょう。

　希望するデザインの要素を言語化できないのであれば、ネットで参考にしたいデザインのサイトをいくつかピックアップして、それを示せばよい話です。

　それすらできないようであれば、競合他社のサイト分析をすることも、自分のサイトにアクセスしてくる人＝見込客の立場に立つことも、できないということなので、どの制作会社に発注したところで、うまくいかないでしょう。

第3章
業務内容が明確で、理解もできているのか

法的解説……………………………………………………………………………… 211

Ⅰ部　トラブル事例ポイント解説（関連事例　3-1,3-2,3-3,3-4,3-5,4-5）…………… 219

第 2 部　第 3 章

法 的 解 説

❗ 仕事を完成させないといけない請負、 仕事を完成させなくてよい（？）準委任

Web 業界では、色々な種類の契約が結ばれますが、その中で特に多いのが、業務を発注する（受注者に何か作業をしてもらう）契約です。

この「業務を発注する契約」ですが、法律上は、「請負」か「準委任」どちらか一方の種類の契約になることが一般的です（両方がミックスした契約になる場合もあります）。

業務の発注というと、Web 業界では「業務委託」という言葉がよく使われていますが、そのような種類の契約は、法律上は存在しません。

業務委託は、請負と準委任の両方を指す、慣習的な言葉です。「業務委託契約」を結ぶ際は、それが請負なのか、準委任なのか、それともミックスなのか、意識すると共に、契約相手と認識を共通にしておく必要があります。

それでは、請負と準委任は、それぞれどのような契約なのでしょうか。

請負とは、第 2 章で解説したとおり、受注者が「仕事を完成すること」を約束し、発注者がその仕事の結果に対して費用を支払う契約のことです。

サイト制作契約やデザイン契約、ライティング契約などは、多くの場合は請負です。仕事の完成に対して費用が支払われるので、仕事が完成しない限り、費用を支払う必要はありません。

対して、準委任とは、受注者が「事務を処理すること」を約束し、発注者がその事務の処理に対して費用を支払う契約のことです。

請負と違って、受注者には仕事の完成義務がありません（そもそも、仕事の

211

完成が観念できないことが多いです。)。

　本章でも問題となっているマーケティング関連の契約は、多くの場合は準委任です。事務の処理に対して費用が支払われるので、発注者が望んだ結果が発生しなくても、費用を支払う必要があります。

　請負も準委任も、当然のことながら、きちんと仕事をする義務はあります。

　ですが、請負はそれにプラスして、仕事の完成までが契約上の義務になるのに対し、準委任はそこまでは契約上の義務にならない、ということです。

　準委任は、家庭教師をイメージすると分かりやすいでしょう（家庭教師契約も、基本的には準委任です）。

　家庭教師は、適切に指導を行わなければ（例えば、授業時間中に生徒とゲームや雑談ばかりしていれば）、事務を処理していないということで、契約違反になります。

　第15章で解説をする「善管注意義務」に違反したことになるのです。

　契約上の義務に違反したということは、債務不履行責任を負うことになります（第2章では、請負における債務不履行責任を解説しましたが、準委任でも債務不履行責任は発生します）。

　その一方で、家庭教師が適切に指導さえ行っていれば、事務を処理している（契約上の義務を履行している）といえるので、例え生徒の成績が上がらなかったり、志望校に合格しなかったりしたとしても、契約違反にはなりません。

　もちろん親は、成績の向上や志望校合格を期待して、家庭教師契約を結んだのでしょうが、その期待は、契約上の義務にまではなりません。

　このように、請負か準委任かで、受注者の契約上の義務は大きく変わってきます。そのため、発注者としては、なるべく請負の形態で契約を結んだほうがよい、ということになります。

　逆に、受注者としては、成果を保証できない案件は、準委任で契約を結ぼうとしてきます。

212

第 2 部　　第 3 章

👤 成果物の有無は関係ない

　ちなみに、「請負は成果物を作成するが、準委任は作業をするだけ（成果物は出てこない）」と考える人が多いですが、これは誤解です。

　私が顧問先から依頼を受けて、取引相手の会社から示された「業務委託契約書」をチェックしていると、委託業務が「成果物作成委託」と「作業委託」という名称で分けられていて、前者は請負として扱われ、後者は準委任として扱われている、ということがあります。

　これはまさに、請負と準委任の区別を、成果物の有無で分ける誤解に基づくものです。

　確かに、仕事を完成させることを契約内容とする請負では、成果物を作成することになりやすいです。ですが、例えば、順位保証型の SEO 契約では、「検索エンジンで上位 * 番以内に表示される」という仕事を完成させる義務があるので、請負契約になりますが、SEO レポートや提案書のような成果物が作成されないことも多いでしょう。

　タダ働きになるリスクもある以上、成果物までは作成していられない、ということです。

　逆に、順位非保証型の SEO 契約では、「検索エンジンで上位表示されるような施策を講じる」という事務を処理する義務があるだけなので、準委任契約になりますが、SEO レポートや提案書のような成果物が作成されることが多いでしょう。順位を保証しない分、せめて（クライアントの納得感を得るために）成果物を作成しておこう、ということです。

　請負か準委任かは、あくまでも「仕事を完成させる義務があるかどうか」という基準で判断することは、理解してください。

👤 業務の内容は明確にする

　というわけで、仕事の完成義務の有無で違いのある請負と準委任ですが、い

213

ずれの場合でも、やるべき業務の内容（成果物がある場合はその仕様）は、明確にしておく必要があります。

なぜかというと、これは第1章でも解説したところですが、やるべき業務の内容として明確に決められていないことは、「契約内容には含まれていない」と扱われてしまうからです。そうなると、発注者には困った事態となります。

例えば、Webサイトの制作契約のケースで考えてみましょう。

新着情報をTOP画面に表示して、該当ページにリンクを飛ばす機能は、「標準的な機能」に含まれている（＝制作費用の範囲内で実装してくれる）と思って発注したら、納品されたサイトにはそのような機能はなく、しかしサイトは完成したと扱われて、ひとまず契約で合意した費用は支払うよう、受注者から要求されたら困ります（その機能を実装する場合は、仕様変更になるので、追加費用が必要になり、納期も改めて設定する、ということになるわけです）。

あるいは、Webサイトの保守契約のケースで考えてみましょう。

テキストの変更などページの更新も「保守」に含まれている（＝保守費用の範囲内で対応してくれる）と思って発注したら、実際にはドメインの更新管理とホスティングだけが「保守」の内容と扱われて、ページの更新は別途の発注として費用を支払うよう、受注者から要求されたら困ります（ホスティングも、単に制作会社が契約しているレンタルサーバーの領域を使用させるだけで、受注者が独自に「保守」として対応することはほとんどない、ということになるわけです）。

「標準的な機能」「保守」「コンサルティング」「SEO対策」といった業界用語で、何となく業務の内容が分かった気になってはいけません。当初の費用でなるべく多くの業務に対応してもらいたい発注者は、業務の内容を広く解釈しがちです。

一方で、なるべく負担を少なくしたい受注者は、業務の内容を狭く解釈しがちです。

発注者と受注者では、解釈のスタンスが真逆であり、詳細を詰めておかない

第2部　第3章

限りは、期待していた業務をやってもらえないことが多いのです。

　というわけで、発注者としては、第1章で解説したとおり、受注者がやるべき業務の内容を明確にして、それを契約書や発注書にきちんと記載してください。

　このような業務内容の明確化を実現するためのステップは、以下の五つです。

ステップ1.　説明し、質問を繰り返す

　「受注者はプロなのだから、こちらの要望を的確に汲み取ってくれるはずだ」という受注者任せの姿勢で、こちらの要望を言語化して具体化する手間を惜しんではいけません。同じく、「こんな素人みたいなことを聞いたらバカにされるかな。」と恥ずかしがって、受注者に質問をするのをためらってはいけません。

　第1章で解説したとおり、受注者はエスパーではありませんし、あなたの説明能力は、自分で思っているほど高くはありません。「自分のいっている内容は半分も伝わっていない」と考えて、自社の要望は細かいところまで徹底的に説明し、また、受注者はどのような業務を実施してくれるのか、質問を繰り返してください。

　プロの受注者であれば、ベストな仕事をするためにも、打ち合わせやヒアリングに、徹底的に付き合ってくれるはずです。

　逆に、これを嫌がる、面倒くさがるような受注者は、使い回しのルーチンの仕事で済ませるタイプと考えてよいでしょう。

ステップ2.　具体的に列挙する

　単純な話になりますが、とにかく、考えられる業務の内容を、種類ごとに分けて（ロジックツリーやフローチャートのような形で）、片っ端から列挙するのです。

　実際に列挙をしてみると、「これを挙げるなら、あれは挙げなくていいのか」という気づきが出てきて、漏れを防ぐことができます。

　この点について、「契約書の中で、業務内容や仕様をどうやって記載したらいいのか分からない」という相談をよく受けます。相談される皆さんの多くは、

契約書特有の（小難しい）表現で記載しないといけないと思っているようですが、それは誤解です。

まず、契約書の中では「業務内容／仕様は別紙のとおり」「別途書面で合意する」と記載だけしておきます。そして、その別紙なり、別途の書面（覚書など）の中で、普通の日本語の文書、箇条書き、表、ロジックツリー、フローチャート、何でもよいので分かりやすい形で、業務内容や仕様を記載すればよいのです。

こうしておけば、その別紙や別途の書面は、契約書と一体をなすものとして、有効に効力が生じますし、記載の仕方で悩まずに済むでしょう。

ただし、別紙として契約書に綴るのではなく、別途の書面で対応する場合は、「本書は契約書第＊条に規定する「別途の書面」に該当するものである」と明記してください。そうやって契約書と紐付けておかないと、一体性が認められない可能性があるので、注意してください。

ステップ3. 包括条項を記載する

考えられる業務の内容を列挙したとして、どうしても「漏れ」が生じてしまいます。

そこで、業務の内容を列挙した最後に、「その他、上記各事項に関連する一切の事項」というような、「包括条項」を記載しましょう。そうすれば、仮に列挙に漏れがあったとしても、列挙した事項と関連するものであれば、包括条項に含まれていると主張する余地があります。

とはいっても、実際に裁判になった場合に、この包括条項はあまり役に立たないとは思います。第1章で解説したとおり、裁判所は、書面に明確に記載された事項でないと、契約内容に含まれるとは、なかなか認めてくれないからです。

ですが、交渉材料に使えるだけ、何もないよりかはマシなので、取りあえず記載だけはしておきましょう。

第2部　第3章

ステップ4.　現場の人間にチェックしてもらう

業務の発注に際して、受注者である制作会社や広告代理店の側から契約書を示される場合があります。その場合に、発注者の現場の担当者に契約書の締結権限がなければ、契約書をそのまま社長や役員に転送し、そして社長や役員がざっと目を通して判子を押すことが多いです。

ですが、業務の内容を具体的に詰めて検討し、受注者と協議しているのは、現場の担当者です。現場にいない社長や役員が、契約書上の業務の内容に関する記載が不十分なこと（口約束の内容が契約書に反映されていないこと）に気づかずにOKを出してしまった、というのはよく聞く話です。

というわけで、契約書（特に業務の内容に関する記載）のチェックには、現場の担当者も関与させましょう。業務の内容を、別紙や別途の書面にまとめることにして、それを担当者に作成・チェックしてもらうのも、一つの手です。

ステップ5.　色々な制作会社から話を聞く

これだけやってもなお、発注者には、この案件で受注者にやってもらうべき業務の内容を、すべて明確にして記載することは難しいでしょう。プロである受注者ですら、それができずにざっくりとした業務内容で受注してしまい、痛い目を見ているわけですから。

そこで、色々な制作会社に相談をして、この案件でどのような業務が必要になるのか、どのような業務をやってくれるのか、話を聞いて回りましょう。A社からaという業務の話が出たなら、B社に相談する際にはaの業務について聞き、B社からbという業務の話が出たなら、C社に相談する際にはaとbという業務について聞く、という流れです（さすがに、制作会社からもらった提案書を流用して提案依頼書を作るようなことは、してはいけません）。

以上の五つのステップは、どれか一つを押さえればよいものではなく、どれもきちんと実践する必要があります。また、実際に経験を積み重ねることで、

217

より精度が高まってきます。

　確かにこれらは、面倒な作業だと思います。

　また、大体のケースでは、受注者が柔軟に対応してくれるので、業務の内容を明確にしていなくても、何とかなる（当初の費用の範囲内で対応してくれる）ケースが多いでしょう（立場的に弱い受注者が無理を飲んでいるともいえますが……）。

　ですが、ひとたび受注者が「それは業務の内容に含まれていません」と拒んだ場合、業務の内容を明確にしておかないと、対応させるのが難しくなるので、注意してください。

🔔 業務の内容を理解する

　では、業務の内容が明確であり、それが書面に記載されていれば、トラブルを防ぐことができるのでしょうか。

　実は、そんなことはありません。

　むしろ、業務の内容が明確であり、それが書面に記載されているがために、発注者が不利な立場に置かれることも多いのです。

　というのは、業務の内容が明確でないことで生じるトラブルには、受注者も苦しめられています。そもそも、トラブルになった経験は、日々業務を受注している受注者のほうが、圧倒的に多いでしょう。

　そこで、受注者が自衛策としているのが、業務の内容を、ミニマムの範囲で明確に（しかし、契約書的な小難しい表現で）、契約書や発注書にしれっと記載する、という方法です（この場合、受注者側で、契約書や発注書の書式を用意して、それを発注者に交付して、押印してもらうことになります）。

　発注者がこのトラップに気づかずに、契約書や発注書に押印してしまったら、勝負ありです。

　業務の内容の範囲でトラブルになった際に、受注者は堂々と、「契約書／発注書をご覧いただければ分かりますが、当方の業務の内容は、＊＊だけであり、

＊＊は含まれていません」と主張してくるでしょう。

　もし受注者が、打ち合わせの際に、小難しい業界用語や技術用語を連発してくるようなら要注意です。そういった用語をジャミングのように使い、受注者がやるべき業務の内容（意外と安易で平凡だったりします）を、発注者が理解できないようにしている可能性があります。
　それに対しては、上で解説した業務の内容を明確にするためのポイントを実践することで対抗する（業務の内容を理解する）ことが必要です。

 制作会社を吟味する

　以上のポイントを押さえておけば、業務の内容をめぐるトラブルをある程度回避することができるでしょう。
　ですが、結局のところ、発注者の要望を的確に汲んだ上で、やるべき業務の内容を明確にしてくれて、そしてそれを理解できるように説明してくれる制作会社を選ぶのが、確実だといえます。
　そんな制作会社と出会うためには、ネット上で最初に見つけたところにそのまま発注したり、一番見積りが安いところに安易に発注したりするのではなく、色々な制作会社に問い合わせをして、担当者からしっかりと話を聞いて、制作会社を吟味すべきです。

第1部　トラブル事例ポイント解説

3-1　定期メンテナンス費を払っているのに、修正を依頼すると「別途修正費用」を請求され、定期メンテナンスの作業範囲がよく分からない。（制作会社へ発注）..................024

　3-1 は、制作会社の対応はかなり問題です。
　「メンテナンス」の業務内容に何が含まれるかについて、担当者からきちんとした説明がなく、契約書すら取り交わしていないのですから。
　発注時のやり取りの記録や、メンテナンスの代金の金額によって

は、ページの更新についても、業務の内容に含まれていると主張する余地はあると思います。とはいっても、受注者がそれに応じない場合に、契約違反＝債務不履行ということで、こちらからわざわざ裁判まで起こすかというと、さすがに不毛です。

　私がAさんから依頼を受けたら、制作会社に対して、「業務の内容に含まれているサイトの更新を行わないというのであれば、債務不履行になるので、契約を解除する。債務不履行解除である以上、残期間分の代金を支払う必要はない」と主張して、その時点で契約を終了させます。

　本件の月額メンテナンス料金は安価だと思われるので、残期間分のメンテナンス料金総額も、それほど高額にはならないでしょう。

　そうなると、（契約の交渉過程に問題があるため）裁判対応に苦労することが予想される制作会社としては、費用対効果の観点から、それ以上の追求を諦める可能性が十分にありますし、裁判を起こしてきそうであれば、今度は金額交渉をすればいいでしょう。

3-2 「自分たちで簡単に更新できる」という触れ込みで高額なCMSを導入したのに、難しくて使いこなせない。結局制作会社に更新を有償で依頼するはめに。（制作会社へ発注）……028

　3-2 は、制作会社は仕様通りのサイトリニューアルを行っている以上、特に契約には違反していません。

　第7章で解説をしますが、サイト開発などの請負で成果物に問題が生じた場合に、それが仕事の完成後の場合は、受注者が瑕疵担保責任を負うかが問題になります。

　そして、成果物が合意した仕様通りに稼働するのであれば、基本的には瑕疵とはいえず、受注者は瑕疵担保責任を負いません。

　本件の問題は、サイトの仕様（CMSの操作性）、つまり業務内容を十分に検討せず、理解しないまま発注をしたAさんが迂闊であったことです。

　CMSを導入する際は、事前にテストサイトを触らせてもらうな

第2部　第3章

どして、本当に自分で一通りの操作ができそうか、確認をしておくべきです。また、その点に不安があるならば、サポート契約の中で、CMS の操作方法に関する指導・教育についても、業務内容に盛り込むのもいいでしょう。

3-3 **SEO 対策会社へ SEO 対策を依頼したら、検索順位も上がらず、毎回レポートだけを上げてくる以外のことは実施してくれない。（SEO、広告業務を発注）**......032

3-3 は、B 社の対応はかなり問題です。

初期導入費という名目で、これだけ高額な費用を請求するのですから、どこまでが業務の内容に含まれているのかどうか、きちんと説明すべきです。

そもそも、SEO 対策は、最初のキーワード選定や実装だけでなく、その後のアクセス解析や HTML の改修も重要なわけであり、後者の作業が発生することは、ほぼ間違いありません。

それなのに、後者の作業を別費用にするなら、事前にその点説明しておかないと、発注者の予算計画が狂ってしまいます。

ただ、おそらく B 社は、この手のトラブルに慣れているのでしょう。しれっと、初期導入費で対応する業務の内容に、HTML の改修を挙げていないわけですから。

契約書にも HTML 改修が記載していないのであれば、当初の費用の範囲内で対応させることは難しいでしょう。

このようなトラップに引っかからないためには、上で解説した対策を採ることが必要です。

3-4 **マーケティング用語の意味がよく分からず、お願いしたことに対してどういう成果が出たのかさっぱり分からない。（SEO、広告業務を発注）**......037

3-4 は、A さんは発注者としてやるべきこと（しつこいまでの質問）をきちんと行っています。

221

結果として、期待していたほどの成果は上がらなかったようですが、少なくともＡさんは、マーケティング会社がやるべき業務をやっているかどうか、そしてその業務と成果がどのように結びつき、どのように結びつかないのか、理解できています。

今回の案件で発注者が得た見識は、今後またプロモーションを発注する際に、大いに役立つと思います。

3-5 **複数の広告代理店から提案と見積りをもらったのだが、どの会社に依頼してよいのか判断が付かない。（SEO、広告業務を発注）** 041

3-5 で高本さんが提案している内容は、私も効果的だと思いますので、ぜひ実践してください。

4-5 **公開した Web サイトに緊急の修正が発生したのに、午前中９時〜６時のような一般企業の業務時間帯に連絡が取れない。（フリーランスへ発注）** 062

4-5 は、まさにフリーランスに発注した場合特有の問題です。

本章で私は、業務内容を明確にすることの重要性を説いてきました。とはいっても、経験と実績のある制作会社に発注していれば、業務内容を明確にしていなかったとしても、基本的には、ビジネスの常識の範囲内で対応（ビジネスアワーで連絡がつくなど）してもらえます。

ですが、フリーランスの場合は、必ずしもそうではありません。フリーランスは、早い、安い、うまい、という三拍子そろった人がいる一方で、ビジネスの常識が通用しない地雷な人が一定数います。

そのため、フリーランスに発注をする場合は、会社に発注する場合以上に、業務内容を契約上明確に定めることが重要になります。

第4章
業務の進捗管理はどう行えばよいのか

法的解説 ･･･ 224

第１部　トラブル事例ポイント解説（関連事例　4-1,4-2,4-3,4-4,16-1,16-2）･･････････ 231

法 的 解 説

❗ 納期遅れのリカバーは法律では難しい

　納期が遅れた場合、発注者が予定していたスケジュールは玉突きで影響を受けることになり、最悪の場合、プロジェクトそのものが破綻することもあり得ます。

　酷い目に遭った発注者としては、どうにか損害を回復したいところですが、法律を使ってリカバーをすることは難しいのです。

　例えば、サイト制作契約で、受注者が予定通りに業務を進めなかったがために、納期になってもサイトが納品されなかったケースで考えてみましょう。

　この場合に受注者は、契約上の義務である「納期までに仕様に合致したサイトを完成させること」に違反したことになります。

　そして、第2章で解説したとおり、契約上の義務＝債務を履行しなかった受注者は、債務不履行責任を負い、発注者は、その責任を追求することができます。

　具体的には、納期遅れによって発注者に損害が生じれば、損害賠償を請求できます。また、合理的期間内に納入が行われなかったり、納期遅れによる支障が重大であったりすれば、契約を解除できます。契約を解除すれば、契約が結ばれなかったことになるので、発注者は費用を支払う必要がなくなりますし、支払済みの費用は、返還してもらえます。

　ですが、これらの債務不履行責任を追求することは、実は難しいのです。

　債務不履行責任として真っ先に使おうと思うのは、損害賠償請求でしょう。

　ですが、損害賠償は、原則として請求をする側（損害が生じた側）で損害額を算定する必要があります。

224

では、予定通りにサイトを公開できた場合に、会社にどれだけの利益が生じていたか、あるいは、予定が狂ったことで、各関係部署や取引先とのリスケの調整に負われたスタッフの人件費分がいくらなのか、どう算定すればよいのでしょうか。

納期遅れによる損害の額を算定することは、非常に困難です。そうなると、損害賠償による損害の回復は、必ずしも現実的ではありません。

では、契約の解除はどうかというと、今さら契約を解除して、新しい制作会社を探すことになれば、一からやり直しで時間がかかってしまい、余計に大変なことになります。そのため、契約を解除したところで、事態は解決しないことになります。さらに、エンドクライアントがいる案件で納期遅れを起こせば、エンドクライアントからの信頼を失い、今後の案件の受注にも支障を来してしまうでしょう。

とはいっても、この納期遅れがなければ、将来このエンドクライアントからどれだけの案件が受注できたかなど、神のみぞ知ることです。

このように、逸失利益を算定することも難しいので、やはり損害賠償により損害を回復することは現実的ではありません。

ここまで見てきたように、納期遅れが生じた場合に、法律を使ってリカバーすることは難しい以上、進捗管理を的確に行うことで、そもそも納期遅れを生じさせないことが大事です。

法律での進捗管理も難しい

では、法律は、進捗管理の場面でどのように役立つのでしょうか。

進捗管理の方法として思いつくのは、受注者から業務の進捗状況を報告させ、問題があれば改善を指示することですが、受注者には、そのような報告義務があるのでしょうか。

受注者に業務を発注する契約を結ぶ場合、請負か準委任、いずれか一方（あるいは両方）の種類の契約になることが一般的、という話を第1章でしました。

そして、準委任については、発注者からの請求がある時は、受注者はいつでも業務の処理状況を報告する義務があると、法律で定められています。

一方、請負については、そのような条文自体は、法律には定められていません。

とはいっても、請負、準委任、いずれであっても、受注者には、業務の処理状況を報告する義務があると考えてよいでしょう。

裁判所は、システム開発契約に関する多くの裁判例の中で、受注者に「プロジェクトマネジメント義務」があることを認めています（法律の条文としては定められていないが、契約上の義務としては存在する。と裁判所が判断しているということです）。システム開発契約に関する裁判例ではありますが、同じデジタルコンテンツということで、サイト制作契約でもこの考えはある程度当てはまるでしょう。

受注者のプロジェクトマネジメント義務の内容は、確立された基準があるわけではありませんが、概ね以下の二つの義務からなるものです。

【受発注者が負うべき二つのプロジェクトマネジメント義務】

1. 受注者自身に対する管理義務

納期までにシステムを完成させるよう、契約書等で提示した開発手順や開発手法、作業工程等に従って開発作業を進めると共に、常に進捗状況を管理し、開発作業を阻害する要因の発見に努め、これに適切に対処する義務

2. 発注者に対する管理義務

発注者のシステム開発への関わりについても、適切に管理し、システム開発について専門的知識を有しない発注者によって、開発作業を阻害する行為がされることのないよう、発注者に働きかける義務

※東京地方裁判所平成16年3月10日判決

このプロジェクトマネジメント義務の内容の一環として、受注者は、発注者から問い合わせがあれば、進捗状況について回答をすべきであり、また、受注者からも、発注者の確認が必要な事項については、自発的に適宜のタイミング

第2部　第4章

で報告をすべき、と考えられるでしょう。

　ですが、このプロジェクトマネジメント義務があるからといって、進捗管理がうまくいくわけではありません。

　そもそも、納期遅れを起こすような受注者は、自発的に適宜のタイミングで進捗状況を発注者に報告することなど、してくれないでしょう。それどころか、プロジェクトマネジメント義務が存在することすら、認識していないでしょう。さらに、プロジェクトマネジメント義務に違反して、納期に遅れたとして、結局は法律を使ってリカバーすることが難しいことに、変わりはありません。

🔵 納期遅れが生じないような仕組みの契約にする

　というわけで、業務の進捗管理は、法律任せにするのではなく、発注者側で、納期遅れが生じないような仕組みの契約にしておくことが必要になります。

　そのためのポイントは、以下の六つです。

ポイント1. プロジェクトマネジメント義務

　受注者のプロジェクトマネジメント義務を、契約書に規定しましょう。

　プロジェクトマネジメント義務の中で特に重要で、しかし受注者が意識していない点として、上で解説した「発注者に対する管理義務」があります。

　発注者から言われるがままに対応して、結果的に納期遅れを起こすようでは、プロとはいえません。

　プロであれば、発注者の要望が、納期の遅れや費用の増加を招きかねない場合は、そのリスクを指摘してストップをかけたり、代替策を提案したりすべきですし、発注者にボールを投げる際には、いつまでに返事が必要なのか期限を設定してあげるべきです。

　さらに、発注者の対応に遅れがある場合は、それによって案件に与える影響まで指摘した上で、対応を促すべきです。

　これらのプロジェクトマネジメント義務（特に発注者に対する管理義務）を契約書に規定することで、受注者に対して、自身がこのような義務を負うのだということを、明確に意識させるのです。

227

ポイント2. 役割分担の明確化

　1のプロジェクトマネジメント義務とも関係することですが、発注者と受注者、双方の役割分担を明確化することも重要です。業務のフェーズごとに、発注者と受注者が何をしないといけないのか。Aが終わらないと、Bに着手できないのか。Aの着手時期と完了時期は、いつを予定しているのか。

　これら、各自が果たすべき役割の項目の内容、各項目の関係性、スケジュールなどを、ロジックツリーやフローチャートのような形でまとめておき、契約書の別紙に綴るなどしておきましょう。そうしておけば、現在案件がどこまで進んでいて、次に誰が何をしないといけないのか、そしてそれがスケジュール通りに進んでいるか、常に把握することができます。

ポイント3. 定例会議や定期報告の実施義務

　定例会議や、定期報告の実施義務を、契約書に規定しましょう。

　受注者から自発的に適宜なタイミングでの報告は期待できないのですから、初めから（報告を行わざるを得ない）状況を作り出してしまうのです。

　定例会議といっても、オフィスに集まる必要はなく、Skypeなどのテレビ会議でやれば、大した手間ではありません。また、定例報告といっても、体裁の整ったドキュメントまで作成する必要はなく、箇条書きにしてメールで送るなり、スプレッドシートなどクラウド上に入力して共有するなりすれば、やはり大した手間ではありません。

　なお、定例会議は、受注者からはプロジェクトマネージャー（責任者）と現場担当者の両方に参加してもらうようにしましょう。前者がいなければ、その場で話し合われた内容が契約に反映されないおそれがありますし、後者がいなければ、現場の生の声が聞けないからです。

ポイント4. 担当者の変更義務

　受注者側の担当者の能力不足で、案件の進捗管理がうまくいかないケースも、少なくありません。特に、広告代理店が受注者になる場合は、担当者が技術を分かっていないことが多く、発注者としては、下請けの制作会社に直接連絡し

たほうが、話が早いし正確だということもしばしばです。

その場合は、受注者に苦情を伝えて担当者を変更してもらうことになりますが、受注者がそれに応じる義務があることを、契約書に規定しましょう。

「気まずくなるのでは」と遠慮する必要はありません。納期遅れになれば、もっと気まずくなりますので。

ポイント5. 分割納入義務

成果物を最後にまとめて納入するから、納期ギリギリまで進捗状況が分からず、蓋を開けてびっくりということになるのです。業務のフェーズごとに分けて、なるべく分割で納入してもらうようにしましょう。

発注者としては、関係部署との調整などから、一回でまとめて検収をした方が楽だ、細切れで検収を求められたら面倒だな、と思うかもしれません。

ですが、早め早めに納入してもらうようにすれば、受注者との間で業務内容の認識にずれがあった場合に、すぐに軌道修正ができますし、納期遅れの兆候が見られる場合は、事態が深刻になる前に手を打つことができるのです。

ポイント6. 納期が遅れた場合の違約金支払義務

上で説明したとおり、納期遅れに損害賠償請求で対応することは、損害額の算定の面から、現実には難しいです。

そこで、納期が遅れた場合に、遅れた日数1日あたり、委託料×一定％の違約金が生じる、という違約金支払義務を、契約書に規定する方法もあります。初めから違約金の金額（算定方式）を定めておけば、損害額の算定で悩まずに済みますし、この規定の存在自体が、受注者に対して、納期を遅らせないための大きなプレッシャーになるのです。

なお、実際に生じた損害額が、この違約金の額を上回る場合もあり得るので、その場合は超過額を別途支払う、と契約書に規定しておく必要があります（そうしないと、違約金だけで我慢しなければならなくなるので）。

以上の六つのポイントと、第1部で高本さんが指摘しているポイントを押さえて、業務の進捗管理をしっかりと行ってください。

🔑 発注者の協力義務も重要

ただ、一点気を付けないといけないのは、納期遅れは必ずしも受注者だけの問題で起こるわけではなく、発注者にも問題がある場合が多いということです。

受注者が業務に着手しているにもかかわらず、発注者がなかなか仕様を決めなかったり、頻繁に仕様を変更したり、内部での意見調整に無駄に時間をかけたり……。

私はどちらかというと、受注者（制作会社やベンダー）から相談を受けることが多いのですが、自分のせいでスケジュールが遅れたにもかかわらず、納期遅れを理由に損害賠償や解除を主張してくる発注者と戦うことも、しばしばです。

先ほどは、システム開発契約に関する多くの裁判例で、受注者のプロジェクトマネジメント義務が認められていると解説しましたが、その一方で発注者にも、プロジェクトの協力義務が認められています。

発注者のプロジェクトの協力義務の内容も、確立された基準があるわけではありませんが、概ね以下の義務からなるものです。

【ユーザー企業の協力義務】

委託者（ユーザ企業）が開発過程において、内部の意見調整を的確に行って見解を統一した上、どのような機能を要望するのかを明確に受注者に伝え、受注者と共に、要望する機能について検討して、最終的に機能を決定し、さらに、画面や帳票を決定し、成果物の検収をするなどの役割を分担する義務

※東京地方裁判所平成 16 年 3 月 10 日判決

納期遅れが、発注者の協力義務違反も影響したものである場合は、受注者に請求できる損害賠償が減額されたり、逆に受注者から損害賠償を請求されたりすることもあります。

受注者に文句をいう場合に、まず自分自身がやるべきことをやっているのか、胸に手を当てて考える必要があります。

第1部 トラブル事例ポイント解説

4-1 制作の進捗報告がなく、完成したテストサイトを確認してみたら、バグやリンクミスなどが多く、完成とはほど遠い状況だった。（制作会社へ発注）……046

　4-1 で高本さんが提案している内容は、私も効果的だと思うので、ぜひ実践してください。

4-2 制作を依頼していた制作会社が倒産した。すでに会社が解散していて担当者ベースで話ができず引き継ぎができない。（制作会社へ発注）……050

　4-2 は、そもそも破産の手続きがどのように進むのかを理解する必要があります。

　まず、制作会社が法的な破産手続の道を選択し、裁判所に破産手続開始の申立を行った場合は、裁判所に選任される「破産管財人」が、以降の処理を担当することになります（破産手続開始の申立を代理する弁護士と、破産管財人になる弁護士は、別になります）。

　破産管財人は、破産者の財産を換価した上で、それを債権者に分配し、その分配が終われば、会社は消滅することになります。

　その手続きの中で、破産管財人は、業務が途中の契約については、業務を続行させるか、それとも契約を解除するか、選択をすることができます。

　ですが、破産手続の開始した会社が、業務を続行できる状況にあるわけがなく、業務の続行が選択されることは、通常はありません。そのため、契約は解除となり、後は管財人と交渉して、出来高部分で精算（仕掛品の買取）をすることになります。

　ただ、制作会社が法的な破産手続を選択してから、実際に破産管財人が動き出すまで、若干の時間がかかります。また、その間は制作会社に直接連絡をすることはできません。

　とはいっても、発注者としては、破産管財人との交渉まで待って

いる時間的余裕はありません。そこで、ボリュームのある案件の場合は、分割納入にしてもらうことで、途中で制作会社が破産手続を選択したとしても、仕掛品は手元にある状態にしておきましょう。

4-3 広告代理店の担当者が忙しくてなかなか応じてくれず、直接制作会社に問い合わせたら直接は連絡しないでほしいと言われ、スムーズに制作が進まない。（制作会社へ発注）⋯⋯⋯⋯⋯⋯054

　4-3は、Ｃさん（制作会社）はＡさん（発注者）の直接の契約相手ではないので、Ａさんから連絡を受けたところで、対応する法的な義務はありません。Ａさんとしては、直接の契約相手である広告代理店に連絡をするしかないのです。

　ですが、Ｂさんの能力では、プロジェクトマネジメント義務を果たすことは、到底できないでしょう。

　そこで、上で説明した担当者の変更義務を契約書に規定することで、Ｂさんのような困った担当者は交代させるようにしましょう。

4-4 HTMLコーディングをお願いしていたフリーランスが、納期直前に体調不良でダウン。対応ができないと言うので他の制作会社に二重発注することに。（フリーランスへ発注）⋯⋯⋯⋯⋯⋯058

　4-4は、まさにフリーランスに発注した場合特有の問題です。

　受注者が会社組織であれば、担当者が倒れたとしても、他のメンバーが代わりに対応するなどして、ある程度バックアップが取れます。

　ですが、フリーランスの場合は、その人個人が倒れた場合は、業務が完全にストップしてしまします。フリーランスに発注をする場合は、会社に発注する場合以上に、進捗管理が重要になります。

16-1 自社で受注した制作案件を他の制作会社に発注、納品後クライアントから仕様矛盾の指摘があり、制作会社に無償で対応を依頼すると断られた。下請けの制作会社への責任追及はどこまで

できる？（制作会社へ発注）··145

　16-1 は、第 12 章で解説した契約関係の整理の問題や、第 7 章で解説した検収の問題、第 9 章で解説した追加費用の問題が複雑に絡んでいます。

　まず、契約関係の整理ですが、本件は、エンドクライアントである大手企業と広告代理店の B 社が元請けの契約を結び、B 社と制作会社の A 社が下請けの契約を結んでいます。

　この二つの契約は別であり、下請けの契約で検収に合格したのであれば、元請けの契約で合格しなかったとしても、それは B 社がエンドクライアントに責任を負うだけの話であり、A 社に対応を求めることはできません。それに、本件で A 社は、エンドクライアントと B 社が合意した仕様でサイトを制作しています。

　そうなると、B 社としても、エンドクライアントからの修正要求に対して、それは仕様変更だから別費用だと主張する余地があります。

　それにもかかわらず、エンドクライアントに主張すべきことを主張せず、その対応を A 社に押し付けようとするなど、ずいぶんと都合のよい話です。

　広告代理店として、エンドクライアンから受注した案件を制作会社に発注する際は、エンドクライアントに対する責任は自社が負うものであること、そして、自社がエンドクライアントのわがままに付き合うからといって、制作会社がそれに付き合う義理はないことを、理解する必要があります。

広告代理店の担当者がWeb技術などに疎く、こちらの伝えた要望が毎回正しく制作会社に伝わっていない。(制作会社へ発注)
............149

　16-2は、**4-3**と同様、元請けである広告代理店の担当者の能力では、プロジェクトマネジメント義務を果たすことはできません。やはり、担当者の変更義務の規定に基づく交代や、債務不履行責任の追求で対処することになります。

第5章
業務の再委託は許されるのか

法的解説 ………………………………………………………………… 236

第1部　トラブル事例ポイント解説（関連事例　5-1）………………… 240

法 的 解 説

🔵 再委託は当たり前

Web 業界では、さまざまな場面で再委託が行われています。

広告代理店が、受注した業務を制作会社に担当させることも再委託ですし、その制作会社が、フリーのエンジニアやデザイナーに、プログラミングやデザインを担当させることも、再（々）委託です。

最近は、クラウドソーシングサービスが広まってきたことにより、フリーランスへの再委託が行われやすくなっています。また、東南アジアの制作会社の開発レベルも上がってきているので、オフショアによる再委託も行われるようになっています。

このような再委託は、Web 業界では気軽に行われているのですが、そもそも、発注者の同意を得る必要があるのでしょうか。それとも、受注者の判断で、勝手に行ってもいいのでしょうか。

🔵 請負の場合は同意不要、準委任の場合は同意必要

受注者に業務を発注する契約を結ぶ場合、請負か準委任、いずれか一方（あるいは両方）の種類の契約になることが一般的、という話を第1章でしました。そして、請負の場合は、発注者の同意を得ることが必要であるとは、法律に定められていません。

一方、準委任の場合は、発注者の同意を得ることが必要であると、法律に定められています。

この点、Web サイト制作契約やデザイン契約、ライティング契約などは、多くの場合は請負です。一方で、コンサルティングや SEO 関連の契約は、多くの場合は準委任です。

236

第2部　第5章

　なぜ請負の場合に、再委託に発注者の同意が不要(再委託が自由)かというと、請負は仕事の完成を目的とする契約なので、取りあえず仕事が完成しさえすれば、誰が仕事を担当しても構わない、というように割り切られているからです。

　一方で、準委任の場合は、第15章で解説をしますが、仕事の完成を目的としない代わりに、受注者が善管注意義務に従って事務を処理することが求められていて、そこには受注者に対する信頼が基礎にあるので、その受注者が担当することが必要になるからです。

　いまひとつ分かりにくいかもしれませんが、とにかく法律の原則では、請負か準委任かで、発注者の同意が必要かどうかが変わります。

🔔 再委託を原則禁止する契約書

　とはいっても、発注者としては、請負だろうと準委任だろうと、勝手に受注者に業務を再委託されたら困ります。

　その受注者の実績、能力を信頼して発注したわけなので、責任をもって対応してもらいたいところです。それに、どこの馬の骨かも分からない再委託先に、自社やエンドクライアントの秘密情報や個人情報が提供されて、万が一情報の流用や漏洩が発生した日には、責任問題です。

　そのため、世の中に出回っている業務委託契約書のほとんどは、請負、準委任に関係なく、再委託について、事前に発注者の書面による同意が必要（それがない限りは禁止）と規定しています。

　これは、受注者から示される契約書でも、当たり前のようにそう定められています（まぁ、意味も分からないままに使っている方も多いのでしょうが……）。

　このように、法律の原則は、契約書である程度修正することができます。

　つまり、Web業界でメジャーなWebサイト制作契約（請負）は、法律の原則では、再委託は自由（発注者の同意は不要）だが、契約書を取り交わしていれば、再委託が原則禁止（同意が必要）となっていることが多い、と整理できます。

237

❶ 事前同意のない再委託が横行

　とはいっても、Web業界では、いちいち発注者の同意を得ることなく、再委託が横行しているのが実態です。

　受注者としては、取引機会の喪失を恐れて、取りあえず「できます！」といって業務を受注して、対応できない分は再委託先に任せればいい、と安易に考えがちです。中には、自社の能力や実績をうたいながら、使い勝手のいい小規模な制作会社やフリーランスに業務を丸投げして（ディレクションとは名ばかりで、対応窓口すらも任せて）、利ざやだけ稼ぐ会社もあります。

　それでは、再委託が契約書で原則禁止とされている場合、あるいは（発注者の同意が必要な）準委任の契約の場合に、勝手に受注者が再委託をしていることが判明したとして、発注者は、どのような責任が追求できるのでしょうか。

　この場合は、「受注者自身が業務を実施する」という契約上の義務＝債務が履行されていないので、第2章で解説したとおり、受注者は債務不履行責任を負い、発注者は、その責任を追求することができます。

　具体的には、まずは是正（再委託先から業務を引き上げること）を求めることができます。そして、この是正が合理的期間内に行われない場合は、契約を解除することもできます。

　それどころか、そもそも再委託をすること自体が問題な業務であったり（センシティブな秘密情報や個人情報が扱われるなど）、あるいは、再委託先の選定に問題があったりする場合（クラウドソーシングサービスを利用して、正体不明の人物に業務を再委託していた場合など）は、是正を求めるまでもなく、直ちに契約を解除できる場合もあります。

　また、再委託先が原因で生じたトラブルについて、受注者が全面的に責任を負います。「今回の件は、自分の知らないところで起こった。責任追及は再委託先に直接してくれ」という言い訳は、通用しません。

　さらに、受注者が再委託先に支払う費用については、受注者の自己負担とな

第2部 第5章

ります。受注者が、再委託先から予定外の費用を請求されて、当初予定していた以上のコストを負担したとしても、それは発注者には関係のない話であり、発注者としては、契約締結時に合意した費用を受注者に支払えば足ります。

事前同意なく再委託が行われない仕組みの契約にする

以上のように、事前同意のない再委託が行われた場合に、発注者は債務不履行責任を追求して対処することできます。ですが、第4章で解説したとおり、法律によるリカバーは、十分ではありません。

例えば、ベネッセ個人情報流出事件が発生して以降、個人情報の取扱いはセンシティブなテーマになっています。

そんな状況下で、もし受注者が事前同意なく、クラウドソーシングサービスを利用して、正体不明な人物に業務を再委託して、そこから個人情報の漏洩が生じたとしたら、どうなるでしょうか。発注者の信用は地に落ち、多額の損害賠償義務も負い、その一件で会社が潰れる可能性すらあります。

というわけで、事前同意なく再委託が行われない仕組みの契約にしておくことが必要になります。そのためのポイントは、以下の二つです。

ポイント1. 再委託の事前同意取得義務

再委託をする場合は、事前に発注者の書面による同意が必要である、と契約書に規定しておきましょう。このような規定がないと、そもそも請負では、事前同意なく再委託ができてしまいます。

ポイント2. 確認と念押し

受注者に対して、現時点で再委託を行う予定があるかどうか、仮に現時点では予定がないとしても、業務を進める中で再委託を行う可能性があるかどうか、確認をしておきましょう。そして、そのような予定や可能性がある場合は、必ず事前に知らせて、発注者の書面による同意を得る必要があり、それを行わずに再委託をした場合には、契約の解除や損害賠償の請求もあり得るということ

239

を、念押ししておきましょう。

第 1 部 トラブル事例ポイント解説

「自社のスタッフを使って内製しています」といっていたのに対応が遅いと思ったら、実際の作業をしているのは海外の別会社だった。（制作会社へ発注）……066

　5-1 は、アプリ開発ということなので、請負になることが通常であり、法律の原則では再委託は自由です。

　また、B 社は今回の件に限らずオフショアを活用しているようなので、B 社所定の契約書を取り交わしているのであれば、その契約書には、再委託は自由であると確認する規定があるはずです。そうなると、A さんとしては、オフショアを使うことを止めるよう請求することはできません。

　また、B 社は、スピーディーには対応してくれないものの、決められた期限は守っているとのことなので、契約違反にもなりません。

　安い費用にはそれなりの理由があります。

　費用面だけで安易に受注者を選ぶことはせず、対応能力やスピード、そして再委託の有無について、事前に確認するようにしましょう。

第6章
発注・受注を一方的にキャンセルできるのか

法的解説	242
第1部　トラブル事例ポイント解説（関連事例　7-1,6-1,6-2）	250

法 的 解 説

❓ 発注者都合で一方的に発注をキャンセルできるのか

　発注を前提に受注者に動いてもらったものの、会社の方針変更や予算との兼ね合いから、プロジェクトが中止になり、発注がキャンセルになるケースは、少なくありません。

　発注者としては、受注者に申し訳なく思う反面、正式に発注をしたわけではない以上、営業コストとして受け入れてもらいたいところです。

　では、受注者から、これまでの活動分の費用を請求された場合に、支払う義務はあるのでしょうか。

　この問題は、契約が成立したといえるかどうかで、結論が変わってきます。

　以下、契約が成立した後の発注のキャンセルは「契約の解除」、契約が成立する前の発注のキャンセルは「発注の見送り」と表記（便宜上区別）して、解説をします。

❓ 契約の解除の場合は損害賠償が必要

　まず、契約が成立したにもかかわらず、発注者の都合で（受注者に契約違反＝債務不履行がないにもかかわらず）契約を解除する場合、受注者に生じた損害を賠償しなければなりません。

　この損害賠償義務は、契約の種類が請負、準委任、いずれであっても、法律で定められています（請負の場合は、仕事が完成する前であることが、発注者都合での解除の条件となります）。

　注意しないといけないのは、すでに実施された業務に関する費用分だけ支払えばよいわけではない、ということです。

　これは、考えてみれば当たり前の話ですよね。

契約が成立した以上は、受注者としては、リソースを確保（人員を手配したり）した上で、業務に取り掛かるわけですし、他からの発注を断ることもあるでしょう。

それにもかかわらず、発注者の都合でいきなり解除されてしまえば、リソースは宙ぶらりんになってしまいます（代わりの業務をすぐに受注できるわけではありません）。それに、取引機会の喪失も生じています。そうなると、すでに実施された業務に関する費用分だけ支払われても、足が出ることになってしまいます。

というわけで、発注者としては、まだ正式に発注をしたつもりではなくても、契約が成立したと法的に評価される場合には、発注者都合で契約を解除すると、予想外に高額な損害賠償が必要になるかもしれないことに、注意してください。

ちなみに、この発注者都合での契約解除における損害賠償は、発注者にとって手痛いカウンターになることがあります。

第4章で解説しましたが、納期遅れの原因が発注者のプロジェクトの協力義務違反にあった、ということがよくあります。そして、発注者がそのことを認識せずに、納期遅れを理由に契約を解除した場合に、受注者の債務不履行責任に基づく解除ではなく（その要件を満たさず）、あくまでも発注者都合での解除として扱われて、発注者に損害賠償義務が発生することがあるのです。

🔘 契約書がなければ契約は成立しない

それでは、いつの時点で契約が成立したと、法的に評価されるのでしょうか。

この点について、ものの本には、「契約とは、当事者間における意思の合致であり、申込みと承諾によって成立する。したがって、契約書が存在しなくても、口頭の合意で成立する」と（小難しく）解説されています。

皆さんも、「別に契約書がなくても、契約は成立する」ということは、常識として知っているでしょう。

ですがこれは、半分は正解ですが、半分は間違っています。

243

確かに法律の原則では、口頭の合意でも契約は成立します。ですが、実際の裁判では、契約書がないと、裁判所は契約の成立をそう簡単には認めてくれません。

契約が成立したかどうかでトラブルになり、裁判になったケースを色々と調べてみると、裁判所が、契約書がないことを理由に、バッサリと契約の成立を否定するケースが目につきます。この問題は、第1章の「口約束は契約内容に含まれない」というテーマと共通する話です（第1章では、発注者の要望が言語化して具体化されて、受注者も要望を認識した上で見積りに反映していたとしても、それを契約書に記載しておかなければ、裁判で争われた場合に、裁判所には認めてもらえないことが多いことを説明しました）。

発注者の皆さんとしては、これまでいちいち契約書を結ばずに案件を発注して、それで受注者も業務を実施してくれているので、このような裁判所の運用を聞いても、にわかには信じ難いでしょう。

とはいっても、発注者としては、「契約書がなければ、契約が成立したと認められる可能性は低い」という事実は、ある意味心強いところではあります。

「契約は成立していないので、解除ではなく、発注を見送ったにすぎない」と突っぱねることができるケースが多いわけですから……。

🔔 発注の見送りの場合でも損害賠償が必要

それでは、発注者としては、発注者の都合で発注をキャンセルする場合でも、契約書さえなければ、契約の成立が認められずに済む（契約解除と扱われない）ことが多く、そうなれば損害賠償は必要ない、という結論になるのでしょうか。

いえ、さすがにそんな都合のよい話はありません。

発注者都合で発注を見送る場合に、発注者は、「契約締結上の過失」によって損害賠償が必要になる可能性があります。

契約締結上の過失とは、契約の準備段階に入った当事者は、相手に損害を与えないように注意して行動しなければならず、この注意義務に違反した場合は、契約が成立すると期待して行動していた相手に生じた損害を賠償しなければな

らない。という法理論です。

契約書がないことを理由に契約の成立を認めなかった裁判例でも、契約が締結されると受注者に信じさせた点で、発注者には注意義務違反があったとして、契約締結上の過失によって、すでに実施された業務の費用に相当する額の損害の賠償が命じられていることがあります。

認められにくい契約締結上の過失

それなら、結局のところ契約書がなくても（契約の成立が認められなくても）、発注者都合で発注を見送った場合に、発注者は必ず損害賠償が必要になるのでしょうか。

いえ、これもそんなことはありません。

というのは、契約締結上の過失は、契約の成立が認められなかった事案すべてに認められるわけではないのです（そうでないと、気軽に契約交渉ができなくなってしまいます）。

契約締結上の過失が認められるためには、業務内容と代金について、かなりの程度、話がまとまっていた状況にあったことを前提に、最終的に契約が成立しなかった理由や、損害が発生した原因などを考慮して、発注者に注意義務違反があったとまでいえることが必要です。

そして、これが実際に認められるケースは、そう多くはないのです。

というのは、発注の見送りがトラブルになる（受注者が費用を請求して、発注者がそれを拒否する）ケースは、業務内容や代金の話がまとまっていない中で、現場レベルで作業が進められてしまったものが、ほとんどだからです（そもそも、業務内容や代金の話がある程度まとまっているならば、そうそう発注を見送らないでしょうし）。

また、話し合いで解決しなければ、裁判での解決が必要になりますが、契約締結上の過失が問題になる事案では、受注者から発注者に対して、損害賠償を求めて裁判を起こす流れになります（発注者としては、単に「契約締結上の過失は認められないから、損害賠償は必要ない」と突っぱねればよいだけなので、

245

発注者から裁判を起こす必要はありません）。

　そうなると、受注者は、裁判の場で、発注者の注意義務違反を立証しないといけませんが、これは上で説明したとおり、ハードルが高いところです。さらに、何とか発注者の注意義務違反を立証できた（裁判所に契約締結上の過失を認めてもらえた）としても、裁判対応には、相当な工数を割くことになるでしょう。

　これらの点から、契約書がない（＝契約締結上の過失の有無が裁判での主戦場になる）ケースでは、受注者としても、裁判を起こすことに二の足を踏んでしまいます。

　逆に発注者としては、裁判を起こされる可能性が低いのであれば、「契約締結上の過失は認められないから、損害賠償は必要ない」と強気の交渉をすることが可能になります。

🔊 過失相殺により賠償額は減額される

　さらに、たとえ契約締結上の過失が認められて、受注者への損害賠償が必要になったとしても、必ずしも受注者に生じた損害全額を賠償しないといけないわけではありません。

　というのは、受注者が、契約成立前に作業を開始している点について、「過失相殺」によって、損害賠償額が減らされてしまうことが多いのです。

　過失相殺とは、一方の当事者が損害賠償義務を負う場合でも、もう一方の当事者にも過失がある場合は、損害賠償額を減らす（相殺する）という法理論です。契約締結上の過失が認められた裁判例でも、受注者には、契約が成立する前に業務に着手した点で過失があるとして、過失相殺によって、損害賠償額が何割か（3割程度）減らされることが多いです。

　受注者としても、発注者から発注の確約を得られたわけではない中で、甘い見込みで先走ってしまった面もあるでしょう。また、発注者の担当者が「必ず発注します」と空手形を切っていたとしても、口頭レベルの話であり、書面には残っていないことがほとんどでしょう。

246

このように、損害全額の賠償が認められるとは限らない受注者としては、裁判を起こすことに二の足を踏んでしまいますし、逆に発注者としては、強気の交渉が可能になります。

🔔 契約書がなければどうにかなるのか

以上のとおり、発注者としては、契約書がなければ、発注者都合で発注をキャンセルしたところで、道義的な責任はさておき、法的な責任はあまり負わずに済んでしまうことが多いのです。

そうなると、発注者は、発注が確定していない段階では、契約書を結ぶべきではないし、また、必ず発注されるものと受注者に信じさせるような言動は控えておくのが、リスク管理の点から望ましいことになります。

私としては、このようなやり方を積極的には勧めたくありません。

ですが、この本は発注者の皆さんのために書いたものですし、ここで書かれた内容は事実である以上、説明だけはしました。

ただ、せめて受注者に対しては、「発注に至らない可能性があるし、その場合でも費用は支払えないから、営業コストとして飲める範囲でやってくれれば十分」ということは、事前にきちんと伝えるようにしてください。

🔔 受注者都合で一方的に受注をキャンセルできるのか

以上、発注者の都合で（受注者に契約違反＝債務不履行がないにもかかわらず）一方的に発注をキャンセルできるのか、という問題について解説をしてきました。

改めてまとめると、契約が成立したと認められない場合は、単に契約交渉の末に発注を見送っただけなので、原則として責任を負わないが、契約締結上の過失が認められる場合には、受注者に生じた損害を賠償する必要がある（ただし、過失相殺で減額される可能性はある）、となります。

一方で、契約が成立したと認められる場合でも、契約を解除できるが、受注者に生じた損害を賠償する必要がある、となります。いずれにせよ発注者は、一方的に発注をキャンセルすることは、法律上は可能ということです。

247

ところが、受注者の都合で（発注者に契約違反＝債務不履行がないにもかかわらず）一方的に受注をキャンセルする場合は、話が少し変わってきます。

まず、契約が成立したと認められない場合は、同じ結論になります（原則責任を負わないが、契約締結上の過失によって損害賠償が必要になる場合がある）。

一方で、契約が成立したと認められる場合は、準委任の場合は、やはり同じ結論になりますが（契約は解除できるが、損害賠償が必要）、請負の場合は、受注者には解除をする権利がありません。

というのは、法律は請負の受注者に関しては、そのような権利を定めていないのです（なぜ法律がそうなっているのか、説明するとややこしいので、割愛します）。

とはいっても、請負で契約が成立した後に、受注者が「受注をキャンセルさせてほしい」といってきたとして、発注者としては、「請負では、受注者都合での契約の解除は、法的な権利として存在しない。必ず業務を実施しろ」と突っぱねることはないでしょう。

できないといっている受注者の尻を叩いたところで、満足のいく業務は期待できないのですから。

そうなると、発注者としては、受注者と合意して契約を終了させるか、あるいは、発注者の方から、債務不履行責任に基づく解除をすることになります。

つまり、法律の原則に関係なく、受注者の都合で一方的に受注をキャンセルしようとした場合、結論としては、契約は終了することになるのです。

❗ 発注者の損害はリカバーされない

では、受注者からの一方的な受注のキャンセルによって、発注者に損害が生じた場合、発注者は、法律でこの損害をリカバーすることができるのでしょうか。結論からいえば、難しいでしょう。

248

まず、上で解説したとおり、契約書がなければ、契約の成立はなかなか認められません。

そうなると、受注者が一方的に受注をキャンセルしたところで、単に契約交渉の末に受注が見送られただけなので、原則として受注者は責任を負いません。

受注してもらえることを前提に行動していた発注者が、受注の見送りによって損害を受けたとしても、契約締結上の過失が認められるための要件は厳しいですし、仮に認められたとしても、過失相殺によって賠償額が減額される可能性があります。そして、そのような発注者の状況を見越して、受注者も強気の交渉をしてくるでしょう。

それでは、契約の成立が認められる場合はどうでしょうか。

請負の場合は、受注者が契約上の義務＝債務を履行しないことになるので、発注者は、債務不履行責任に基づいて損害賠償を請求することが可能です。また、準委任の場合は、受注者都合での契約解除は可能ですが、発注者への損害賠償が必要になります。

ですが、発注直後ならいざしらず、発注からしばらく経った時点で、契約が終了となれば、そこから新しい受注者を探して、一から説明の上で改めて発注をして、当初のスケジュールに追いつかせるのは、至難の業です。

エンドクライアントがいる案件では、信頼を失い、取引機会を喪失することになるでしょう。そもそも、無責任にも受注をキャンセルしてくるような受注者から、果たしてきちんと損害を賠償してもらえるのか、という問題もあります。

というわけで、発注者としては、受注者が一方的に受注をキャンセルしてきた時点で、かなりの損害を覚悟しなければなりません。

そのような事態を防ぐためには、第1部で高本さんが解説しているとおり、責任をもって案件に対応してくる実績と能力のある受注者を選ぶこと、そして、第4章で解説した案件の進捗管理（早い段階でキャンセルの兆候を掴めるようにすること）が重要になります。

249

第1部 トラブル事例ポイント解説

制作会社に提案してもらっていた社内プロジェクトが途中で頓挫したため、依頼していた制作もストップに。制作費はどこまで支払うべき？（制作会社へ発注）............078

　7-1 は、契約書を結んでいないどころか、まだ金額が確定する前の段階の話ですから、契約の成立は認められないでしょう。

　ただ、契約締結上の過失については、認められる可能性があります。

　というのは、無償の提案ではデザイン案制作まではできないと渋る制作会社に対し、A さんは、発注はほぼ確実なので何とかデザイン案を制作してほしいと依頼をしているので、これが注意義務違反となる可能性があるからです。

　ただ、発注者の予算との兼ね合いがはっきりしていない時点で、その制作会社への発注が確実というのは、果たしてどうかと思うのが普通でしょう。そうなると、本件では制作会社にも過失があったとして、過失相殺をされる可能性が高いです。

　最終的に本件は、費用を払わないことで話をつけたようですが、交渉が決裂したところで、制作会社の方から訴えを起こされる可能性は、（費用対効果の面から）低かったといえます。

契約発注までしたのに、「やはり内部のリソース（人員）が足りないので対応できない」と後から断られた。（制作会社へ発注）......071

　6-1 は、契約の成立がそもそも認められるか微妙な事案です。

　「受注者からの見積りに対して発注をした」とのことですが、単に発注書を送ったり、発注の連絡をしただけでは（請書が送られたり、受注の連絡が来たのでなければ）、契約の成立は認められにくいからです。

　そうなると、契約締結上の過失によって損害賠償を請求できるか、という話になりますが、提携しているどの制作会社からも断れるほどタイトなスケジュールの案件ですから、B 社の担当者が受注を確約

したわけでもなければ、これも難しいでしょう。

　結局のところ、そのような無茶なスケジュールの案件を受注してしまった（そしてそれを制作会社任せにしようとした）広告代理店の見込みが甘かったとしかいえません。

「対応できる」というので依頼し、納期の1週間前に「やっぱり今の自分のスキルでは難しい」と断られた。（フリーランスへ発注）··074

　6-2 は、発注者としては、債務不履行責任に基づいて解除するか、あるいは、受注者と合意の上で解除することになります（この案件のようなアプリ開発は、基本的には請負なので、受注者の方から契約を解除することはできません）。

　いずれにせよ、受注者には債務不履行があるので、発注者は損害賠償を請求することができます。

　とはいっても、売れっ子で儲かっている人でもない限り、フリーエンジニアに十分な賠償金の支払いを期待するのは、なかなか難しいでしょう。個人に発注をする場合は、いざトラブルが起きた時に、リカバーが難しいということは、くれぐれも注意する必要があります。

第7章
検収前と検収後で、どこまで無償で対応してもらえるのか

法的解説	253
第Ⅰ部　トラブル事例ポイント解説（関連事例　8-1,9-1,13-2,13-3,13-4）	262

第2部　第7章

法 的 解 説

瑕疵か仕様か

「これは瑕疵だから直してくれ」「いえ、それは仕様です」

　納入された成果物に関して、受注者との間でこのようなやり取りをした経験は、発注者なら誰しもあると思います。

　このやり取りの前提として、「瑕疵は直さないといけない」というのは、発注者と受注者の共通認識になっています。

　ですが、そもそも納入された成果物を検収している中で瑕疵が見つかった場合に、法律上、発注者は受注者に対して、どのような請求ができるのでしょうか。また、検収時に瑕疵が見過ごされて、本稼働後に瑕疵が発見された場合、法律上、請求できる内容は、何が変わってくるのでしょうか。

　この問題は、契約の種類が請負か準委任かで、結論が変わってきます（請負と準委任の違いは、第3章で詳しく解説しています）。

　ただ、これは主に請負（その中でも成果物が存在する場合の請負）で問題となることが多い話なので、本章では、請負について解説をします。準委任の場合に、受注者が業務の実施結果について負う責任については、第15章を参考にしてください。

仕事の完成前は「債務不履行責任」

　第2章で解説したとおり、請負における受注者には、仕事を完成させる義務があります。

　そのため、発注者は、受注者の仕事が不完全だった場合、完成するまで修正作業を何度でも無償で行うよう請求できます。また、仕事が完成するまで、費用を支払う必要がありません。

253

さらに、期限を過ぎても仕事が完成せず、それにより損害が生じれば、損害賠償を請求できます。その上、合理的期間内に修正作業が終わらなかったり、納期遅れによる支障が重大であったりすれば、契約を解除できます。

　これら、受注者が契約上の義務を果たさないことに対する各種の責任が、債務不履行責任です。

　そして、第2章で解説したとおり、「仕事が完成した」といえるかどうかは、契約で合意された最後の工程まで終わっているかどうか、という基準で判断されます。

　障害・不具合が一切存在しないかどうか、という基準ではありませんし、発注者が満足するような品質・性能かどうか、という基準でもありません。

　このように、「仕事が完成した」といえるためには、完全無欠なものまでは求められません。

　特に、ソフトウェアの場合は、納入の時点で、一定数の障害・不具合が発生することは、やむを得ない面があります。

　そのため、軽微な障害・不具合が一つでも発生している限り、受注者が債務不履行責任を負うのはあまりに酷であるため、最後の工程まで終わっているならば、ひとまず仕事は完成したと扱われ、受注者は債務不履行責任を負わなくなります。

　では、仕事が完成したかどうかについて、発注者はどのタイミングで判断するのでしょうか。これは、契約書を結んでいる場合は、検収時に判断される（検収合格をもって仕事の完成とする）ことが多いですが、契約書を結んでいない場合は、はっきりしません。

　というのは、そもそも「検収」という手続きは、法律で定められた手続きではありません。単に実務上、「受注者が費用を請求するための前提条件」として位置付けられた手続きにすぎないのです。

　発注者としては、納入された成果物が不完全であった場合は、当然のことながら、費用を支払うことはできません。

第2部　第7章

　成果物をチェックして、特に問題は確認されなかったので、請求書を発行して構わないと受注者に伝え、請求書の発行を受けて費用を支払うのが、自然な流れでしょう。

　そのステップが実務上、「検収」とされる手続きなのです。そのため、法律上、「検収合格＝仕事の完成が確認された⇒以降受注者は債務不履行責任を負わない」ということには、必ずしもなりません。

　ですが、これだと、仕事の完成時点（受注者がいつまで債務不履行責任を負うのか）がはっきりしません。そうなると、受注者にあまりにも負担となってしまいます。

　そこで、仕事の完成時点をひとまず確定させるべく、多くの契約書は、検収合格をもって仕事は完成したものと扱うことにしています。

　具体的には、「検収合格をもって、成果物の引渡しは完了したものとみなす。」といった文言です（引渡しの完了＝仕事の完成ということですね）。

　また、契約書にこのような定めがなくても（そもそも契約書を結んでいなくても）、十分な期間、発注者がきちんと検収を行い、その上で合格と判断されたのであれば、その時点で仕事が完成したものと評価される可能性が高いでしょう。

　一方で、きちんとした検収が行われなかったとしても、納入後に本稼働に至ったのであれば、遅くとも本稼働の時点では、仕事は完成したと判断されることになるでしょう。

🕐 仕事の完成後は「瑕疵担保責任」

　それでは、仕事が完成したと扱われた場合、以降、請負における受注者の責任はどうなるのでしょうか。保守・サポートの契約を結んでいない限り、何も責任を負わないのでしょうか。

　いえ、そんなことはありません。

　確かに仕事が完成すれば、受注者は債務不履行責任を負わなくなります。で

255

すが、今度は請負における「瑕疵担保責任」を負うことになります。

瑕疵担保責任とは、契約の目的物に「瑕疵」があることに対する責任をいいます。瑕疵とは、契約で決められた品質又は通常有すべき品質を有していないことをいいます。

この瑕疵担保責任は、請負以外だと、例えば売買にもあります。ですが、準委任には瑕疵担保責任がありません（第3章で解説したとおり、準委任でも成果物が存在する場合があるにもかかわらずに、です）。

このように、瑕疵担保責任は、「物」が存在する契約のすべてに共通する責任ではないことに、注意してください。

請負の瑕疵担保責任の内容は、債務不履行責任の内容と似ている部分もあれば、違う部分もあります。

まず、瑕疵担保責任でも、発注者は、瑕疵が修正されるまで、修正作業を何度でも無償で行うよう請求できます。また、瑕疵があることによって発注者に損害が生じれば、損害賠償を請求できます。

ただし、契約の解除については、その瑕疵が契約の目的を達成できないほどの重大なものでない限りできません。また、期間についても、成果物の引き渡しら1年間という制限があります（成果物の引渡しから1年以内に、瑕疵担保責任に基づく瑕疵の修正や損害賠償などを受注者に請求しないと、以降は請求できなくなってしまうということです）。

以上のように、発注者は、仕事の完成前であっても後であっても、成果物の問題に関して、受注者の責任を追求できます。ただ、仕事の完成後の場合は、追求できる責任内容に制限が生じてしまうのです。

だからこそ、開発契約とは別に、保守契約を結ぶことで、開発契約での瑕疵担保責任ではカバーできない範囲について、受注者に対応してもらう必要があるのです。

とはいっても、Web業界の皆さんは、債務不履行責任と瑕疵担保責任を区

別していない（そもそも、名前すら知らない）方がほとんどでしょう。

　実務上、皆さんが一番気にしているのは、検収合格前と後の責任の違いです。

　何となく、検収合格前であれば、どんな要望を出しても（それこそ仕様変更的な要望でも）OKで、検収合格後は、受注者の作業ミスでない限り、責任を追求できない（対応は別費用になる）、と思っていないでしょうか。

　その理解は、法律上は正しくありません。

　上で解説したとおり、契約で合意された最後の工程まで終わっているならば、仕事の完成と扱われます。そのため、検収合格前はどんな要望を出してもOK、というわけではありません。

　また、検収合格によって仕事の完成が確認されたことには、必ずしもなりませんし、瑕疵担保責任でも、瑕疵がある限りは、修正作業を無償で行うよう請求できます。そのため、検収合格後は受注者の作業ミスでない限り責任を追求できない、というわけでもありません。

　ですが、受注者は、検収合格前であれば、わりと何でも対応してくれて、検収合格後になると、一気に対応が渋くなるというのが実情です。

　というのは、受注者としては、検収に合格しない限り、費用を支払ってもらえないので（ある意味費用を人質に取られているので）、発注者のさまざまな要望に対しても（それこそ仕様変更的な要望でも）、柔軟に（我慢して）対応してくれることが多いです。

　ですが、ひとたび検収に合格し、費用が支払われてしまえば、以降は受注者も、「それは瑕疵ではなく仕様です」と遠慮なく突っぱねることができるようになるのです。法律では、仕事の完成の有無が重要ですが、実務では、検収の合格（費用の支払い）の有無が重要ということです。

鉄壁の検収の壁を築く

　以上のことから、発注者としては、検収のハードルを可能な限り上げることによって、受注者に対応してもらえる範囲を広くしたいところです。

　そのためには、検収の手続きに関する契約書の規定を工夫する必要がありま

257

す。そのためのポイントは、以下の五つです。

ポイント1. 瑕疵の範囲

上で説明したとおり、瑕疵とは、契約で決められた品質又は通常すべき品質を有していないことをいいます。

ですが、これは基準として不明確です。

特に、第1章で解説したとおり、発注者は業務の内容（仕様）の詳細を固めないまま発注しがちです。

そのため、出来上がった成果物がイメージ通りに稼働しないため、受注者に修正を求めたとしても、「仕様書に記載された範囲の機能は盛り込まれているので、瑕疵ではありません」と反論されてしまいます。そこで、瑕疵の範囲は、できる限り広く設定する必要があります。

例えば「瑕疵とは、仕様書との不一致、バグ、論理構造の過誤、要求水準への未到達、その他不具合（以下合わせて「瑕疵」という。）」という規定が考えられます。これならば、仕様書に記載されていない事項に関する不具合なども、瑕疵に含めさせることができます。

ちなみに、受注者から示される契約書だと、「瑕疵とは、仕様書との不一致に限る」と限定して規定されていて、仕様書との不一致以外は瑕疵から省かれていることが多いので、注意してください。

ポイント2. 検収方法

理想としては、互いに納得できる検収方法を事前に協議して、合意内容をドキュメント化して（検収仕様書などにして）おくことです。

とはいっても、Webサイトや、ちょっとしたWebサービスの制作案件で、わざわざそこまではやらないでしょう。

かといって、受注者側で用意した（受注者にとって都合のよい）マニュアルに従った検収を義務づけられてしまうと、発注者が納得できるだけの十分な検収が行えなくなります。そのため、検収方法に関して事前に協議できない場合は、発注者に裁量を与えておく必要があります。

例えば、「発注者所定の方法により検収する」という規定が考えられます。

第2部　第7章

これならば、発注者が納得いくまで徹底的にチェックをすることができます。

ポイント3. 検収期間

長めに余裕をもって設定しましょう。

受注者から示される契約書だと、これが納入後5営業日や1週間と設定されていたりしますが、発注者の担当者一人がサッとチェックすれば済む場合はいざしらず、内容が複雑であったり、各関係部署のチェックも必要であったりする場合は、まず間に合いません。

例えば「納入後1か月以内に検査する。」という規定が考えられます（さすがに1か月あれば十分でしょう）。

ちなみに、発注者の後ろにエンドクライアントが控えていて、エンドクライアントによる検収も必要な場合は、エンドクライアントの検収も、検収期間に含めておくべきです。

また、検収がテスト環境で行われる場合は、本番環境に移行した後も検収期間に含めておくべきです。「検収期間＝納入後＊日以内」と単純に考えずに、本件で十分な検収を行うために必要な期間はいつか、という観点から検討することが必要です。

ポイント4. 合格みなし規定

受注者から示される契約書には、検収期間内に書面で不合格通知が出されなければ検収に合格したものとみなす、という「合格みなし規定」が入っていることが多いです。

ですが、発注者としては、予想外の事態が生じたことで、検収期間を過ぎてしまう場合もあります。

そのような場合に、勝手に合格扱いされないように、合格みなし規定は設けないでおく（受注者から示された契約書に規定があれば削除しておく）べきです。

とはいっても、検収期間を過ぎてしまった場合は、法的には、検収合格と扱われてしまう可能性が高いです。そのため、十分な検収が間に合わない時は、取りあえずざっくりとした不合格通知を出して、追って補充的に詳細な不合格

259

理由を示すようにすべきです。

ポイント5. 修正作業の期間

　修正作業の期間を設けないと、受注者が迅速に修正を行ってくれない可能性があります。

　そこで、例えば「修正作業は発注者の定める期間内に行う」という規定が考えられます。これなら、発注者が修正作業の期限を設定することができます。

❗ 瑕疵担保責任も忘れないように

　以上のように、鉄壁の検収の壁を築いたところで、検収合格後になってから瑕疵が見つかることがあります。その場合でも、検収合格＝仕事の完成の確認ということには必ずしもならないので、仕事が完成していなければ、債務不履行責任を追求できますし、仕事が完成した場合でも、瑕疵担保責任を追求することができます。

　ですが、前述したように、Web業界では、債務不履行責任や瑕疵担保責任について、分かっていない人がほとんどだと思います。検収合格後は保守契約を結んでいない限り一切対応する義務はない、という態度を取ってくる制作会社も、中にはいるでしょう。

　そこで、受注者が瑕疵担保責任を負うということを、契約書に規定しておきましょう。

　例えば、次のような規定が考えられます（瑕疵の修正義務と損害賠償義務の両方を明記しています）。

　「成果物が検収に合格した後、1年以内に瑕疵が発見された場合、受注者は、自己の費用負担において、発注者の定める期限内に、発注者の指示に従って必要な修正を行い又はこれに代えて若しくはこれと共に発注者に生じた損害を賠償する」

第2部　第7章

この規定があれば（そして、検収の規定の中で「瑕疵」の範囲を広く設定しておけば）、発注者としては、保守契約を結んでいなかったとしても、堂々と瑕疵の修正を請求することができるのです。

ちなみに、上の例で瑕疵担保責任の期間を1年間と設定しているのは、請負における法律の原則に合わせています。

時々、瑕疵担保責任は法律上6か月だ、といってくる人もいますが、それは売買における瑕疵担保責任の期間です。

この期間は、契約によって延ばすことも可能ではありますが、さすがに1年あれば十分でしょうし、1年を超える期間を設定すれば、受注者からの反発は必至です。

🞵 瑕疵には含まれないトラブルがある

ただ、注意しないといけないのは、いくら瑕疵の範囲を広く設定したとしても、Web業界では、瑕疵に含まれない成果物のトラブルというのは、必ず生じるということです。

Web業界は、技術の進歩のスピードが尋常ではありません。

OS、オープンソース、ブラウザ、APIなどのバージョンはすぐに変わりますし、重大なセキュリティーホールや未知のウィルスが見つかることもしばしばです。デジタルコンテンツの成果物は、すぐに陳腐化するのです。

そのため、受注者としても、半永久的に成果物が問題なく稼働することなど、保証できるわけがありません。

対応するバージョンなどの動作環境は、固いところで抑えて仕様書に明記してくるでしょうし、セキュリティー対策も、契約時点での一般的な業界水準（その中で費用に見合ったレベル）に留めてきます。

そうなると、例えばブラウザのバージョンアップにより、Webサイトの表示に不具合が生じたとしても、それは瑕疵にはならず、バージョンアップの対応ということで、仕様変更になります。

261

また、それまで知られていなかったCMSのセキュリティーホールを突いた新種のウィルスが現れたとしても、やはり瑕疵とはいえず、セキュリティー強化への対応ということで、仕様変更になります。

　さすがに、これらの場合まで受注者に無償で対応させるのは、無茶な話です。別途の費用を支払って依頼するか、あるいは、開発契約とは別に保守契約を結んで、瑕疵担保責任の範囲外のトラブルについても対応してもらえるようにしましょう。

　ただ、第3章でも解説しましたが、保守契約を結んだものの、「保守」の内容がほとんど何もないことがあり得ます。保守契約を結ぶ場合は、瑕疵担保責任の範囲を超えてどこまで対応してくれるのかという点は、詰めておいてください。

第1部 トラブル事例ポイント解説

納品物を確認する時間がなく、検収期間後に修正をお願いしたら別料金を請求された。（制作会社へ発注）……082

　8-1は、本件で契約書にみなし合格規定があったかどうか分かりませんが、ひとまずWebサイトは公開できており、検収期間も経過した以上、仕事は完成したものと扱われるでしょう。

　そうなると、後は担保責任で対応してもらえるかですが、問題となった誤字や記載内容の誤りが、不動産会社側が提供した素材がそうなっていたのであれば、瑕疵には該当しません。

　記載の修正は、あくまでもコンテンツの変更作業になる以上、制作会社には無償で対応する義務はないことになります。本件の検収期間は、サイト公開から2週間と設定されていて、これは検収期間として決して短くはありませんが、関係部署の確認で時間がかかりそうなら、長めの検収期間を設定しておくべきでした。

　また、Aさんとしても、検収期間内に関係部署に確認をしてもら

第 2 部　第 7 章

えるよう、社内のスケジューリングを事前に整えておくべきでした。

9-1 SNS アカウントを連動した Web サービスがある日突然停止、原因は SNS の API 仕様変更によるもの、制作会社には無償で対応してもらえるものなのか？（制作会社へ発注）⋯⋯⋯⋯⋯086

　9-1 は、制作された Web サービスの SNS 連携に関する仕様は、あくまでも当時の API のバージョンを前提としている以上、本件のトラブルは、瑕疵には該当しません。バージョンアップへの対応は、仕様変更になる以上、制作会社には無償で対応する義務はないことになります。

　確かに、A さんが Web サービスの制作を発注した際に、制作会社の方から、SNS のような外部サービスと連携をする場合、外部サービスの仕様変更に伴って不具合が生じる可能性があることを、きちんと説明してあげていればよかったでしょう。

　ですが、さすがに受注者には、そこまで事細かに説明をしてあげる義務まではないと考えるのが合理的です。外部サービスとの連携のような、自社でコントロールできないもの導入する場合は、そのメリット・デメリットを制作会社に質問したり、自社でも調べたりして、慎重に判断する必要があります。

13-2 運営しているオンラインショップのショッピングカートにがセキュリティーの脆弱性を指摘され、開発した制作会社に対応を依頼したら高額な対応費用が発生した。（制作会社へ発注）⋯⋯⋯118

　13-2 は、セキュリティー対策をどこまでしてもらえるかは、契約（仕様に関する合意）の内容次第です。

　発注者としては、プロに制作してもらう以上、万全のセキュリティー対策をしてもらって当然という意識かもしれません。ですが、一口にセキュリティー対策といっても、Web サービスの種類や扱われる情報によって、要求されるレベルはピンキリですし、費用や制作期間との兼ね合いもあります。

263

とはいっても、本件は、ユーザーの個人情報が扱われるオンライン
ショッピングサイトであり、単なる Web サイトより高い水準のセキュ
リティー対策が求められるのが通常ですし、「セキュリティーがザル」
と評価されるほどのレベルということですので、いくら制作期間が短
かったとしても、「瑕疵」に該当する可能性があります。

あるいは、そのような制作期間ではセキュリティーがザルになって
しまう、という点について、制作会社は A さんに指摘する義務があっ
たと評価する余地もあります（第 4 章で解説したプロジェクトマネジ
メント義務の観点です）。

最近は、不正アクセス事件が多発し、個人情報に対する意識も敏感
になっています。技術力の不確かな制作会社にスクラッチで制作して
もらうよりも、信頼と実績のある ASP サービスを利用するという選
択は、考慮に値します。

月々の利用料はかかりますが、情報漏洩などの事故が生じた場合の
損害に比べたら、はるかに安く済みます。

13-3 「古いバージョンのブラウザで閲覧できないので修正してほし
い」と依頼したら対応費用を請求された。（制作会社へ発注）…123

13-3 のような、ブラウザの古いバージョンで閲覧した場合や印刷
時のレイアウト崩れは、**9-1** の部分で解説したとおり、瑕疵ではなく
仕様になるのが通常です。

こういった点も、受注者が事前に説明してくれればよいのですが、
通常はそこまで事細かに説明をしてあげる義務はないでしょう。第 3
章でも解説したとおり、発注者は、自身の要望を受注者が汲んでく
れるであろうと過信せず、繰り返し説明をし、質問をする必要があ
ります。

13-4 開発を依頼したスマートフォンアプリが、一部端末で画面崩れ
が発生。修正対応を依頼したところ、実機検証は保証していな

第 2 部　第 7 章

いので別料金がかかると言われた。（制作会社へ発注）……………126

　13-4 は、制作会社はきちんと、「自社はエミュレーター検証しか
行わない。実機検証については保証できない。別のテスト会社を紹介
する」と説明し、それに対して A さんが、制作会社が検証できるレ
ベルで開発を進めて構わないと伝えています。

　そうなると、本件のアプリの仕様は、「エミュレーター検証で稼働
できるもの」で合意されていたことになり、実機で不具合が生じたと
しても、瑕疵には該当しません。

　B 社の端末など実機への対応は、仕様変更になる以上、制作会社に
は無償で対応する義務はないことになります。

　とはいっても、実機検証に費用がかかることは事実であり、予算と
の兼ね合いから、難しい判断を迫られるでしょう。

265

第8章
成果物の著作権は誰のものか

法的解説	267
第Ⅰ部 トラブル事例ポイント解説（関連事例 10-1,10-2,10-3）	276

第 2 部　第 8 章

法 的 解 説

著作権は誰のものか

　Web サイトやシステムの制作に際して、プログラム、ドキュメント、写真、
イラストといった、色々なコンテンツ（成果物）が作られます。
　では、これらのコンテンツの著作権は、誰のものになるのでしょうか。

　まず、著作権は原則として、コンテンツ（著作物）を作った本人が取得しま
す。例外として、会社の従業員や派遣社員が業務の中で作った場合は、作った
本人である従業員や派遣社員ではなく、会社が取得します（これを「職務著作」
といいます）。

　ですが、Web サイトの制作やシステムの開発のように、外部の業者（受注者）
に発注をする場合は、原則通り、そのコンテンツを作った外部の業者（受注者）
が著作権を取得します。代金を支払う者（発注者）が、自動的に著作権を取得
するわけではありません。

　これは、多くの発注者が誤解しているところです。
　発注者は、「代金を支払っている以上、当然に著作権も自分のものになる」
と思いがちですが、著作権を取得したければ、受注者から著作権を「移転」し
てもらう必要があります。
　「移転」となると、何か面倒な手続きが必要になるのではと心配されるかも
しれませんが、単に著作権を移転するだけであれば、当事者間で合意すれば足
ります。

　そして、やはり Web 業界では、「代金を支払う以上、著作権は発注者のもの」
という意識が強いです。受注者としても、自社のプロダクトをカスタマイズす

267

る場合はともかく、新規に制作する場合には、著作権を発注者に移転させることも、やむなしと考えがちです。

　そのため、契約に際して、著作権の移転を求めれば、その分代金を上乗せされるかもしれませんが、普通は応じてもらえます。

　ですが、契約に際して、著作権の移転について合意して、そしてそれを契約書に記載しておかないと、後になって、ソースコードやデザインデータの引渡しを求めた際に、「著作権を移転する合意はしていないので、それはできません／それは別費用です」といわれかねません。

　その際に、いくら業界の常識を振りかざしたところで、契約書にそのように記載していない以上、法的に著作権の移転を主張することは、難しいでしょう。

　それどころか、「しっかりした」受注者であれば、「成果物の著作権は受注者に留保される」と、契約書にきちんと規定しているでしょう。

第三者のコンテンツが使われていないか

　Webサイトの制作やシステムの開発では、すべてのコンテンツを受注者の社内で作るのではなく、Web上で公開されているフリー素材やオープンソースを利用する場合も、少なくありません。

　これらについて、当然のことながら、受注者には著作権がありません。また、フリー素材やオープンソース は、「作成者が著作権を放棄している」わけではなく、「作成者が著作権を持ちながら、一定の利用条件を満たす利用者に対して、著作権の利用を許諾している」だけ、という場合が多いのです（公開しているサイトの「ライセンス」のページなどに、著作権の利用許諾の条件が書かれています）。

　さらに、フリー素材だと思ったら、実は著作権を侵害するコンテンツだった、という場合もあります。

　発注者としては、受注者との間で「著作権を移転させる」という合意をして安心していたら、後になって、実は一部のコンテンツについて、第三者のコンテンツが使われていた（第三者が著作権を持っている）ことが判明して、コン

268

第2部　第8章

テンツを計画通りに利用できなくなったり、最悪のケースでは（商用利用が禁止されているなどで）、サービスのリリースすらできなくなったりする、という事態があり得るのです。

そこで、受注者と契約をする際には、成果物の中に第三者のコンテンツが含まれるのか(受注者が含める予定なのか)を事前に確認して、もしそうであれば、第三者から著作権を取得してもらうなり、利用許諾を受けてもらうなり、利用許諾の条件を調査してもらうなり、そもそも、第三者のコンテンツを使うことをやめてもらうなり、対応を決めておく必要があります。

これをしておけば、上記のようなトラブルを防げるだけでなく、フリー素材やオープンソースを使う分、費用を減額するよう交渉することも可能になります。

🔔 第三者の権利を侵害していたらどうするのか

第三者のコンテンツと関連する話ですが、成果物が第三者の権利（特に著作権）を侵害しているとして、発注者が権利者から文句を言われることがあります。

以前私が相談を受けたケースでは、ある制作会社が、サイトの制作案件を受注した際に、フリー素材のサイトに掲載されていた写真を「著作権フリーなので自由に使える」と思って使ったところ、後日発注者のところに、とある権利団体から「そちらのサイトで使われている写真は、当団体が著作権を有しているので、著作権侵害に当たる」と通知が来て、驚いた発注者が制作会社にクレームを伝えてきてトラブルになったこともありました。

この時は、私は制作会社から相談を受けたので、受注者側の立場で（受注者の責任を回避できるように）対応しましたが、確かに発注者の立場からすれば、自分で制作したわけでもない（プロである受注者に任せて制作してもらった）サイトが第三者の権利を侵害していた場合に、その責任を追求できないのはおかしな話です。

そのため、受注者と契約をする際には、成果物が第三者の権利を侵害してい

269

ないことを保証させると共に、もし第三者の権利を侵害したとしてトラブルになった際は、受注者の費用と責任においてトラブルを解決し、発注者には迷惑をかけないこと、契約上の義務として合意しておくべきでしょう。

🔑 著作権はすべて移転しているのか

それでは、「成果物の著作権は発注者に移転する」と合意しておけば、発注者は、成果物を自由に利用することができるのでしょうか。

いえ、この合意だけでは、著作権法27条と28条の権利は、受注者に残ったままであり、自由な利用が制限されてしまします。少しややこしい話ですが、ここはとても重要な部分なので解説をします。Web業界の皆さんにとって大切な話なので、しっかりと理解してください。

実は、著作権は1個の権利ではなく、「コピーする権利（21条の権利）」や、「配信をする権利（23条の権利）」など、著作物の利用の仕方に応じたさまざまな（大きく分けて11個の）権利を束ねたものの総称です。

そして、その中で重要な権利として、27条と28条の権利があるのです。

まず27条の権利とは、「既存の著作物の基本的な筋、仕組等を変更せずに、表現を変えて新たな著作物を作る権利」をいいます。

このような行為を「翻案」といいます。カスタマイズとか、改変とか、そういうイメージです。

次に28条の権利とは、「オリジナルの著作物の権利者が、翻案によって新たに作られた二次的著作物の利用について、自分も権利を行使できる権利」というものです。

ちょっとイメージがつきにくいかもしれませんが、例えば、あるゲームが人気になり、ゲーム制作会社の許諾の下で、出版社によって漫画化され、さらにその漫画がアニメ化される話が出た際に、ゲーム制作会社が、アニメーション社に対して、「漫画版を出版した出版社だけでなく、元のゲームを開発した当社からも、許諾を得なさい」と主張できるということです。

270

第 2 部　第 8 章

　この点、成果物の著作権が「すべて」発注者に移転すれば、受注者はその成
果物を、今後一切利用することができなくなります。
　ですが、27 条と 28 条の権利が受注者に残っていれば（発注者に移転してい
なければ）、受注者は、成果物を翻案して二次的著作物を作り（27 条の権利）、
それを利用することはできるわけです（28 条の権利）。
　その一方で、27 条と 28 条の権利を取得できなかった発注者は、成果物をそ
のままの形で利用する限りでは支障はありませんが、成果物を翻案して活用し
ようとしても、27 条の権利がない以上、これはできません。また、受注者が
成果物を翻案して新たに作った二次的著作物についても、28 条の権利がない
以上、権利を行使することはできません。

　そして、この 27 条と 28 条の二つの権利をきちんと取得できていない発注
者が、実は多いのです。
　皆さんは、契約書の中の著作権の移転に関する条項で、移転対象の権利が、

「＊＊に関する著作権（著作権法第 27 条及び第 28 条に定める権利を含む）」

と記載されているのを、見たことがないでしょうか。
　このややこしい記載には、理由があります。
　実は、著作権を移転させる合意をしたとしても、27 条と 28 条の権利に関し
ては、移転対象に含めることを契約書の中で明記しておかないと、移転対象に
含まれないと推定されるからです（説明すると長くなりますが、著作権法がそ
のように定めています）。
　つまり、「著作権を移転する」とだけ記載していたのでは、27 条と 28 条の
権利は、基本的に受注者に残ってしまうのです。

　そうならないよう、発注者としては、受注者と契約をする際には、「成果物
の著作権（著作権法第 27 条及び第 28 条に定める権利を含む）は発注者に移
転する」と合意した上で、契約書に規定しておく必要があります。

271

❶ 著作権はいつ移転するのか

では、成果物の著作権は、いつ発注者に移転するのでしょうか。

成果物の対価である「費用を支払った時点」でしょうか。

これは、受注者と契約をする際の合意次第ですが、発注者としては、成果物を「納入した時点」で移転するようにしたほうがよいでしょう。

というのは、「費用を支払った時点」にしてしまうと、検収で色々と不具合が見つかって、検収に合格せず、費用をまだ支払っていないものの、スケジュール上ひとまずサイトをオープンしなければいけない場合に、法的には、著作権が移転していない以上、それができないことになってしまいます。

もちろん、受注者がそのような主張をしてくることは、普通は考えにくいです。ですが、例えば、いつまでたっても検収に合格せず、費用が支払われないことに痺れを切らした受注者が、費用の支払いを求める駆け引きとして、そのようなことを主張してくる可能性もあります。

同様の理由から、「検収に合格した時点」も、著作権の移転時期にはしないほうがよいでしょう。

❶ 著作者人格権の不行使の合意はしているのか

さらに、発注者としては、「著作者人格権」にも注意しないといけません。

実は、これまで説明してきたのは、著作権のうち、著作財産権という権利についてです。

一般的に著作権というと、著作財産権を指します。

ところが、あまり知られてはいませんが、著作権には他にも、「著作者人格権」という権利があります。これも、著作財産権と同様に、いくつかの権利を束ねた総称ですが、その中で特に問題になるのが、「著作者の意に反した著作物の変更を禁止する権利」（同一性保持権）です（「著作者」とは、最初に著作物を作った者のことです。著作者が、著作権を他人に移転させたとして も、著作

272

者であることに変わりはありません。実親のようなイメージです）。

　この著作者人格権、何が問題かというと、著作権（27条の翻案権も含む）の移転を受けて、いざ翻案を行おうとしても、著作者に（著作者人格権の中の）同一性保持権を行使されて、翻案が禁止されるおそれがあるのです。
　27条の権利さえ取得すれば、いくらでもカスタマイズや改変ができる、というわけではないのです。

　しかも、著作者人格権は、法律上、譲渡が禁止された権利です。
　そのため、著作権を移転させる合意をしたとしても、著作者人格権は取得できないのです（なぜ著作権の譲渡を受けたのに、自由に利用できないのか納得できないと思いますが、そういうものだと理解してください）。

　そこで、発注者としては、この厄介な著作者人格権に対抗するために、受注者と契約する際には、「成果物に関する著作者人格権を行使しない」と合意した上で、契約書に記載しておく必要があります。
　著作者人格権は「譲渡」ができませんが、「行使しない合意」は有効とされています（いまいち釈然としないと思いますが、そういうものなのだと理解してください）。

❗ 著作権を移転すれば大丈夫なのか

　さて、これらの問題をすべてクリアすれば、少なくとも発注者が成果物を利用する分には、問題は起きないでしょう。
　ですが、受注者が成果物を流用することについては、必ずしも防げるわけではありません。これは特に、システム開発の場面で問題になります。
　例えば、発注者が多額の費用を支払ってスクラッチでシステムを開発してもらったところ、後日受注者が、そのシステムを汎用化したパッケージソフト版を、同業他社に安価で販売していた、というケースがあります。
　これではまるで、受注者の製品開発に対して、発注者が資金とノウハウを提供してあげたようなものです。

273

この点、契約に際して、著作権（27条及び28条の権利を含む）を発注者に移転する合意をしていれば、受注者は、成果物をそのまま使うことはもちろんのこと、翻案をして二次的著作物（汎用化したパッケージソフト版など）を作ることも、法的にはできません。

　そんなことをすれば、著作権侵害になります。

　ですが、ソフトウェアは通常、実行形式で流通するため、受注者が成果物（プログラムなど）をそのまま使ったか、あるいは翻案したか、発注者の方で（ソースコードレベルで）分析し、これを確認し、著作権侵害を主張することは、現実には困難です。

　また、ソフトウェアが同じような動作をするとしても、プログラムの性質上、必然的に類似してしまう箇所は少なくないですし、ハードウェアに規制される部分、一般的、常識的な部分には、創作性がなく、著作権の保護対象にはなりません（第13章で解説しますが、創作性がない表現物は、著作権の保護対象にはならないのです）。

　それではせめて、外部から見える（確認できる）画面デザインの著作権侵害が問題にならないか、というと、これも第13章で解説しますが、画面デザインの著作権侵害は、なかなか認められません。

　つまり、著作権を移転する合意をしたにもかかわらず、受注者がそれを流用しているような事態になったとしても、発注者の方で著作権侵害を主張することは、それこそデッドコピーのような、客観的に見て明らかな場合を除き、現実には難しいのです。

　そこで、受注者による成果物の流用を防ぐために、著作権を移転する合意にプラスして、秘密保持契約を結ぶことが一般的です。

　これなら、仮に受注者の著作権侵害（プログラムをそのまま使ったり、翻案をしたりしたこと）が確認できなくても、システム開発に際して発注者から提供されたノウハウ・企業秘密などが流用されていれば、秘密保持契約違反ということになるので、これを制限することができます。

ですが、これも理想論でしかありません。

秘密保持契約で秘密保持の対象となる「秘密情報」には、「秘密情報の受領者の責めに帰すべき事由によらずして公知になった情報」は含まれません。秘密保持契約書の中で、そのような情報は対象外と規定しているのが一般的ですし、そのような規定がなかったとしても、当事者の合理的な意思解釈から、そう判断されるでしょう。

つまり、最初に開発したシステムが、一般に販売・提供されるものであった場合、少なくとも、外部から見て把握できる（真似できる）機能や動作などは、秘密情報に含まれなくなってしまうのです。

それならば、外部から見ても把握できない（真似できない）秘密情報がプログラムに組み込まれていれば、秘密保持契約違反を主張できるのでは、と思うかもしれません。

ですが、著作権侵害の部分でも指摘したとおり、外部から（ソースコードレベルで）分析し、これを確認し、秘密保持契約違反を主張することは、現実には難しいのです。

では、結局どうすればいいのでしょうか。

対策としては、今回開発するシステムを今後水平展開する可能性があるかどうか、案件の発注に際して、真正面から受注者に確認すればいいのです。

そして、もしその可能性がないということであれば、「同種・類似の」システムを今後＊年間かは（受託・パッケージソフト・クラウドサービスを含めて）開発しない、という合意をしてもらえばいいのです。

これなら、著作権侵害や秘密保持義務違反の有無を発注者が確認するまでもなく、そもそも受注者は何もできなくなります。

これに対して、もし水平展開する可能性があるというのであれば（あるいは、上記の合意ができないということであれば）、初めから成果物の流用を認めてあげて、その代わりに、レベニューシェアにして、売上げの＊％を発注者に支払うという合意をすればいいでしょう。

あるいは、案件の発注そのものを見送る、という選択もあり得るでしょう。

275

ここまでしないと、現実には著作権、秘密情報を守ることができないということは、くれぐれも注意してください。

第1部 トラブル事例ポイント解説

10-1　成果物の納品後、「ドキュメントやデザインデータを納めてほしいと頼んだら「別途データの買い取り費用がかかります」と言われた。（制作会社へ発注）..................092

　10-1 は、発注者が契約に際して、著作権の移転についてきちんと合意していなかったため、起きてしまったトラブルです。

　そもそも、デザインデータの提供には別途費用が発生すると見積書に明記されていたのですから、著作権を留保する契約になっています。著作権の移転については、発注に際して、発注条件として確認すべきですし、見積書や注文請書、契約書の中で、著作権の扱いがどのように規定されているかも、注意して目を通しておくべきでしょう。

10-2　制作会社に発注して制作したシステム仕様を流用して、制作会社が自社サービスとして類似の新サービスをリリースしてしまった。この場合は著作権侵害に当たる？（制作会社へ発注）..........095

　10-2 も、同様のトラブルですが、本件の場合は、仮に著作権の移転について合意していたとしても、「流用はしていないから著作権侵害にはならない」と主張された場合に、どこまで争うことができたか、微妙なケースでしょう。

　上で解説したとおり、ソフトウェアの中身で著作権侵害を主張するのは困難ですし、画面デザインでは著作権侵害が認められにくいからです。

　というわけで、Aさんとしては、初めから水平展開を前提（許容）した上での契約にするか、あるいは、水平展開をしないことを約束してくれる制作会社と契約をすべきだったといえます。

10-3 **Webサイトに使用している写真が著作権違反だとして、突然使用を取り下げるよう内容証明が届いた。（制作会社へ発注）**………098

10-3 は、確かに詐欺まがいの通知もあるようです。

とはいっても、他人の著作権を侵害して収集した写真を掲載していた（パッと見怪しげな）フリー素材サイトから写真を拾って、自分のサイトに使っていたところ、著作権者から訴えを起こされた、という裁判もあります（東京地方裁判所平成24年12月21日判決）。

その裁判で裁判所は、（パッと見怪しげな）フリー素材サイトから写真を拾えば、著作権侵害の過失責任を負う、と判断しています。

著作権侵害の通知が来た場合は、制作会社にすぐ連絡をして確認を行い、著作権の処理ができていなかったということであれば、制作会社の責任の下、対応させるべきです。

第9章
費用はどう決めればよいのか

法的解説 ·· 279

第Ⅰ部　トラブル事例ポイント解説（関連事例　11-1,11-2）·························· 283

第 2 部　第 9 章

法 的 解 説

見積りの詳細を確認すれば、仕様を決めることができる

　発注者にとって、見積りの詳細を確認することは、とても重要なことです。

　というのは、見積りの詳細を確認することは、発注者・受注者の認識のずれ
が生じやすい業務の内容、特に成果物の仕様を決めることに役立つからです。

　サイトやシステム開発を発注する際に発注者が悩む問題は、何といっても仕
様です。仕様は、成果物として何を制作するのか、という「契約によって受注
者が完成させないといけない仕事の内容」を決めたものです。

　この仕様、発注の段階では、なかなか決めることができません。

　サイトやシステムなどのデジタルコンテンツは、発注者が求める機能からイ
メージできる成果物の幅が広いものです。

　それに、発注者自身、Web に詳しくない中で、当初は要求が漠然としてい
たところ、実際に作業が進む中で、要求が固まってくる面もあります。そのた
め、発注者の多くは、発注の段階で仕様を決めることはせずに、作業が進む中
で、受注者と協議しながら決めているのが実情です。

　しかしこれは、発注者にとって、非常にリスクの高いやり方です。というの
は、詳しくは第 11 章で解説しますが、仕様に変更があれば、費用も変更され
てしまうのです。

仕様の変更になると、追加費用が必要

　この仕様の変更が、発注者にとって予想外の事態になることがあります。

　例えば、EC サイトの制作を発注するケースで考えてみましょう。

　発注の段階では、発注者としても、細かい仕様まで詰めてはいなかったもの

279

の、自社のEコマース事業の内容・規模や、他社のECサイトの仕様、さらに業界のトレンドなどを踏まえて、「標準的な」ECサイトにしたいという要望を出したとします。

それに対して、受注者から見積りが出され、ギリギリ予算の範囲内に収まったので、その金額を前提に発注したとします。

ところが、作業が進む中で、「この仕様についても実装をお願いします」とオーダーを出したところ、「それは見積りの前提の仕様には含まれていないので、別費用です」と受注者から言われ、当初の見積りの範囲内では対応してもらえない事態になってしまうのです。

「いやいや、常識的に考えてこれは標準的なECサイトに備わっているべき仕様だろう」と主張したところで、「いえ、その仕様は、最先端のマーケティング／セキュリティーに対応した仕様であり、大手企業のECサイトであればいざしらず、御社のような中小企業のECサイトで標準的に備わっているとはいえません」と反論されて、議論は平行線を辿るでしょう。

その場合に、発注者としては、契約違反＝債務不履行を主張して、債務不履行責任に基づいて契約を解除して、新たな制作会社を探すような時間的余裕はないですし、損害賠償を請求して泥沼の法廷闘争に突入するのも現実的ではありません。

そうなると、結局は追加予算を組むか、あるいは、希望する仕様を見送らなければならなくなります。

ですが、発注の段階で、この仕様に対しての費用はいくらか、と見積りの詳細を一つずつ受注者と協議して詰めるようにすれば、「そういえば、この仕様も必要ではないか？」と、発注者が必要としている（しかし言語化して具体化できていなかった）仕様の存在に気づくことができるのです。

そうすれば、受注者からも、精度の高い見積りを出してもらえるので、後で追加費用が問題になる事態を、ある程度防ぐことができます。そして、このプロセスを経てもなお、「それは仕様の変更なので、別費用です」と言われるなら、それはきちんと支払うべきでしょう。

280

第2部　第9章

🔋 見積りの詳細を確認すれば、追加費用も明確になる

　追加費用を支払うこと（仕様の変更になること）自体は、発注者としても了承できるとしても、その金額が妥当なものかについて、トラブルになることがあります。

　例えば、店舗の Web サイトを発注するケースで考えてみましょう。

　発注の段階で、サイトの各種機能の一つとして、予約機能も実装することになり、具体的な仕様としては、お客はサイト上のフォームから予約ができて、その予約をキャンセルする場合は、予約した際に店から送信される予約確認メールに設定されたリンク先のページから行うことになっていたとします。

　その後、作業が進む中で、予約確認メールに設定されたリンク先のページから、同じ予約内容のまま日時だけ変更して再予約する仕様を追加したい、となったとします（再度の入力の手間を省くために）。

　その際に、追加費用の見積りがサイト制作費用全体の 10%相当の金額だったら、どう思いますか。

　サイトの各種機能の一つである予約機能に、少し機能を追加するだけで、なんでこんな金額になるんだ！と思いますよね。

　ですが、発注に際して、CMS のライセンスに対しての費用はいくら、デザインに対しての費用はいくら、予約システムに対しての費用はいくら、というように見積の見積りを決めていれば、予約システムの機能を追加する場合に、受注者も、おいそれとおかしな見積りは出せないことになります。

　このように、発注の段階で、見積の詳細を確認しておけば、追加費用が発生する場合も、その金額の算定基準が明確になり、発注者としても、妥当かどうか判断がしやすくなります。

🔋 見積の見積りを確認するポイント

　それでは、発注の段階で見積の詳細をきちんと確認するためには、どうすればいいのでしょうか。

281

これは、第1部の高本さんの解説や、第3章で解説した、業務内容を明確にするための五つのポイントが役に立ちます。

　特に私は、5番目のポイント「色々な制作会社から話を聞く」が効果的だと思います。色々な制作会社に見積書を提出してもらい、各社がどのような項目を挙げているのか、見比べるのです。

　例えば、A社の見積書にあったaという項目は、B社の見積書のどの項目に含まれているのか、そもそもB社の見積書には反映されているのか、といった感じで、一つずつ確認していくのです。

　制作会社には嫌がられるかもしれませんが、一度これをしっかりやっておけば、以降同じような案件を発注する際に、スムーズに見積りの詳細を確認できるようになります。

❗ 費用の交渉にルールはあるのか

　そもそも、費用の交渉に、何か法律上のルールはあるのでしょうか。

　例えば、受注者には、前回提示した見積りから大きくずれるような金額を提示してはいけないとか、見積りの算定根拠を尋ねられた際には説明しなければいけないとか、そういった義務があるのでしょうか。

　これは、基本的には、プロの事業者同士の契約（BtoBの契約）であれば、当事者が合意しさえすれば、金額はいくらで提示しても構いませんし、見積りの算定根拠を説明する義務もありません。受注者としてその金額が受け入れられないならば、契約しなければよいだけの話ですし、見積りの算定根拠は、仕入値や利益率などの企業秘密にも関わってくる情報だからです。

　ただ、費用の金額については、独占禁止法や下請法によって制限される場合があります。

　独占禁止法は、市場において強い立場の事業者が、弱い立場の事業者に対して、その優越的な地位を濫用して、不当に安い金額で受注するよう求めることを禁止しています。

　また、下請法も、下請取引において、親事業者が下請事業者に対して、不当

282

第2部　第9章

に安い金額で受注するよう求めることを禁止しています。

　とはいっても、受注者になるのが大手の制作会社の場合や、自社とそれほど規模・資本金の変わらない制作会社の場合は、独占禁止法や下請法が適用される可能性は低いでしょう。

　また、ビジネス上の常識の範囲内で価格交渉をする分には、直ちに独占禁止法や下請法に違反することにはならないでしょう。

　そうなると、費用の交渉は、基本的にはネゴシエーション次第ということになります。

第1部 トラブル事例ポイント解説

11-1 思っていたより見積金額が高かったので、どの作業に対していくらかかっているのか詳細を出してほしいと依頼したのに詳細を提示してもらえない。（制作会社へ発注）……102

　11-1 ですが、ざっくりした見積りしか提示できないような制作会社には発注しないほうがよいというのは、まさしくそのとおりです。かなり高い確率で、実際に作業を進める中で、あれも別費用、これも別費用と言われて、トラブルになるでしょう。

11-2 前回依頼した時とまったく同じ作業を依頼したら、費用や作業項目が変わって増額されていた。（フリーランスへ発注）……105

　11-2 ですが、前回依頼した時とまったく同じ作業を依頼したとしても、その費用の金額は、交渉次第となります。

　予算は固いところから提示して、算定根拠は遠慮なく突っ込んで、納得できる金額で発注するようにしましょう。

283

第10章
費用はいつ支払わないといけないのか

法的解説	285
第1部　トラブル事例ポイント解説（関連事例　12-1）	289

第 2 部　第 10 章

法 的 解 説

費用の支払期日は発注者にとって重要

　第 7 章で解説したとおり、受注者は、費用が支払われるまでは、ある意味費用を人質に取られているので、発注者のさまざまな要望に対しても、柔軟に対応してくれます。

　その一方で、ひとたび費用が支払われてしまえば、遠慮なくもの申すようになってしまいます。

　これは特に、発注者が受注者の業務に不満があった場合に問題になります。

　発注者が業務のやり直しを命じたとしても、すでに費用が支払われていると、「それは仕様です」「契約上やるべき業務は終わっています」「対応が必要であれば、別途の費用になります」と受注者が突っぱねてくるおそれがあるのです。その場合に、第 4 章で解説したとおり、発注者として裁判を起こして債務不履行責任を追求するのは一苦労ですし、受注者もまさにそれを見越して、強気の態度で交渉をしてくるでしょう。

　そのため、費用の支払期日は、発注者にとって重要な問題です。

費用の支払期日はいつになるのか

　まずは、法律の原則を解説します。

　受注者に業務を発注する契約を結ぶ場合、請負か準委任、いずれか一方（あるいは両方）の種類の契約になることが一般的、という話を第 3 章でしました。

　そして、請負の場合は、成果物の引渡しと同時に、費用を支払うものと、法律に定められています。

　一方、請負でも成果物が存在しない場合や、準委任の場合は、業務が終わった後に、費用を支払うものと、法律に定められています。

285

要するに、法律の原則では、費用は先払いではなく、後払いということです。

ただ、この法律の原則通りに処理しようにも、具体的にいつが支払期日になるのかが分かりにくく、発注者、受注者ともに不都合です。

そこで、第7章で解説したとおり、成果物が存在する請負の場合は、契約の中で、成果物が納入されて検収に合格した後の一定日を、支払期日と設定することが多いです。また、請負でも成果物が存在しなかったり、準委任の場合は、契約の中で、一定のフェーズや毎月末日で業務を締めた後の一定日（翌月末日など）を、支払期日と設定したりすることが多いです。

🔘 費用の支払条件を設定する

発注者としては、成果物が存在する請負の場合は、契約の中で、成果物の納入に際して厳格な検収の手続を設けて、検収合格を費用の支払条件とすることで（検収合格後の一定日を支払期日とすることで）、受注者が対応してくれる範囲を広くするようにすべきです。

同様に、請負でも成果物が存在しなかったり、準委任の場合は、契約の中で、一定のフェーズや毎月末日で業務を締めるに際して、やはり厳格な検収の手続きを設けたりして、検収合格を費用の支払条件とするべきです。

逆にいえば、費用を前払いにすることは、発注者にとってリスクの高い行為なので、注意してください。いったん支払ってしまった費用を、後から（法律の手続きに則って）回収することは、かなり大変なのです。

🔘 支払期日はどこまで先にできるのか

費用の支払いは検収合格を条件とするとして、それでは検収合格後いつまでに費用を支払う（いつを支払期日に設定する）必要があるのでしょうか。

例えば、検収期間を長期間に設定したり、支払期日を検収合格後のはるか先に設定したりすることで、キャッシュアウトを先延ばしにすることができるのでしょうか。

286

この問題は、第7章で解説したとおり、基本的には、プロの事業者同士の契約（BtoBの契約）であれば、当事者が合意しさえすれば、支払期日や検収期間をどのように設定するかは自由です。

受注者としてその期間が受け入れられないならば、契約しなければよいだけの話です。

とはいっても、費用の金額と同様、支払期日についても、独占禁止法や下請法によって制限される場合があります。

独占禁止法は、市場において強い立場の事業者が、弱い立場の事業者に対して、その優越的な地位を濫用して、不当に費用の支払いを遅らせることを禁止しています。

そして、検収期間を過剰に長く設定することも、費用の支払いを遅らせていると評価され、独占禁止法に違反する可能性があります。

また、下請法も、下請取引において、親事業者が下請事業者に対して、成果物を受領した日から60日以内を支払期日と定め、その期日までに費用を支払うことを義務づけています。

注意しないといけないのが、60日のカウントが、検収合格日ではなく、受領日を基準とすることです。例えば、検収合格月の末日が支払期日となっていても、検収期間が成果物の受領から2か月間だとすれば、その支払期日の設定は無効になります。

ですが、受領後60日以内に検収で不具合が見つかり、業務をやり直すことになった場合は、このカウントはリセットされます。

業務がきちんと実施されなかったにもかかわらず、受領後60日以内に費用を支払わなければいけない、というわけではないので、安心してください。

いずれにせよ、第9章で解説したとおり、受注者になるのが、大手の制作会社や、自社とそれほど規模・資本金の変わらない制作会社の場合は、独占禁止

法や下請法が適用される可能性は低いでしょう。

　そうなると、下請法が適用されないのであれば、支払期日をどう設定するか
は、基本的には契約に際しての合意次第になります。

🔔 遅延損害金には気を付ける

　ちなみに、支払期日を経過しても費用を支払わない場合、発注者には、法律
上のペナルティが生じます。それは、「遅延損害金」といって、未払金額×一
定の利率＝遅延損害金が、完済時まで発生し続ける制度です。

　この遅延損害金は、契約の中で特に定めなくても、法律上当然に発生します。

　その利率は、ビジネス取引の場合は、年6％です。

　ですが、この利率は、契約によって修正することが可能です。

　契約書で目にすることが多い遅延損害金の利率は、年14.6％です。

　これは、365日の日割計算をした場合に日0.05％になり、計算しやすいので、
よく使われます。

　年14.6％という利率は、この低金利時代には凄まじい数字です。

　とはいっても、真っ当な発注者である皆さんとしては、「費用の不当な不払
いなんてしない。払うべきものはきちんと払うから、遅延損害金が何％であっ
ても気にしない」と思うかもしれません。

　ですが、不当な不払いか、それとも検収に合格しないから支払いをストップ
しているだけなのかについて、発注者と受注者で認識にずれが生じることは、
よくあることです。

　その際に、遅延損害金の利率が高過ぎると、発注者としては不当な不払いの
つもりではなくても、このままだと高額な遅延損害金が生じてしまうのでは、
と心配になり、精神衛生や交渉上もよろしくありませんし、もし裁判で負けて
しまい、遅延損害金の支払いを命じられた場合は、大きなダメージになります。

　そのため、受注者から示された契約書の中で、遅延損害金の利率が高めに設
定されている場合は、年6％に修正するようにしましょう。

💡 その他、費用の支払いで気を付けるべきポイント

細かい話ですが、費用の振込みに際して振込手数料をどちらが負担するかについては、契約書で規定しておくべきです。

（費用を振り込む側の）発注者の負担と規定されることが一般的ですが、受注者の負担とする（振込手数料分を控除した費用を振り込む）と規定されている契約書もあります。

では、振込手数料をどちらが負担するかについて、契約書に規定がなかった場合、法的には、どちらの負担になるのでしょうか。

法律の原則では、振込手数料は、発注者の負担になります。法律上、債務の弁済に要する費用（振込手数料など）は、債務者（費用の支払債務を負う者、つまり発注者）の負担とされているからです。

とはいっても、これは契約によって修正することが可能です。

というわけで、発注者として、振込手数料を受注者の負担にさせたいのであれば、「振込手数料は受注者の負担とする」と合意した上で、契約書に規定しなければいけません。

第1部 トラブル事例ポイント解説

まだ納品できていないのに請求を迫られ、ここから先は入金がないと作業できないと言われてしまった。（制作会社へ発注）…109

12-1 ですが、建設会社が、自社の運営するサイトの制作を発注したのであれば、基本的には、下請法が適用される「下請取引」には該当しないでしょう。

そうなると、独占禁止法が問題になるような関係でない限りは、検収期間や支払期日の設定は、契約で自由に定められます。

ただ、本件では、特に検収期間や支払期日を設定していなかったようです。

そうなると、サイト制作であることから請負と考えられる本件では、成果物の引渡しと同時に費用を支払う必要があります。そして本件では、成果物は9割程度制作が完了し、残りは後者のチェックだけとなってから、1か月半チェックが行われ続け、その都度制作会社は修正に対応をしてきたわけですから、（費用の支払いの前提としての）引き渡し、完了したと評価することができ、支払期日は到来していることになります（費用の支払後も、チェックが完了するまで、制作会社には引き続き対応する義務があるでしょうが）。

　Aさんとしては、社内チェックに時間がかかることが予想されたのであれば、検収期間を長めに設定するべきでした。

第11章
どんな場合に追加費用が発生するのか

法的解説………………………………………………………………………… 292

第Ⅰ部　トラブル事例ポイント解説（関連事例　13-1,13-5）……………… 295

法 的 解 説

❗ 追加費用は法律上当然に発生する

発注者が受注者との間で一番トラブルになりやすいのが、追加費用の問題です。組んだ予算の範囲に収まる見積りを出されたので発注をしたのに、後から追加費用を請求されたらたまりません。

そもそも、追加費用に合意したわけでもないのに、追加費用を支払わないといけないものなのでしょうか。

第3章で解説したとおり、サイトやシステムなどの開発契約は、請負であることが一般的です。そして、請負は、仕事の完成に対して費用を払う契約であり、契約上の業務内容（典型的には成果物の仕様）は、この受注者が完成させないといけない仕事の範囲を決めたものです。

つまり、費用と仕様とが直接に結びついています。

そのため、発注に際して合意した費用がいくらであれ、完成させる仕事の範囲、つまり仕様に変更があれば、それに連動して、費用も変更されてしまうのです。

同様に、第3章で解説したとおり、マーケティング関連の契約は、準委任であることが一般的です。そして、準委任は、事務の処理に対して費用を支払う契約であり、契約上の業務内容は、この受注者が処理しないといけない事務の範囲を決めたものです。

つまり、費用と業務内容とが直接に結びついているのです。そのため、発注に際して合意した費用がいくらであれ、処理する事務の範囲、つまり業務内容に変更があれば、それに連動して、費用も変更されてしまうのです。

このように、業務を発注する契約では、明確に追加費用の合意をしたわけで

はなくても、業務内容が変更になれば、法律上、費用も変更になるのです。細かい話ですが、法律上の根拠としては、次の二つが考えられます。

1. （追加費用が発生する）業務内容の変更について黙示の合意が存在する
2. 商法第512条に基づく商人の報酬請求権が発生する

業務内容が変更しようがしまいが、発注に際して合意した費用ですべて対応してくれという考えは、さすがに身勝手です。

ただ、注意しないといけないのは、あくまでも費用と直接に結びついているのは、業務内容であり、工数ではない、ということです。業務内容に変更がない限り、工数がいくら増えようと、逆に減ろうと、費用に変更はありません。

受注者が工数を甘く見積もった結果、費用が割に合わない案件になったとしても、業務内容に変更がない限り、それは受注者の自己責任ということです。

追加費用を発生させないための方法

追加費用が法律上発生することは仕方ないとして、そもそも業務内容が変更になったとは思えないにもかかわらず、受注者がそのように扱ってくることには、発注者としては納得できません。

「確かに、発注に際して業務内容をきちんと詰めていなかったけれど、こっちはプロではないんだから、どこまで細かく決める必要があるのか分からないし、受注者だって、制作を進めながら詰めていきましょうと約束したではないか！」ということです。

この問題はまさに、第1章や第3章で解説した問題と同じです。

もう一度まとめてみましょう。発注者としては、発注に際して、次の3つのハードルをクリアし、5つのステップを踏むことが理想です。

ハードル1. 要望を言語化して、具体化して、それを受注者に認識してもらう
ハードル2. その要望について、実現できる能力・実績があるということだ

293

けでなく、見積りの範囲内ですべて対応できることまでも約束
してもらう

ハードル3. そしてその内容を、契約書や発注書に記載することで、その約
束を契約内容に含めさせる

ステップ1. 説明し、質問を繰り返す
ステップ2. 具体的に列挙する
ステップ3. 包括条項を記載する
ステップ4. 現場の人間にチェックしてもらう
ステップ5. 色々な制作会社から話を聞くことで、業務内容を明確にさせる

また、発注に際して、（固いところの金額で）これが予算の上限であり、こ
れ以上の支払いは難しい、と釘を差しておくのも一つの手です。

第1部で高本さんが指摘しているように、仕入れが基本的にない Web 業界
では、受注者の方で柔軟に費用の算定を変えている面があり、予算の上限だと
いわれた範囲で収まるように、頑張って対応してくれるでしょう。

追加費用はどうやって決めるのか

では、追加費用の発生が明らかであり、支払いには応じざるを得ない場合に、
その金額はどうやって決めればいいのでしょうか。

これは、受注者と合意して決めることになりますが、話し合いがまとまらな
ければ、最終的には裁判になり、裁判所が妥当な金額を算定することになりま
す。法律上、合理的な金額での追加費用は発生していて、後はその金額をどう
やって算定するのかという話であり、金額を合意できなければ発生しないとい
うわけではない、ということです。

そして、第9章で解説したとおり、発注に際して見積りの詳細を確認してお
けば、この話し合いや裁判所の算定に際して、受注者が請求する金額が妥当か
どうか、判断がしやすくなるのです。

第2部　第11章

🅾 裁判で追加費用が認められるケースは多くない

　さて、業務内容が変更になれば費用も変更になる、という法律の原則を前提に、ここまで解説をしてきましたが、これが裁判になると、話が違ってきます。

　受注者が、業務内容が（追加的に）変更されたことを理由に、追加費用を発注者に請求する裁判を起こしても、これが認められるケースは、実は少ないのです。

　というのは、業務内容が変更になったことを証明する責任は受注者にあるのですが、これを証明することは、かなり大変なのです。

　その理由は、第1章や第3章で解説したように、発注に際して業務内容が明確にされていないことが多いため、問題となった業務が、当初の業務内容に含まれていたものなのか、そうではないのか（変更になったのか）が、はっきりしないのです。

　というわけで、発注者としては、受注者が追加費用を請求してきた場合は、そのまますんなり支払う必要はありません。契約書、見積書の記載内容や、当初の見積の範囲内で対応された他の業務との関係を検討しましょう。

　そして、業務内容が変更になったことが客観的に明らかでないのであれば、「今回そちらが追加費用を請求してきた業務は、契約書、見積書のこの項目に含まれている。また、当初の見積の範囲内で対応されたこの業務と共通する業務である。単に工数が増えたに過ぎず、業務内容に変更はない」と反論すればいいでしょう。

第1部 トラブル事例ポイント解説

13-1 契約前に話を進めていた営業担当者と制作ディレクターの話が異なり、ことあるごとに仕様変更で追加費用が発生すると言われた。（制作会社へ発注）⋯⋯⋯⋯⋯⋯⋯⋯⋯⋯⋯⋯⋯⋯⋯⋯⋯114

　13-1 は、制作会社から仕様書を示されて、それ同意している以上は、

295

仕様書に記載のない機能を盛り込むのであれば、仕様変更になり、追加費用が発生します。

　営業担当のＢさんが、やや調子のいいことをいっているようですが、Ｂさんの話は、あくまでも制作会社として仕様変更に対応できる能力があるというのと、ちょっとした仕様変更であればサービスで対応することもあるというだけで、当初の費用の範囲内でＡさんが出してくる要望すべてに対応するという話ではないでしょう。

　多くの制作会社は、多少の仕様変更であれば、追加費用を請求せずに融通を利かせて対応してくれます。ですが、それはあくまでもサービスとして対応しているだけなので、そこに期待し過ぎると痛い目を見ます。

13-5 納品後になって、もらっていた見積りと異なる請求金額を請求された。抗議すると作業中に見積り外の作業が発生しており、その分を上乗せしたという。（フリーランスへ発注）⋯⋯⋯⋯⋯⋯131

　13-5 は、Ｂさんが当初制作したトップページのスライドが、Ａさんの認識違いで社内ＮＧとなり、作り直してもらったのであれば、それは仕様変更になります

　（最初にＢさんが制作したスライドは、発注者であるＡさんから具体的に示された要望通りだったということなので）。

　そして、Ｂさんからは口頭ベースで追加作業だという話があり、それに対してＡさんが、急いで進めるよう指示をしている以上、具体的な金額の合意をしていなくても、（追加費用が発生する）仕様変更について黙示の合意があったとして、合理的な金額での追加費用は発生しています。

　仕様や業務内容の変更になる、という話が受注者から出た際は、追加費用の支払いが難しい場合は、当初の費用の範囲内で対応できないか交渉をすべきです。

　また、追加費用の支払自体は受け入れる場合でも、金額については事前に交渉すべきです。

ちなみに、受注者が見積金額の算定を誤っていた場合、後から金額を訂正できるかどうかは、ちょっとややこしい話です。

まず前提として、契約内容を決める際に、一方の当事者が誤った要望を伝えてしまった場合、後から「あれは無効だ」と主張することができます。

これは「錯誤無効」という民法上の制度です（錯誤をした人を保護してあげようということです）。

とはいっても、誤った要望を伝えたこと（錯誤）に関して重大な過失があった場合は、錯誤無効は主張できないことになっています（さすがにその場合でも無効にすると相手がかわいそうなので、錯誤した人を保護する必要はないだろうということです）。

そして、見積金額の算定を誤る行為は、制作会社として重大な過失と評価できます。

というわけで、受注者が錯誤無効を主張して、見積金額を訂正することは、基本的には難しいでしょう。

ただ、たとえ錯誤に重過失があったとしても、錯誤があることを相手が気づいていた場合や、重大な過失により気づかなかった場合は、錯誤無効は主張できることになっています（その場合は相手も悪いので、原則に戻って、錯誤をした人を保護してあげようということです）。

そうなると、依頼したページ数と見積書に記載されたページ数とが明らかに違っていたのであれば、発注者がきちんと確認せずに気づかなかった場合は、重大な過失ありと評価する余地があります。その場合に受注者は、錯誤無効（金額の訂正）を主張できることになります。

とはいっても、依頼内容と見積書の記載に明らかな違いがあるとか、見積りの金額が安すぎるとか、そういったケースでなければ、発注者が気づかなかったことに重過失があったとは評価されないでしょう。

そうなると、受注者が見積金額の算定を誤った場合に、後から訂正

することは、基本的には難しいということになります。

　消費税については、見積りにどう記載されているかによるでしょう。
　消費税額が本体価格とは別に記載されていたのであれば、その消費税額が何％で計算されたものかは明らかです。また、税込金額しか記載されていなかったとしても、本体価格がきりの良い数字であれば、やはり消費税額が何％で計算されたものか明らかでしょう。
　そのような場合は、発注者が受注者の錯誤に気づかなかったことに重過失があったと評価され、受注者は錯誤無効を主張できる（金額を訂正できる）と思われます。
　逆に、そうでなければ、受注者は重大な過失で錯誤をしたとして、錯誤無効を主張できないと思われます。

第12章
契約の引き継ぎは どうすればよいのか

| 法的解説……………………………………………………………………… 300 |
| 第1部　トラブル事例ポイント解説（関連事例　14-1,15-1）……………… 304 |

法 的 解 説

❓ 契約はどうやって終わらせるのか

　いったんは発注をしたものの、受注者の対応に不満があり、他の制作会社に発注をし直したい場合、まずは今の受注者との契約を終わらせる必要があります。

　発注者が契約を終了させる場合、方法は三つあります。

　それは、1.合意による解除、2.債務不履行責任による解除、3.発注者都合による解除です。なお、請負で仕事の完成後に成果物に瑕疵が確認された場合は、瑕疵担保責任による解除も可能ですが、本章は契約の引き継ぎがテーマになるので、割愛します。

1．合意による解除

　お互いに合意の上で契約を解除するという、シンプルな解決法です。

　新しい受注者への引き継ぎや、費用の精算、仕掛品の扱いなども、まとめて話し合うことになります。

2．債務不履行責任による解除

　第2章で解説したとおり、納期が遅れたり、やるべき業務が行われないなど、契約上の義務＝債務が履行されなかったりする場合は、債務不履行責任に基づき解除できます。

　ただし、解除の効果としては、あくまでも契約がない状態に戻すだけです。

　つまり、解除された受注者は、預かっていた資料や、先払いの費用などを発注者に返還する以上の義務は、基本的に負いません。

　新しい受注者への引き継ぎに協力までする義務はないのです。

　発注者からすれば、新しい受注者への引き継ぎは、受注者の協力がないと大変ですし、そもそも受注者の債務不履行が原因で解除したわけなので、これに

は納得いかないかもしれません。

　ですが、この点は、解除以外の債務不履行責任、つまり損害賠償で対応すべき問題になります（引き継ぎによって生じたコストを損害として、賠償を請求することになります）。

　また、発注者は、仕掛品を受注者に返還する必要があります。

　他の制作会社に発注する際に、仕掛品を使いたいのであれば、買い取りの協議をする必要があります。

　受注者としても、仕掛品が手元にあっても仕方がないので、通常は買い取りには応じると思いますが、義務ではありません。つまり、発注者としては、必ずしも仕掛品を活用できるわけではないのです（なお、業務が段階的に実施されたり、分割検収が行われるような契約であれば、解除の対象が債務不履行以降の業務となり、すでに問題なく実施された業務は影響を受けないこともあります）。

　第4章で解説したとおり、債務不履行責任を追求（解除や損害賠償を請求）しても、必ずしも事態は解決しませんし、損害が十分に回復するわけでもありません。

　そのため、債務不履行責任による解除（＋損害賠償の請求）が可能な事案でも、この方法を選択するのではなく、1の合意による解除を選択し、ただ、債務不履行責任の追求を交渉材料にして、発注者に有利な形で合意する（引き継ぎに積極的に協力させる）のが、実務的な処理になります。

3．発注者都合による解除

　第6章で解説したとおり、受注者に債務不履行がなかったとしても、発注者の一方的な都合で解除することは可能です。

　ただ、その場合は、受注者に対して損害賠償が必要になります。また、解除の効果としては、2と同様、あくまでも契約がない状態に戻すだけです。新しい受注者への引き継ぎに協力する義務や、仕掛品を引き渡す義務はありません（業務が段階的に実施されたり、分割検収が行われるような契約については、上記のとおりです）。

発注者が注意しないといけないのは、債務不履行責任があると考えて解除をしたところ、それを認めない受注者から裁判を起こされ、そして裁判所から、第4章で解説した発注者のプロジェクト協力義務違反を指摘され、その結果、債務不履行責任による解除が認められず、発注者都合による解除として扱われて、発注者のほうが損害賠償を命じられる事態がある、ということです。

　以上のように、2や3の方法だと、リスクやコストが生じかねないことから、実務的には、1の方法で穏便に終わらせるケースが多いです。

　発注者としては、いかに受注者に引き継ぎに協力してもらえる形で、合意により解除をするかがポイントになります。

　そのためには、飴（受注者の感情に配慮した進め方や、協力に対する費用の支払い）と鞭（債務不履行責任を追求できるだけの材料集め）の活用、そして保険（第1部で高本さんが指摘した、サーバーなどのアクセス情報の整理）をかけることが必要になります。

🛈 誰と何の契約を結んでいるのか把握する

　Web サイトや Web システムに関する契約を結ぶ場合、発注者としては、誰と何の契約を結んでいるのか、事前に把握しておかないといけません。

　HTML データやプログラムなど、コンテンツそのものに関する開発やメンテナンスの契約は、発注者と受注者との間で結ばれているでしょう。

　ですが、ドメインとサーバーに関する契約はどうでしょうか。

　発注者がドメインを自分で取得していて、レンタルサーバーも自分で契約しているなら、話はシンプルです。

　受注者がやるべき業務は、コンテンツを開発し、それを発注者のドメインで、発注者の契約するレンタルサーバー領域にアップロードし、メンテナンスをするだけです。

　メンテナンスに関する契約が終了することになった場合、以降は発注者の方で対応してくださいで、終わります。

あるいは、ドメインの取得やレンタルサーバーの契約を代行する業務を発注していた場合はどうでしょう。

この場合も、結局は発注者の名義でドメインが取得され、レンタルサーバーも発注者の名義で契約されることになります（受注者はその手伝いをしているだけです）。

そうなれば、やはりメンテナンスに関する契約が終了することになった場合、以降は発注者の方で対応してください、で終わります。

ですが、ドメインが、受注者のドメインのサブドメインを利用する契約であった場合や、あるいは、受注者名義でドメインを取得し、それを発注者に利用させる契約であった場合や、サーバーについても、受注者が契約するレンタルサーバーの領域を利用する契約であった場合はどうでしょう。

この場合は、発注者名義でドメインが取得されていませんし、レンタルサーバーも契約できていません。あくまでも、ドメインとサーバー領域の利用は、メンテナンスに関する契約の中で、受注者が提供するサービスとしての位置付けです。そうなると、メンテナンスに関する契約が終了することになった場合、ドメインもサーバー領域も利用できなくなってしまいます。

このように、メンテナンスに関する契約が終了した場合に、ドメインやサーバー領域を利用できなくさせることで、発注者に契約の終了を躊躇させ継続させる「囲い込み」の手法を使ってくる制作会社は、少なからず存在します。

イニシャルコストを低くしてひとまず受注した後に、長期間のランニングコストで回収するやり方です。トータルで見れば、発注者がドメインを取得してレンタルサーバーを契約した場合と比べて、はるかに高くつくことになります。

そして、契約関係の整理が必要だということは、何も Web サイトや Web システムに関する契約に限った話ではありません。

例えば、第 16 章で解説しますが、クラウドソーシングサービスを利用する際は、発注者・受注者・クラウドソーシングサービス運営者の三者間の契約関係を整理しておけば、受注者との間でトラブルが生じた場合に、サービス運営

者がどんな責任を負うのか、明確にすることができます。

　契約関係の整理は、普段はあまり意識しないと思います。
ですが、これをしておかないと、契約が終了する場合や、トラブルがあった場合などに、誰が何の責任を負うのか、何をしてくれるのか、何ができなくなるかで、予想外の事態となってしまうのです。

第1部 トラブル事例ポイント解説

現在サイトの運営を依頼している制作会社の対応が悪く、他の制作会社に頼みたいが、どのように他社へ依頼したらよいか分からない。（制作会社へ発注）..................................136

　14-1は、単にコミュニケーションや対応がいまいち程度では、債務不履行責任による解除はできません。
　かといって、発注者都合による解除だと、損害賠償が必要になりますし、引き継ぎにも協力してもらえません。
　そうなると、飴と鞭を活用して、できる限り引き継ぎに協力してもらう形での合意解除を目指しつつ、事前に保険をかけておくことが必要になります。

月額制のメンテナンス契約で制作したWebサイトの制作会社を変更しようとしたら「サーバーもドメインも同時に解約となります」と言われてしまった。（制作会社へ発注）..................140

　15-1は、Aさんは上で解説した囲い込みの手法に嵌っています。
　これまで私がトラブル相談を受けてきた経験からすれば、イニシャルコストが極端に安い制作会社は、業務クオリティが低いか、あるいは、この囲い込み手法を使ってくる場合がほとんどです。安物買いの銭失いにならないように、気を付けてください。

第13章
類似のサービスは どこまで許されるのか

法的解説……………………………………………………………………… 306

第Ⅰ部　トラブル事例ポイント解説（関連事例　17-1）……………… 315

法 的 解 説

⚠ サービスの名称と画面デザインの類似に注意

　Web サービスをリリースしたところ、「貴社の Web サービスは、当社のものと内容・名称が類似しているから、提供（公開）を停止せよ。」という通知が、突如としてやって来ることがあります。

　これは、決して珍しい話ではなく、私もこの手の相談を時たま受けます。

　このような、外から見て「類似」していることを理由に文句を言われるケースで問題になるのは、主に二つの権利です。

　著作権と、商標権です。

　著作権とは、創作的な表現（＝著作物）を利用する権利です。

　Web 業界では、テキスト、イラスト、写真、動画、プログラムなど、色々な物（情報）が制作されますが、それが創作的な表現であれば、著作物となり、最初に創作した人が、自動的に（特に登録などしなくても）著作権を取得します

　（逆に言うと、創作性のない、ありきたり、一般的な物であったり、表現ではなく、アイデア、処理の流れのようなものであったりすれば、著作物にはなりません）。

　著作物を利用するためには、著作権者から著作権を譲渡してもらうか、あるいは、著作権者から利用を許諾（ライセンス）してもらう必要があります。両者を混同している人も多いですが、譲渡と利用許諾は別物です。

　商標権とは、サービス名やロゴ（＝商標）を使用する権利です（最近は、音や色についても、商標として使用できるようになりました）。

　著作権とは違い、そのサービス名やロゴを特許庁に登録しないと商標にはならず、商標権で保護されませんし、最初にそのサービス名やロゴを考えた（使

306

い始めた）人でなくても、登録は可能です。

　また、登録は、サービスの種類ごとに行う必要があるので、その商標が登録されていない種類のサービスに関して、その商標と同じサービス名やロゴを使用したとしても、基本的には問題になりません（不正競争防止法など、別の法律で問題になることはありますが）。

　すでに登録された商標を、その商標が登録された種類のサービスで使用するためには、商標権者から商標権を譲渡してもらうか、あるいは、商標権者から利用を許諾（ライセンス）してもらう必要があります。

　著作権も商標権も「権利」ですので、他者がそれを侵害すれば、著作権者・商標権者から、差止や損害賠償を請求されることになってしまいます。

　そして、サービスの名称の類似の場合は商標権が、サービスの画面デザイン（ユーザーインターフェース）の場合は著作権が、それぞれ問題になります。

🎤 サービスの名称の場合は商標権が問題になる

　まず先に、なぜサービスの名称の類似では、著作権が問題にならないのか、説明をします。

　意味のある文字列（＝テキスト）というものは、1文だけのキャッチフレーズから、それ自体が独立したコンテンツになる記事まで、文字数や情報量はさまざまです。5・7・5のわずか17文字のテキストでも、読み手の心を震わすような句がある一方で、何の工夫もないありきたりな表現に終始した文書もあるでしょう。

　では、どれだけの文字数や情報量があれば著作物になり、それが類似した場合に著作権侵害が問題になるのかというと、明確なラインを引くのは難しいです。とはいっても、サービスの名称の場合は、通常は文字数が少なく、文書ともいえない（固有名詞になる）ので、著作物にはならないことが普通です。

　現実問題、サービスの名称が著作物になってしまうと、それこそ「facebook」や「Google」という単語を使うことすらできなくなり（許可なく使えば著作権侵害になり）、不便な世の中になってしまいます。

307

そこで、サービスの名称は商標権で守られることになり、商標と類似したサービス名を使えば、商標権侵害が問題になるわけです。

ただ、商標権侵害の通知が来たからといって、あわててはいけません。

というのは、商標権侵害を主張されたものの、実際のところ商標権を侵害していないケースもあるからです。

🔔 登録されたサービスが間違っていないか

商標権の登録は、サービスの種類ごとに行う必要がありますが、このサービスの種類は、かなり細かく分かれています。そして、登録するサービスの種類を増やせば増やすだけ、登録に際しての費用もかかりますし、登録も認められにくくなります。

例えば、あるサービス名を、ASP サービスの商標として使用したいのであれば、第 42 類「電子計算機用プログラムの提供」という種類のサービスとして登録する必要があります（サービス内容によって、他にも登録が必要になる種類のサービスがあるので、詳しくは弁理士に相談してください）。

ですが、これを第 42 類「電子計算機のプログラムの設計・作成又は保守」という種類のサービスだけで登録してしまった場合、商標権で保護されるのは、あくまでもプログラムの設計・作成又は保守に関するサービス名として使用する場面だけになります。

つまり、他社がその商標と類似（どころか同一）のサービス名で ASP サービスを提供したとしても、こちらとしては、商標権侵害を主張するのが難しいのです。

「登録するサービスの種類を間違えることなんてあるの？」と思われるかもしれませんが、IT に疎い弁理士に依頼をすると、こういったミスをされることがあります。

というわけで、商標権侵害の通知が来た場合、自社がそのサービス名を使用しているサービスの種類と、問題となっている商標が登録されているサービスの種類とが一致しているか、まずは確認をしましょう。

第2部　第13章

そして、もしこれが一致しておらず、さらに、自社がそのサービス名を使用しているサービスの種類で、まだそのサービス名と類似した商標が登録されていなければ、むしろこちらから商標登録をしてしまってもいいでしょう。

🔘 商標権侵害の判断は弁護士に任せる

では、自社がそのサービス名を使用しているサービスの種類と、問題となっている商標が登録されているサービスの種類とが一致していて、しかもサービス名と商標が類似している場合は、商標権侵害となってしまうのでしょうか。

さすがに、そのサービス名と商標が一字一句同じであればアウトでしょうが、多少違いがあるならば、商標権侵害とはならない場合があります。というのは、商標権侵害になるかどうかは、1. 外観（見た目）、2. 称呼（読んだ際の音）、3. 観念（商標からイメージされるもの）の三要素を、取引の実情を踏まえて比較検討して、そのサービス名と商標との間に「誤認混同が生じるおそれがあるかどうか」で判断されます。

ですが、この判断がなかなか微妙なところなのです。商標権侵害が争われた裁判例を見ても、「確かにこれは類似しているよね」というものから、「これでも類似していると評価されてしまうのか」というものまで、色々です。

というわけで、自社で安易に判断せず、商標に詳しい弁護士に相談するのがよいでしょう。

🔘 商標権を侵害するサービス名は使用しない

では、どうやら商標権侵害になりそうな場合は、どうすればいいでしょうか。

この場合は、商標権者から商標権を取得する（譲渡してもらう）か、あるいは、商標権者から利用許諾（ライセンス）を受けることができれば、問題は解決します。

ですが、これは現実的ではありません。

というのは、商標権者としては、自分が現にその商標を使ってサービスを提供しているのであれば、他社に類似したサービス名を使用されると、ユーザー

309

に混乱が生じるので、OK するはずがありません（そのサービス名で検索した際に、検索エンジン上で、自社ではなく他社のサービスが上位表示されたら、自社のサービスを利用するつもりだった見込客が、間違って他社のサービスを利用してしまうことになります）。

また、こちらがすでにサービスをリリースしていて、今さらサービス名を変えるのが大変だということを見透かして、高額な費用をふっかけてくる可能性もあります。

結局のところ、こちらがサービス名を変更するしかないでしょう。

ただ、「すみません。確かに商標権を侵害していました。サービス名を変更します」と全面降伏を伝えれば、「こいつは強く押せばもっと譲歩するな」と甘く見られて、損害賠償請求だの、謝罪広告だの、色々と請求されてしまうおそれがあります。

そこで、「当社は、＊＊という点から、当社のサービス名と貴社の商標との間に類似性はなく、したがって貴社の商標権を侵害しているとは考えておりません。ですが、無用な混乱を避けるために、別のサービス名に変更します。」というように、商標権侵害を認めるわけではないということは、表明しておくべきです。

🛈 事前に商標登録を調査しておく

それでは、このような商標権侵害のトラブルを起こさないために、事前に何ができるのでしょうか。

その方法は、二つあります。

1. 競合サービスが商標登録されているか調べる

競合サービスを片っ端から調べて、そのサービス名をリストアップし、そしてそれが（その種類のサービスで）商標登録されているのか調べます。

商標登録の有無は、特許情報プラットフォーム（J-PlatPat）（URL:https://www.j-platpat.inpit.go.jp/）という、特許庁が運営している無料の Web サービスで検索できます。

もし、競合サービスのサービス名が商標登録をされていれば、そこから離れたサービス名を使用する必要があります。

逆に、競合サービスのサービス名が商標登録をされていなければ、類似したサービス名を使用したとしても、少なくとも商標権侵害の問題は起きません。
とはいっても、先行して使用されているサービス名のほうがSEO的に強いでしょうし、無用な混乱や争いを招きかねません。極力、オリジナルのサービス名を使用すべきでしょう。

2. 使いたいサービス名が商標登録されていないか調べる

自社が使用したいサービス名が決まっているのであれば、そのサービス名と同じような商標が（その種類のサービスで）登録されていないか調べます。まだ競合サービスとして立ち上がっていないだけで、すでに商標登録だけはされている可能性があるので、1だけで終わらせてはいけないのです。

ただ、もし同じような商標が登録されていなかったとしても、今後他社に商標登録をされてしまうリスクはあります。そして、いくらこちらが先にそのサービス名を使用していたとしても、よほど名が売れていない限りは、後から登録された商標が優先することになります。
そうなると、今まで使用していたサービス名が、以降使えなくなってしまいます。

というわけで、サービス名を使用するに先立って、商標登録をしておいたほうがよいでしょう。もっとも、IT、Webサービス分野の知識が乏しい弁理士に依頼をすると、サービスの種類の選択を間違われてしまうおそれがあるので、詳しい弁理士に依頼するようにしてください。

🕐 サービスの画面デザインの場合は著作権が問題になる

では、サービスの画面デザインが類似している場合、直ちに著作権侵害になるのでしょうか。この問題は、実際に裁判で争われた事例を見れば、イメージ

がつきやすいでしょう。

　ビジネスソフトの画面デザインが争われた裁判で有名なのが、サイボウズ事件（東京地方裁判所平成 14 年 9 月 5 日判決）です。

　この事件は、グループウェア大手のサイボウズが、競合製品を販売する他社に対して、グループウェアの画面デザインの著作権が侵害されたとして、販売差止や損害賠償を請求した事件です。両者の画面デザインの比較は、ネットで検索すれば出てきますが、パッと見た感じはかなり似通っています。

　ですが、東京地方裁判所は、著作権侵害にはならないと判断しました（その後、東京高等裁判所で和解が成立しました）。

　機能性や利便性を重視するビジネスソフトでは、画面デザインのパターンは絞られ、同じジャンルだと画面デザインはどうしても似通ってしまうので、デッドコピーやそれに準じるものではないと著作権侵害にはならない、というのが判断の理由でした。

　ゲームソフトの画面デザインが争われた裁判で有名なのが、グリー対 DeNA 事件（知的財産高等裁判所平成 24 年 8 月 8 日判決）です。

　この事件は、ソーシャルゲーム大手のグリーが、同じく大手の DeNA に対して、携帯電話向けの魚釣りゲームソフトの画面デザインの著作権が侵害されたとして、配信差止や損害賠償を請求した事件です。両者の画面デザインの比較も、ネットで検索すれば出てきますが、やはりパッと見た感じはかなり似通っています。

　ですが、知的財産高等裁判所は、著作権侵害にはならないと判断しました（その後、最高裁判所も、その判断を維持しました）。

　両ゲームの画面デザインに共通しているのは、単なるアイデアか、魚釣りゲームとしてありふれた表現部分にすぎないから、著作権で保護される創作的な表現ではない、というのが判断の理由でした。

🚸 画面デザインの著作権侵害は認められにくい

　この二つの裁判以外にも、画面デザインの著作権侵害が争われた裁判はいく

312

つもありますが、著作権侵害が認められたケースは、ほとんどありません。

私も、「当社のサービスが模倣されました。著作権侵害で訴えることはできますか」という相談を何件も受けてきました。

ですが、いずれのケースについても、確かに画面デザインは似通っているものの、これまでの裁判で、もっと似通っていても著作権侵害にはならないと判断されている以上、「訴えたところで、著作権の侵害が認められる可能性は、かなり低いですよ」と回答するしかありませんでした。

もちろん、画面デザインの類似が一切著作権侵害にならないというわけではありません。実際、グリー対DeNA事件で、一審の東京地方裁判所は、著作権侵害を認めています（知的財産高等裁判所で判断がひっくり返ったということです）。

自社で安易に判断せず、著作権に詳しい弁護士に相談するのがよいでしょう。

🅘 著作権侵害通知を受けたら弁護士に相談

このように、画面デザインの著作権侵害は認められにくいにせよ、頑張ってサービスを開発した会社としては、我が子を盗まれたような気分です。そのため、文句だけは言ってやりたいという気持ちで、著作権侵害の通知を送ってくる企業は、少なくありません（著作権侵害が認められると信じきった上で送ってくる企業も、もちろんいるでしょう）。

では、自社がそのような通知を受けた場合は、どうすればいいでしょうか。

まずは、通知を読み込んで、先方の「本気度」を図ります。

弁護士が代理人となり、過去の裁判例で示された判断基準を用いて、具体的、説得的な理由を示して著作権侵害を主張しているのであれば、要注意です。

弁護士として、著作権侵害が認められる余地があると判断した上で、第一段階のアクションとして、通知を送っている可能性があります。そこで、こちらも弁護士を代理人に立てて、しっかりと反論をして、裁判前の第一ラウンドを戦い抜く必要があります。

313

では、弁護士が代理人になっているものの、理由らしい理由を示さずに、著作権侵害だという結論だけ主張している場合は、どうでしょうか。

　その場合は、弁護士として、著作権侵害が認められる余地が乏しいと判断した上で、依頼者の納得感のために、あるいは、取りあえずの駄目元で、通知を送っている可能性があります。

　とはいっても、甘く見て放置したり、木で鼻をくくったような返事をしたりするのは、よろしくありません。というのは、頭に血が上っている相手方が、ぞんざいに対応されたことに激昂して、勝ち負け関係なく、弁護士に依頼して裁判を起こしてくる可能性があります。そして、ひとたび裁判を起こされれば、その対応に、莫大な労力と時間と費用がかかります。

　最終的に、著作権侵害が認められず、勝訴したとしても、自社の被害は甚大です。そこで、やはりこちらも弁護士を代理人に立てて、しっかりと反論をして、相手方を牽制する必要があります。

　では、弁護士が代理人にならず、相手方本人が通知を送ってきた場合は、どうでしょうか。

　その場合でも、やはりこちらも弁護士を代理人に立てて、しっかりと反論をした方がよいでしょう。

　「弁護士を立てていないのだから、裁判を起こすつもりはないのでは？」と思うかもしれませんが、弁護士を立てなくても裁判を起こすことは（勝てるかどうかは別にして）可能です。

　相手方としては、単に弁護士費用を節約しているだけで、裁判を起こすことも念頭に通知を送っている可能性もあるのです。

　というわけで、結局のところ、著作権侵害の通知を受けた以上は、こちらも弁護士を代理人に立てて、しっかりと反論をした方がよいでしょう。

　後から裁判を起こされた時の対応コストを考えれば、決して高くはない保険です。

第2部　第13章

第1部 トラブル事例ポイント解説

17-1 新しいサービスを制作会社に制作させたら、「類似サービスかつ ネーミングが似ている」ということで取り下げるよう他の類似 サービスを運営している会社から通知がきた。（制作会社へ発注）

·······154

　17-1 は、そもそも、相手方のサービス名は、商標登録がされてい なかったようですし（されていたら、商標権侵害を主張するはずな ので）、画面デザインの類似が著作権侵害になるといったような、法 的に整理された権利の主張ですらないようです。

　さすがにここまで酷いレベルの通知であれば、後から裁判を起こし てくる可能性も低いでしょう。弁護士に依頼して、「貴社の主張には 法的根拠が無いものと思料致します」と一言回答する書面を送れば、 それで終了です。

315

第14章
営業秘密の漏洩や制作実績の公開はどう防げばよいのか

法的解説	317
第1部　トラブル事例ポイント解説（関連事例　18-1,18-2）	321

第2部　第14章

法 的 解 説

🔋 秘密保持契約による対策

　営業秘密の漏洩や制作実績の公開を防ぐためには、どうすればいいのでしょうか。

　対策として真っ先に思いつくのが、秘密保持契約を結ぶという方法です。

　秘密保持契約とは、相手方から開示された営業秘密や顧客の個人情報などを、取引の目的以外に利用したり、外部に開示・漏洩したりすることを禁止する契約のことです。英語で、「Non-disclosure agreement」と呼ぶことから、略して「NDA」と呼ばれることも多いです。

　私は、顧問先企業から日常的に契約書のチェックの依頼を受けていますが、チェックの依頼を受ける数が一番多いのが、この秘密保持契約書です。

　皆さんも、案件を発注する際に、受注者との間で、挨拶代わりに秘密保持契約を結んでいるかと思います。

🔋 秘密保持契約には意味がないのか

　では、秘密保持契約を結びさえすれば、営業秘密漏洩や制作実績の公開を防げるかというと、それはちょっとピュア過ぎる考えです。

　というのは、中小企業では、（秘密保持契約の契約書に限らず）契約書に押印するのは、社長なり役員なりです。

　ですが、実際に秘密情報に触れるのは、現場の担当者です。

　そのため、いくら会社間で、しっかりとした秘密保持契約を結んでいても、受注者の現場の担当者が、会社間で秘密保持契約を結んでいることを、そもそも認識していない、ということがあり得ます。

　そうなると、秘密情報が雑に扱われて、その結果、秘密情報が外部に漏れたり、受注者の社内で、取引の目的以外に利用されたりする可能性があります。

317

また、秘密保持契約の内容は、ある程度フォーマットが決まっているにせよ、やはり、契約に関する専門的知識のない方が読んでも、何が書いてあるのかきちんと理解することは難しいです。

　そのため、例え受注者の現場の担当者が、会社間で秘密保持契約を結んでいることを認識していたり、あるいは、受注者がフリーランスで、自分自身で秘密保持契約を結んでいたりしたとしても、結局何を守ればいいのか分かっていない可能性があります。

　以前私は、ある企業の社長から、「当社は客先から秘密情報を預かっているため、秘密保持契約を結ばされているが、当社にはパートの社員も多く、彼らがきちんと秘密情報を守ってくれるか心配だ」という相談を受けました。

　そこで私は、社員が秘密保持契約の内容をきちんと理解しているのかと尋ねたところ、社長の答えは、「そもそも社員は、秘密保持契約の存在自体知らない」というものでした。

　実は、社長自身が、秘密保持契約を結んだものの、秘密保持契約書に書いてある意味が理解できなかったので、社員に説明できていなかったのです。

　これでは、発注者として、いくら受注者との間で秘密保持契約を結んでも、何も意味がありません。

　そしてこれは、決して笑い話ではなく、よくある話なのです。

　この問題の対策としては、次の二つがポイントです。

1. 受注者の現場の担当者に対して、会社間で秘密保持契約を結んでいることを認識してもらう
2. その上で、受注者が守らなければならない義務内容を理解してもらう

　なお、受注者がフリーランスで、自分自身で秘密保持契約を結んでいる場合は、2のポイントだけが必要になります。

第2部　第14章

ポイント1.　会社間で秘密保持契約を結んでいることを認識してもらう

　まず、会社間で秘密保持契約を結んでいることを認識してもらうためには、現場の担当者にも、秘密保持契約に関与させるとよいでしょう。

　ただ、さすがに会社間の秘密保持契約書と同じような「契約書」を締結するよう、担当者個人に求めれば、受注者から反発されるでしょう。

　そこで、秘密保持の「契約書」ではなく、「誓約書」にして（何となく重いイメージが解消されます）、提出する宛先も、発注者ではなく、受注者にしてもらえばよいのです。

　流れとしては、受注者社内で、担当者に署名、押印をしてもらい、原本は受注者が保管し、発注者は写しを交付してもらいます。

　この、秘密保持の誓約書の記載内容ですが、会社間できちんとした内容の秘密保持契約を結んでいるのであれば、以下のような簡単な一文でも構いません。

　発注者側で書式を用意してあげて、それを受注者に交付すればよいでしょう。

　「私は、当社が＊社から＊のプロジェクトを受注したという情報、プロジェクトの遂行にあたって＊社から提供を受ける＊に関する情報、プロジェクトの遂行の結果（制作実績等）に関する情報、その他プロジェクトの受注、遂行にあたって＊社から提供を受け、又は当社が取得する一切の情報（以下「秘密情報」といいます）を、秘密として守ります。もし、私が秘密情報を外部に開示・漏洩したり、今回のプロジェクトの遂行以外の目的に利用したりした場合には、当社が＊社から責任を問われることになることを認識し、厳に注意します。」

　受注者の現場の担当者も、署名、押印をした誓約書を提出すれば、当事者意識を持ち、自分自身の義務として、秘密情報をきちんと守ろうと考え、安易にSNSに投稿したり、セキュリティー対策を怠ったりしてはいけない、と気を付けてくれるはずです。

319

ポイント2. 守らなければならない義務内容を理解してもらう

次に、受注者が守らなければならない義務内容を理解してもらうために重要なのが、そもそも守るべき「秘密情報」の範囲です。

「秘密情報」というと、多くの人は、「一般には公開されておらず、公開されると不利益が生じる可能性がある情報」と考えるでしょう。

「一般には公開されて」いないからこそ、秘密といえるわけであり、そして、「公開されると不利益が生じる可能性がある」からこそ、秘密にする必要があるのだろう、という素朴な感覚です。

ですが、この「公開されると不利益が生じる情報」という考え方がくせものです。「この情報なら、別に公開されたところで、相手も困りはしないだろうから、公開しても構わないだろう」と安易に考えてしまう人が、少なからずいるのです。

制作実績の公開や、SNSでの投稿は、まさにこのような考えから起こってしまうのでしょう。「別に発注者の営業秘密を漏らすわけではなく、単に自社の実績を紹介するだけなのだから」という感覚ですね。

そこで、まずは「秘密情報」の範囲を、秘密保持契約の中で広く定義します。
それと共に、受注者との間で、認識を擦り合わせておく必要があります。

先ほど紹介した秘密保持の誓約書の中で、「秘密情報」の定義を、

「当社が＊社から＊のプロジェクトを受注したという情報、プロジェクトの遂行にあたって＊社から提供を受ける＊に関する情報、プロジェクトの遂行の結果（制作実績等）に関する情報、その他プロジェクトの受注、遂行にあたって＊社から提供を受け、又は当社が取得する一切の情報（以下「秘密情報」といいます）」

第2部　第14章

と、考えられるあらゆる情報を挙げたのは、まさにこのためなのです。

　その上で、受注者（と現場の担当者）に対して、「秘密情報には、制作実績等、プロジェクトの遂行の結果に関する情報も含まれるので、当社の許可なく、勝手にこれを公開しないように。」と伝えて、秘密情報の範囲を理解してもらうことが必要です。

第1部　トラブル事例ポイント解説

18-1 キャンペーンサイトの制作を制作会社に発注。テストアップの段階で制作会社のスタッフがキャンペーン情報を SNS で漏洩させてしまった。（制作会社へ発注）⋯⋯⋯⋯⋯⋯⋯⋯⋯⋯⋯158

　18-1 は、B 社のスタッフは、自分の SNS アカウントを利用してテストをするという行為について、いかに危険なことか理解していなかったようです。

　スタッフの意識がこのように低いのは、B 社がスタッフに対して、情報管理に関する教育をきちんと行っていなかったからだと思われます。このような会社といくら秘密保持契約を結んでも、現場の担当者が秘密情報をぞんざいに扱うことを防ぐことができません。

　そこで、上で解説したとおり、現場の担当者にも秘密保持契約に関与してもらうこと（個人名で秘密保持の誓約書を提出してもらうこと）で、秘密保持に関する意識付けを行う必要があります。

18-2 受注した Web 制作案件を外注したら、クラウドソーシングサービスやブログ等に制作実績として納品したサイトを勝手に掲載されてしまった。（フリーランスへ発注）⋯⋯⋯⋯⋯⋯⋯⋯⋯⋯⋯161

　18-2 は、そもそも秘密保持契約を結んでいなければ、単に制作実績を公表することは、防ぐことは難しいでしょう。

　そこで、秘密保持契約を結ぶことが必要になりますが、その際には、上で解説したとおり、「秘密情報」には制作実績そのものが含まれる

321

ことを指摘して、その点を理解してもらう必要があります。

第15章
マーケティングの成果は保証されるのか

法的解説	324
第Ⅰ部 トラブル事例ポイント解説（関連事例 19-1,19-2,19-3,19-4）	329

法 的 解 説

マーケティングは準委任契約

受注者に業務を発注する契約を結ぶ場合、請負か準委任、いずれか一方（あるいは両方）の種類の契約になることが一般的、という話を第3章でしました。

両者の違いは、請負は仕事の完成義務を負うが、準委任は事務を処理する義務しか負わない（仕事の完成義務は負わない）という点にあります。

そして、マーケティング関連の契約は、通常は準委任とされています（正確にいうと、受注者が準委任として受注します）。

「当たるもマーケ、当たらぬもマーケ」という世界なので、受注者としては、成果を保証したくない（仕事の完成義務を負いたくない）というわけです。

とはいっても、すべてのマーケティング関連の契約が準委任になるわけではありません。

例えば、順位保証型のSEO対策契約では、「検索エンジンで上位＊番以内に表示される」という仕事を完成させる義務があるので、請負だと考えられます。

また、SEO対策契約の中で、第一段階としてSEO対策を施したサイトを制作し、第二段階としてネット上での反応を見ながら継続的なSEO対策をする、という内容であれば、第一段階では「サイトを制作する」という仕事を完成させる義務があるので、その範囲では請負だと考えられます。

マーケティングでは成果が保証されないのか

では、（準委任の場合の）マーケティング契約では、受注者は仕事の完成義務を負わないので、成果は何も保証されないのでしょうか。

発注者としては、受注者から「この施策を打てば、アクセス数や問い合わせ

数が上昇します！ 当社には、豊富な経験と実績があります！」と威勢のいい
ことをいわれたので、身銭を切って発注したのに、後になって「準委任なのだ
から成果は保証できませんよ。また次回頑張りましょう！」なんて言われたら、
ふざけるなと思いますよね。

　この点は誤解をしている人が多いのですが、準委任だと何も保証されない、
というわけではありません。
　確かに、受注者には仕事の完成義務がありませんが、善良なる管理者の注意
義務（略して「善管注意義務」といいます）はあります。善管注意義務は、プ
ロフェッショナルとして受注した以上は、その知識と経験に基づいて、通常期
待されるレベルの業務をきちんと実施しなさい、という内容の義務です。

　善管注意義務は、契約上の義務ですので、これに違反すれば、受注者は債務
不履行責任を負います。これにより発注者は、業務がきちんと実施されるまで
は、費用を支払う必要はありません。
　不適切な業務によって損害が生じれば、損害賠償を請求できます。その上、
合理的期間内に業務が是正されなかったり、不適切の程度が重大であったりす
れば、契約を解除できます。

　例えば、私は以前、SEO 対策の失敗（順位の大幅な低下）を理由に、発注
者が受注者(Web マーケティング会社)に損害賠償を請求した裁判で、Web マー
ケティング会社を代理して戦いました。
　その裁判で、発注者側の弁護士は、「ブログを量産してバックリンクを貼る
ような SEO 対策は、Google からペナルティを受ける可能性の高いブラックハッ
トであり、善管注意義務に違反する」と主張しました。
　ちなみに、この裁判で私は、「当時の SEO 業界では一般的な手法であり、
Google のペンギン・アップデートは予見できなかったので、善管注意義務に
は違反していない」と主張して、判決でも無事こちらの主張が認められました。

　とはいっても、受注者が善管注意義務に違反したかどうか、発注者が判断す

325

ることは難しいところです。SEO などの知識が十分ではないと思われる発注者の方が、受注者がきちんと業務を実施したのか、不適切な業務だったのか、どうやって判断するのでしょうか。

その判断ができる程度の知見があるなら、初めから外注せずに自社で対応しますよね。

現に、上で紹介した裁判でも、発注者側の弁護士は、受注者が善管注意義務に違反したと主張するための理由付けがうまくできませんでした。問題となった SEO 対策の実施時点で、ブログ量産型バックリンク方式が日本でもブラックハットになっていると業界内で認識されていた、ということを立証できなかったのです。

つまり、発注者としては、法律上の善管注意義務に頼っているだけでは、受注者がきちんとした業務を実施しなかった場合でも、債務不履行責任を追求して対処することが難しいのです。

そこで、私がマーケティング関連の契約について、発注者から相談を受けた場合は、一つの対策を提案しています。

それは、「目標数値をクリアすることを報酬の支払条件としたい」と受注者に要請するという方法です。

もちろん、「目標数値をクリアしないと報酬は一切支払わない」となれば、さすがに受注者としてもリスクが大き過ぎるので、応じてはくれないでしょう。

現実的な要請としては、「結果にかかわらず支払うミニマムの報酬」と、「目標数値をクリアすることで支払うインセンティブの報酬」というように、二段階の報酬にするのがよいでしょう。

この要請に対して、受注者がどのような反応を示すかで、これまでの経験や実績が見えてきます。

もし十分な経験や実績があるならば、今回の施策でどの程度の効果が生じるのか、ある程度予想を立てられるので、多少バッファを設けてくるにせよ、ミ

ニマムの報酬額や目標数値について、具体的に検討してくれるでしょう。

逆に、経験や実績が乏しく、効果がまるで予想できなかったり、あるいは、十分な経験はあるものの、肝心の実績がなかったり（毎回さほど成果が上がっていない）するのであれば、なんやかんやと言い訳をして、断ってくる（固定での報酬の支払いを要求する）でしょう。

とはいっても、後者の反応をされた場合には発注してはいけない、ということではありません。

私がお伝えしたいのは、後者の反応をされた場合は、いくら受注者が営業段階で威勢のいいことをいったとしても、蓋を開けてみないと効果は分からないし、もし効果がまるで生じなかったとしても、報酬はきっちりと支払わないといけない、ということを認識して、その覚悟の上で発注するかどう見極める必要がある、ということです。

契約のタイプごとの注意点

ところで、Web 業界のコンサルティングやマーケティングの契約には、いくつかのタイプがあります。そして、このタイプごとに、発注に際しての注意点が変わってきます。

タイプ1. 広告掲載型

紙媒体や Web メディア上で、記事広告を掲載したり、特設ページを設けたり、バナー広告を掲載するタイプです。

著名なメディアに掲載されれば、多くの人の目に触れますが、閲覧者とターゲットがマッチしていなかったり、問い合わせを促すだけの魅力が広告になかったりで、思ったほどの効果が上がらないことも多いです。

Web メディアの場合は、インプレッション、クリック、コンバージョン（問い合わせや資料のダウンロードなど）が測定できるため、広告と成果が紐付けしやすく、「目標数値をクリアすることを報酬の支払条件とする」対策が効果的です。

はじめから、成果連動型の報酬になっているサービスも多いので、予算をシ

ビアに使いたい場合は、そのようなサービスを選んだほうがよいでしょう。

タイプ2. 広告出稿代行型

　リスティング広告（検索エンジンで特定のキーワードで検索した際に、そのキーワードに対して出稿の設定をした広告主の広告文が、検索結果の表示画面の上部や右側に表示され、そしてその広告文をクリックすると、広告主のWebサイトへとジャンプするという仕組みの広告）や、DSP広告（検索結果の表示画面ではなく、特定のキーワードが含まれるページ内に広告を表示させたり、あるいは、一度自社のWebサイトを訪問した者が、他のWebサイトを閲覧する際に、広告を表示させたりする、といった仕組みの広告）といった、複雑な仕組みのWeb広告の出稿を代行するタイプです。

　うまくハマれば高い効果が期待できますが、担当者の経験、能力、そしてやる気に左右されるので、ここがはずれると、無駄な出費がダラダラと続くことになります。しかも、広告出稿代行型の契約は、広告代理店の利幅が小さいため、広告予算がよほど多額でない限りは、それこそ新入社員レベルの人間を担当者にしてくることもあります。

　さらに、広告出稿代行型の場合、受注者に支払う金銭の内訳が、「広告出稿費用（つまり実費分）＋報酬」とされているのですが、この報酬が、広告出稿費用×一定のパーセンテージで算定されることが多いです。

　これが何を意味するかというと、（予算の範囲内で）じゃんじゃん広告出稿をすれば報酬も膨れ上がるということで、担当者の能力の低さも相まって、1クリック（1インプレッション）あたりの単価が大きいビッグワードに予算を投入して、効果については知りません、という状況になりかねないのです。

　そのため、広告掲載型以上に、「目標数値をクリアすることを報酬の支払条件とする」対策が必要になります。

タイプ3. コンサルティング型

　市場・顧客・競合他社や、クライアントのWebサイト・取扱商品等を分析の上、現状のWebマーケティング施策の課題を明確化し、解決策を提案するという、コンサルティングのタイプです。

第 2 部　第 15 章

コンサルティング型の場合、「目標数値をクリアすることを報酬の支払条件とする」対策が、必ずしもうまくいきません。

というのは、コンサルティングと成果が紐付けしにくいため、「コンサルティングによる」目標数値のクリアの有無を判断することが難しいからです。

そのため、十分な経験や実績が確かにあり、信頼できる相手でない限り、あまり安易に発注しないほうがよいです。また、効果がいまいちだなと思ったら、途中で契約を解除できるようにしておく必要があります。

なお、途中で契約を解除する場合は、残期間分の報酬を一括して支払え、という契約内容になっていることが多いので、契約書は注意して確認してください。

第 1 部 トラブル事例ポイント解説

19-1 広告代理店からリスティング広告を推薦され、成果が全然上がらないのに「継続することに意味がある」と言われ、いつまで継続してよいのか分からない。（SEO、広告業務を発注）··········165

19-1 は、広告出稿代行型の契約です。

そして、残念ながらハズレの担当者だったようです。

リスティング広告は、イメージ広告とは違い、即時の効果が期待できる（むしろそれを目的とした）広告手法です。「続けることでブランディング効果が出る」という担当者の発言には、耳を疑ってしまいます。

発注者としては、あらかじめ目標数値を決めておき、それを達成できないようであれば、早めに出稿を止めて、損切りをしたほうがよいでしょう。

19-2 御社が運営しているサービスの PR に効果がある、と言われて雑誌に広告出稿したのに成果が出ず、問い合わせたら「媒体の購読者層とサービスがマッチしないのが原因ではないか」と言われた。（SEO、広告業務を発注）················169

329

19-2 は、広告掲載型の契約です。

これが Web メディアであれば、運営者が、同種事例でのインプレッション、クリック、コンバージョン等に関する豊富なデータを保有しているため、効果予想がしやすい（そのため、効果的な提案もしてもらえる）のですが、雑誌の場合は、出版社には、そのようなデータがありません。

そのため、「広告を掲載しさえすれば、契約上の義務は果たしたことになります。後はそちらで頑張ってください。」と、無責任な対応になりがちです（だからこそ、出版業界での広告出向量は低迷しているわけです）。

潤沢な広告予算を使って、マスを狙ったサービスを仕掛けるならいざしらず、普通の会社が、効果予想ができない雑誌への広告掲載をすることは、お勧めできません。

19-3 「2 か月連続掲載で広告掲載費用を通常の半額！」というプランでインターネット広告を契約したが、最初に聞いていた効果が出ないので途中で打ち切りたい。（SEO、広告業務を発注）……172

19-3 も、広告掲載型の契約で、こちらは Web メディアになります。

インプレッションが多いのに、訪問者が少ないということは、そもそも閲覧者とターゲットがマッチしていないか、あるいは、バナーとテキストのできがいまいちなのでしょう。

前者であれば、打つ手なしですが、後者であれば、バナーとテキストの修正対応でリカバーが可能です。それにもかかわらず、運営会社側から、デザインとテキストの変更を 1 回提案されただけというのは、対応として物足りないですね（それこそ、何パターンか用意したもので AB テストを実施するなど、提案してもらいたいところです）。

それに、通常の半額で 2 か月掲載という話に飛びついてしまったようですが、キャンセル待ちが出るほど出稿が殺到しているならいざしらず、広告枠に空きがある状態なら、寝かせておくよりも（大幅なディスカウントをしてでも）出稿を受け入れようと思っただけでしょ

第 2 部　第 15 章

う（出稿してもあまり効果が上がらないからこそ、広告枠に空きがあったのかもしれませんし）。

　うまい話には裏があると思ったほうがよいです。

19-4 **広告を掲載中の Web メディアがメンテナンスやサーバー障害で度々ダウンして広告非表示の状態になってしまう。表示されていない期間の料金を返金してほしい、と思い問い合わせたら返金はできないと言われた。（SEO、広告業務を発注）**……………175

　19-4 も、広告掲載型の契約で、同じく Web メディアになりますが、本件のポイントは、マーケティングというよりも、Web サービスにおいて運営者がどのような責任を負うのか、という点にあります。

　Web サービスでは、ネットワークやシステムの障害、メンテナンス等によって、一時的にサービスが中断することがよくあります。その場合に、その都度運営者が契約上の責任を負い、返金・減額などの処理をしていたら、サービスが回らなくなりますし、そもそも、このようなサービス中断は、技術的な面からやむを得ないともいえます。

　そのため、このような場合には運営者は責任を負わない、と利用規約に規定されていることが一般的です。

　とはいっても、このような規定があるからといって、運営者が一切責任を負わない、というわけではありません。適切な対処をしていれば、サービスが中断せずに済んだような場合や、あまりに中断が長時間に渡るような場合は、利用規約の規定に関係なく、契約上の責任を負う可能性があります。

　ですが、基本的には、サービスの一時的な中断は、Web メディアに広告を掲載する際に当然に織り込むべきリスクと考えておいたほうがよいでしょう。

331

第16章
クラウドソーシングサービスの運営者はどんな責任を負うのか

法的解説	333
第1部　トラブル事例ポイント解説（関連事例　20-1）	338

第 2 部　第 16 章

法 的 解 説

🔔 運営会社の責任は利用規約の内容次第

　クラウドソーシングサービスを利用して契約をした受注者との間でトラブルになった場合、クラウドソーシングサービスの運営会社は、発注者に対して、どのような責任を負うのでしょうか。

　何らかの補償をしてくれるのでしょうか。

　これは、クラウドソーシングサービスの契約内容次第です。そして、（クラウドソーシングサービスに限らず）Web サービスの契約内容は、利用規約によって定まります。

　つまり、クラウドソーシングサービスの運営会社の責任は、利用規約の内容次第ということになります。

　そこで、クラウドソーシングサービス大手のランサーズの利用規約（http://www.lancers.jp/help/terms）を見てみましょう。

　なお、以下の条文は、本書執筆（2015 年 4 月）時点での利用規約から引用したものになります。

第 7 条　本サイトの役割と取引の責任について

1. 本サイトは仕事をしたい会員と仕事をお願いしたい会員に向けて、取引の機会と取引に関する各種の情報と機能を提供する事業者間の直接取引のマーケットプレイスです。
2. 会員が本サイトを利用して行う他の会員との取引は、コンペ方式かプロジェクト方式かタスク方式かの種類を問わず、会員同士の直接の事業取引となります。弊社は契約当事者になりません。

333

まず第7条ですが、ランサーズはあくまでも、会員同士（発注者と受注者）の取引の機会と、そのための情報・機能を提供する立場にあるだけで、取引はあくまでも、会員同士で直接結ばれる（ランサーズは契約の当事者にはならない）ものとして、発注者会員、受注者会員、ランサーズの、三者間の関係（役割）を整理しています。

この整理によると、ランサーズは、発注者会員との関係で、元請けになるわけでもなければ、ディレクションを担当するわけでもない、ということになります。

第9条　本サイト水準等の非保証等（一部抜粋）

1. 弊社は本サイト内で会員から出された仕事や提案その他一切の情報に関する内容・品質・正確性・適法性（以下、知的財産権や他人の権利非侵害を含む）・有用性・信憑性などは確認せず、確認の義務を負わず、かつ何ら保証しません。

3. 本サイトの本人確認サービス及び電話確認サービスでは、弊社はあくまでも登録情報との合致を確認するだけであって、本人確認済みユーザ又は電話確認済みユーザであっても、弊社は、その存在、責任能力、提案にかかる業務遂行能力、会員連絡先情報の正確性、その他の能力の有無等を一切保証せず、一切責任を負いません。

6. 本サイトの認定ランサー検索では、弊社はあくまでもランサー検索の機能を提供するだけであって、認定ランサーであっても、ランサーとしてのスキル、提案にかかる業務遂行能力等の能力の有無等を一切保証せず、一切責任を負いません。

次に第9条ですが、会員が表示する情報の内容や、会員が保有する能力等について、ランサーズは何も保証せず、責任を負わないものとして、ランサーズの責任を否定しています。会員は、自己責任で検討の上、案件の発注・受注をしてください、ということになります。

第2部　第16章

> **第30条 非保証・免責（一部抜粋）**
>
> 6. 弊社は、本サイトに関連してユーザ間、会員間又は会員若しくはユーザと第三者間で発生した一切のトラブルについて、一切の責任を負わず、関知しません。万一トラブルが生じた場合は、訴訟内外を問わず当事者間で解決するものとし、当該トラブルにより弊社が損害を被った場合は、当事者は連帯して弊社に対し、弊社に生じた弁護士費用を含むすべての費用及び当該損害を賠償するものとします。

　そして第30条ですが、ユーザー、会員、第三者間で生じたトラブルについて、ランサーズは何も責任を負わないものとして、ランサーズの責任を否定しています。何かトラブルが生じたとしても、各自で解決してください、むしろランサーズに迷惑をかけた場合は、損害を賠償してください、ということになります。

責任を否定する運営会社は一方的なのか

　これらの条文を見て、「ずいぶんと一方的ではないか！」と思ったかもしれませんが、それはちょっとお門違いです。

　そもそも、ビジネスの世界では、誰かの紹介を受けて契約をしたとしても、最終的には自分の判断で契約をした以上は、自分がリスクを負うのが原則です。

　紹介者が法的な責任を負うとしたら、トラブルになる可能性が高いと分かっていながら、そのことを隠して紹介をしたような、悪質な場合くらいでしょう。

　それに、クラウドソーシングサービスでは、数多くの事業者が、気軽にサービスを利用して、発注・受注が日々大量に飛び交うことで、マッチングのチャンスが高まり、それがユーザーのメリットにつながるという側面があります。

　そのような中で、運営会社が、多数の事業者の能力等を調査し、契約の遂行状況を追跡し、問題の兆候が少しでも生じればマッチングの対象から排除するというのは、現実的には困難です。

　そのため、上記のような（運営会社の責任を否定する）規定は、多くのクラ

335

ウドソーシングサービスの利用規約で一般的に定められていますし、その内容も、基本的には合理的なものといえます。

運営会社が責任を負う場合もある

とはいっても、運営会社が、ユーザーが起こしたトラブルに対して、一切責任を負わないというわけではありません。

例えば、ネットオークション大手のヤフオク！で、オークション詐欺の被害を受けたとして、多数のユーザーが運営会社のヤフーに対して損害賠償を請求した「Yahoo! オークション事件」（名古屋地方裁判所平成20年3月28日判決）で、裁判所は、「ネットオークション事業者には、ネットオークションを利用した詐欺等の犯罪的行為が発生していた状況下では、ユーザーが詐欺等の被害に遭わないように、犯罪的行為の内容・手口や件数等を踏まえ、ユーザーに対して、適切な時期に、相応の注意喚起の措置をとるべき義務があった」と判断しました。

もっとも、ヤフーがそのような義務を果たしていたことが認められ、ヤフーの損害賠償責任は否定されました。

また、ネットショッピングモール大手の楽天市場で、商標権を侵害する商品を販売されたことで被害を受けたとして、チュッパチャプスが運営会社の楽天に対して損害賠償を請求した「楽天チュッパチャプス事件」（知的財産高等裁判所平成24年2月14日判決）で、裁判所は、「Webページの運営者が、運営システムの提供・出店者からの出店申込みの許否・出店者へのサービスの一時停止や出店停止等の管理・支配を行い、出店者からの基本出店料やシステム利用料の支払いで利益を受けている場合で、出店者による商標権侵害があることを知ったとき又は知ることができたと認めるに足りる相当の理由があるに至ったときは、その後の合理的期間内に侵害内容をWebページから削除しないと、合理的期間経過後からは、商標権侵害の責任を負う」と判断しました。

もっとも、楽天がそのような義務を果たしていたことが認められ、楽天の損害賠償責任は否定されました。

第 2 部　第 16 章

　このように、サービス上でトラブルを起こしているユーザーがいる場合に、運営会社がそれに適切に対処しなければ、法的な責任を負うことはあり得ます。

　ただ、運営会社としても、何もせずに放置するようなことはないでしょう。
　法的な責任を回避したいということはもちろんのこと、トラブルによってサービスの評判が落ちるわけですから。
　そのため、運営会社としては、取引相手からの評価制度や、340 ページからの Column で解説する「エスクロー」の仕組みを採用したり、ユーザーへの注意喚起、パトロール、通報を受けた場合や問題行動を発見した場合に速やかに対処したりするなど、トラブルの発生を未然に防止し、また、被害の拡大を防ぐために、何らかの措置を講じているのが一般的です。
　そうなると、少なくとも大手のクラウドソーシングサービスを利用している限りは、現実問題、運営会社が法的責任を負うような事態になることは、あまりないでしょう。

🔑 発注者の自衛策が重要

　運営会社の責任を追求できないとなると、発注者の自衛策が重要になります。
　その中で効果的な方法が、第 1 部で高本さんが指摘した、相手と一度でも会って打ち合わせをすることです（相手が遠隔地にいるなら、Skype などのテレビ会議を使ってもいいでしょう）。
　話をした感じや、事務所の様子等から、トラブルを起こしそうな人物かどうかの見極めに、少なからず役に立ちます。

　ただ、受注者にコンタクトを取る際には、それがクラウドソーシングサービスの利用規約に違反することのないように注意する必要があります。
　というのは、運営会社は、マッチングが成約した際に生じる手数料で利益を得ているため、クラウドソーシングサービスを介さずに直接取引をされてしまうと、商売があがったりになってしまいます。
　そのため、利用規約の中で、（クラウドソーシングサービス上の仕組みを利用せずに）直接コンタクトを取ることを禁止していたり、あるいは、直接取引

337

を促すようなやり取りを禁止していたりするのが一般的です。

もう一度、ランサーズの利用規約を見てみましょう。

第20条 会員間の連絡（一部抜粋）

1. 第13条5項、第17条1（2）、第18条2項、第19条5項等に定める理由により、会員が、会員間取引の相手方たる会員連絡先情報を知りたいと望む場合、本サイトにおいて設置された「メッセージ機能」その他弊社が定める連絡手段を利用し、当該相手方の会員に、その旨を申し出、当該相手方の会員自身から会員連絡先情報を得るものとします。

3. 前二項に基づき当該相手方会員の会員連絡先情報の開示を受けた会員は、開示を受けた会員連絡先情報を、第13条5項、第17条1（2）、第18条2項、第19条5項等、会員間取引に伴う義務の履行のためにのみ使用し、本サイトを介さずに行う直接取引やそれを勧誘する行為又は他の目的には一切使用せず、いかなる第三者にも開示しないものとします。

第20条では、会員間でコンタクトを取り合うことは、禁止されていません。

ですが、あくまでも取引に伴う義務の履行のためにのみ必要な範囲で許されているだけであり、ランサーズを介さずに直接取引を行ったり、それを勧誘したりすることは、禁止されています。

というわけで、クラウドソーシングサービスに限らず、これまで取引のなかった相手と契約をする場合には、信頼できる相手かどうか、慎重に見極めるようにしましょう。

第1部 トラブル事例ポイント解説

20-1 クラウドソーシングサービス経由でフリーのデザイナーに仕事を依頼したが、制作途中で連絡が付かなくなってしまった。サービス運営者に責任は追求できる？（フリーランスへ発注）..........179

20-1 は、運営会社にクレームを入れたところで、そもそも利用規

第2部　第16章

約上、ユーザー間のトラブルに関して運営者は責任を負わない、とされているのが通常なので、何らかの補償をしてくれることは期待できません。

　ただ、今後他のユーザーが同じような目に遭わないように、運営会社には報告しておいたほうがよいでしょう。

　他のユーザーからも同様の苦情が出ているようであれば、そのデザイナーは、クラウドソーシングサービスから退会させられることになります。

　そうやって、トラブルを起こすようなユーザーが減ってくれれば、（自分も含めて）皆が使いやすいサービスになっていくでしょう。

Column 4
Web業界のフリーランスと源泉徴収の関係

 フリーランスに支払う報酬も源泉徴収をするのか

　発注した業務が完了して、受注者から請求書が送られてきた場合に、発注者としては、請求書に記載された「業務の報酬」と「そこに生じる消費税」をそのまま支払ってお終い、と考えてしまいます。
　会社相手に発注をする場合は、それでよいのですが、フリーランス＝個人事業主（非法人）相手に発注をする場合には、源泉徴収が必要になる場合があることを、ご存知でしたか。

　源泉徴収というと、会社が、従業員に支払う給料から諸々の税金を差し引いておき、会社の側で（従業員の代わりに）別途まとめて国に納税する制度だと、普通はイメージされています。
　ですが、源泉徴収というものは、何も会社が従業員に支払う給料にだけ適用される制度ではありません。会社がフリーランスに対して支払う報酬についても、一定の場合には源泉徴収が必要になります。
　注意しなければいけないのは、フリーランスに対して支払う「あらゆる業務の報酬」が源泉徴収の対象になるわけではない、ということです。
　対象となるのは、所得税法第204条1項1号～8号に定められた8種類の業務に関する報酬だけです。

　この8種類（1～8号）の業務の報酬の内、Web業界に関係するのは、1号に定められた業務の報酬くらいでしょう。
　具体的には、次の項目がこれに該当します。

「原稿の報酬・挿絵の報酬・写真の報酬・作曲の報酬・デザインの報酬・著作権の使用料・講演の報酬・指導料・翻訳の報酬・校正の報酬」等（所得税法第

340

204 条 1 項 1 号、所得税法施行令第 320 条 1 項、所得税法基本通達 204 － 6
～ 204 － 10）

　これを読んで、皆さん気づきましたか。

　実は、システム開発や Web 制作で発生するさまざまな業務、具体的には、
要件定義・設計・プログラミング・ディレクション・コーディング・テスト等
に関する報酬は、ここには挙げられていないのです。

　Web 業界では、それこそ、①フリーライターに支払う原稿の報酬、②フリー
カメラマンに支払う写真の報酬、③フリーデザイナーに支払うデザインの報酬、
④フリーエンジニアが開発した（その人が著作権を有する）プログラムの使用
料くらいしか、源泉徴収の対象にならないでしょう。

　つまり、例えばフリーエンジニアに、著作権を買い取る形態で、Web サイ
ト制作を発注した場合で、素材（原稿や写真）を発注者が用意したとなると、
フリーエンジニアに支払う報酬の内、源泉徴収の対象になるのは、デザインの
報酬分だけになるのです。実にややこしい仕組みですね。

源泉徴収はどう納付するのか

　では、源泉徴収が必要な報酬に該当するとして、どのように源泉徴収をして、
どのように国に納付すればいいのでしょうか。

　まず、源泉徴収額の計算方法ですが、報酬の支払総額（※）が 100 万円以
下（100 万円ジャストも含みます）の場合は、支払総額に 10.21％ を乗じた金
額が、源泉徴収の金額になります。

　なぜ 10.21％ という中途半端な金額かというと、所得税額が 10％ で、東日
本大震災の復興特別所得税額が 0.21％ になるからです。

　なお、源泉徴収の対象となる報酬の支払総額が、「業務の報酬」そのもの（税
抜金額）なのか、それとも「そこに生じる消費税」も加算したもの（税込金額）
なのかについても、注意が必要です。

請求書で、「業務の報酬」と「そこに生じる消費税」が明確に分けられているのであれば（普通そうですが）、「業務の報酬」（税抜金額）だけが、源泉徴収の対象となる支払総額となります。逆にいえば、これが明確に分けられていない金額設定であれば、「そこに生じる消費税も加算したもの」（税込金額）が、源泉徴収の対象となる支払総額となります。

　一方、支払総額が100万円を超える（100万円ジャストは含まれません）場合は、まず100万円分については10.21％を乗じて（つまり10万2100円になります）、それを超える金額（支払総額－100万円）については20.42％を乗じて（所得税額と復興特別所得税額が2倍になります）、その二つを合算した金額が、源泉徴収の金額になります。
　ちょっとややこしいですが、10万2100円＋（支払総額－100万円）×20.42％、と計算すれば分かりやすいです。

　次に、納付の流れですが、原則として、報酬を支払った月の翌月10日までに、最寄りの金融機関又は管轄の税務署に納付することになります。その際に、「報酬・料金等の所得税徴収高計算書」という税務署でもらえる用紙に必要な事項を記載して、納付と併せて提出することになります。

　ちなみに、期限までに納付をしなかった場合には、不納付加算税や延滞税などを負担する可能性がありますので、注意してください。
　不納付加算税は、原則として納付税額の10％にもなります。

源泉徴収をしないとどうなるのか

　では、フリーランスが源泉徴収分の金額を控除していない請求書を送ってきて、発注者としても源泉徴収に気づかずに、請求書の金額をそのまま支払ってしまった場合、どうなるのでしょうか。

　結論からいえば、報酬を支払う＝源泉徴収を行う＝発注者は、源泉徴収を行わずに報酬を支払ってしまったとしても、源泉徴収分の税額を納付する義務を

負います。

受注者から源泉徴収分の税額を回収するのは、発注者の責任となるのです。

そのため、発注者が源泉徴収を行わずに報酬を支払ってしまった場合は、受注者に対して、源泉徴収分の税額を交付するよう求めるか、あるいは、次回の取引の際に、前回の源泉徴収分の税額も差し引く（相殺処理をする）必要があります。

これは、受注者との関係が良好であったり、継続的に発注をしたりしているのであれば、特に問題はありません。

ですが、喧嘩別れのような形になって契約が終わってしまった場合は、源泉徴収分の税額の回収が難しくなってしまいます。

そのため、発注者としては、源泉徴収のし忘れには、くれぐれも注意する必要があります。

クラウドソーシングを利用する場合は要注意

以上、フリーランス相手に発注した場合の報酬の源泉徴収について見てきましたが、クラウドソーシングを利用してフリーランス相手に発注する場合は、特に注意が必要になります。

クラウドソーシングでは、発注者と受注者が一期一会の関係になることが多いため、発注者が報酬を支払わないリスクがあり、その対策として、「エスクロー」の仕組みが採用されていることが多いです。

エスクローとは、発注者が、中立的な立場に立つエスクローサービス提供会社に対し、まず先に報酬を支払い、それを受注者が確認できた時点で、発注者に対し、納入を行い、それをエスクローサービス提供会社が確認できた時点で、受注者に対し、発注者から支払われた報酬を引き渡す、という仕組みです。

発注者としては、納入が行われなければ、エスクローサービス提供会社から報酬を返還してもらえますし、受注者としても、納入を行いさえすれば、エスクローサービス提供会社から報酬を引き渡してもらえるので、双方安心して、契約を遂行することができます。

ちなみに、クラウドソーシングサービス提供会社大手のランサーズも、このエスクローを採用しています。

では、クラウドソーシングを利用してフリーランス相手に発注する場合、このエスクローとの関係で、誰が源泉徴収を行うことになるのでしょうか。フリーランスに報酬を引き渡すのは、（エスクローにより）クラウドソーシングサービス提供会社なので、彼らが源泉徴収を行ってくれるのでしょうか。

結論からいえば、違います。源泉徴収を行うのは、あくまでも発注者です。
というのは、第16章でも解説したとおり、基本的にクラウドソーシングサービス提供会社は、発注者と受注者が直接契約をする場（マッチングの機会）を提供するだけ、というスタンスです。
つまり、受注者に対して（法的な意味で）報酬を支払う立場にあるのは、あくまでも発注者です。
クラウドソーシングサービス提供会社は、エスクローサービスとして、発注者から報酬を支払ってもらい、それを受注者に引き渡しているだけなのです。例えば、コンビニの収納代行を利用して電気代が支払われた場合に、電力会社に電気代を引き渡すのはコンビニですが、電気代を支払っているのは、あくまでもその個人というわけです。

そうなると、クラウドソーシングを利用してフリーランス相手に発注する場合は、普通にフリーランス相手に発注する場合と同様、発注者が源泉徴収を行わなければいけないことになります。
クラウドソーシングを利用していると、何となく、契約相手はクラウドソーシングサービス提供会社な気がしてきて、「会社相手に発注をしているので、源泉徴収は不要」と思いがちですが、そんなことはないのですね。

実際、ランサーズのWebサイトを見ても、「ランサーズは、クライアントとランサーが直接取引する仕事のマーケットプレイスのため、ランサーズがクライアントからランサーに支払った報酬を源泉徴収することはできません。ラ

ンサーズでやり取りされる仕事のほとんどは源泉徴収する必要のないものとされておりますが、万が一、源泉徴収が必要とされる仕事を、日本国内の法人が、日本国内の個人に対して依頼する場合は、クライアント側で源泉徴収が必要になります。」と説明されています（http://www.lancers.jp/help/faq/pay/tax_withholding　本書執筆時である 2015 年 4 月時点の記載です）。

　ここで気になるのは、「ランサーズでやり取りされる仕事のほとんどは源泉徴収する必要のないものとされております」という説明です。

　フリーライターに原稿を発注したり、フリーデザイナーにデザインを発注することは、ランサーズでやり取りされる仕事の多くを占めると思われるのですが、なぜそのようなことになるのでしょうか。

　この点について参考になりそうなのが、所得税法基本通達 204-10 です。

　この通達は、所得税法第 204 条 1 項 1 号に挙げられた源泉徴収の対象となる業務（上で解説した Web 業界に関係する業務）に関して、「懸賞応募作品等の入選者に支払う賞金等で、その人に対して 1 回に支払う金額が少額（概ね 5 万円以下）の場合は、源泉徴収をしなくて構わない」と述べています。

　そして、（ランサーズに限らず）大手のクラウドソーシングでよく利用されている「コンペ方式」（発注者からの依頼に対して複数の提案を集める方式）によるロゴやイラストの発注では、依頼金額の相場が 2 〜 5 万円程度といわれています（仮に依頼金額を 10 万円に設定したとしても、良い提案が複数あったので複数当選にすれば、1 位の人に支払う報酬が 5 万円以下ということもあり得ます）。

　そうなると、コンペ方式を、「懸賞応募作品等の入選者に支払う賞金等」と法的に構成できれば、源泉徴収が必要になる取引は、そんなに多くはない、ということになりそうです。

　ただ、これはあくまでもそのように法的に構成できれば、という仮定の話です。私が調べた限り、ランサーズやその他大手クラウドソーシングサービス提供会社が、そのような法的構成を表明した資料は見つかりませんでしたので、正確性は保証できません。

それに、そもそもコンペ方式が、所得税法基本通達 204-10 でいう「懸賞」に該当するのか、ちょっとよく分からないところです（どちらかというと、相見積りに近いような……）。

いずれにせよ、5 万円を超える報酬でクラウドソーシングを利用して原稿やデザインなどの仕事を発注している会社は、発注相手がフリーランスの場合、源泉徴収が後から問題になるリスクがあるということに、くれぐれも注意してください。

巻末資料

案件別に役立つ契約書フォーマット
（発注制作版）

　本書では、Web　サイト、Webサービスなどの発注製作時に役立つ、業務委託基本契約書フォーマット提供しています。

　下記のURLからダウンロードください。

http://www.lexisnexis.jp/web_order/contract.zip

　実際に案件を発注する際のひな型として、ご自分の環境に合わせてカスタマイズしぜひご活用ください。

索　引

ア行

アフィリエイト……………………………9, 175
違約金…………………………………………229
請負……204, 211, 225, 236, 240, 242, 248, 253, 285, 292, 324
SEO会社…………………………………………32

カ行

解除……204, 220, 224, 231, 238, 242, 251, 254, 300, 302, 329
瑕疵担保責任……………………220, 255, 260
過失相殺……………………………………246, 250
契約締結上の過失………………………244, 250
契約の成立…………………………………242, 250
検収……230, 253, 257, 262, 272, 286, 289, 301
広告掲載……………………………165, 172, 327
広告代理店……………8, 41, 145, 149, 190, 328
コンペ………………………3, 78, 109, 333, 345

サ行

債務不履行……205, 212, 220, 224, 234, 238, 242, 251, 253, 280, 300, 325
仕事の完成……204, 211, 220, 237, 253, 260, 292, 324
下請法………………………………………282, 287
支払期日………………………………………285
準委任………204, 211, 225, 236, 242, 248, 253, 285, 292, 324
仕様書……………………………50, 136, 258
仕様の変更……214, 230, 257, 261, 265, 279, 292, 296,
商標…………………………………156, 306, 315
制作会社…………………3, 13, 18, 71, 214, 287
善管注意義務……………………212, 237, 325
損害賠償……204, 209, 224, 229, 239, 242, 254, 256, 260, 280, 301, 307, 325

タ行

遅延損害金…………………………………………288

ナ行

納期遅れ……………204, 224, 230, 243, 254, 300

ハ行

発注の見送り……………………………242, 250
秘密保持契約……………………………274, 317
フリーランス……………58, 62, 106, 187
プレゼン…………………………3, 80, 201
プロジェクトの協力義務………230, 243, 302
プロジェクトマネジメント義務…………226, 232

マ行

見積書………24, 71, 87, 102, 105, 282, 297
メンテナンス契約………………24, 89, 140

ラ行

リスティング広告……42, 165, 175, 189, 328
レスポンス………………43, 54, 63, 180

デザイン……………………………13, 18, 180
デザインデータ……………………52, 92, 268
テスト評価会社………………………………128
独占禁止法……………………………282, 287

おわりに

　本書『Web 業界 発注契約の教科書』を最後まで読んでいただき、ありがとうございました。

　本書のポイントは、トラブルが起きた時の法律関係の整理というよりも、そもそもトラブルを起こさない受注者の選び方や、トラブルを起こさせない契約の結び方など、トラブルを事前に防ぐための策に重点を置いていることです。

　皆さんは、「ホームページリース」のトラブルを聞いたことがありますか。

　「月々のサポート料金だけで、ホームページを無料で作ります。イニシャルコストを抑えて、ホームページを開設することができます。」という触れ込みで、「HP 作成用のソフトウェア」のリースという形を取り、長期間の高額なリース契約を結ばせた上で、ホームページの作成やサポートをきちんと行わず、それで顧客が解除を申し入れると、リース契約であることを理由に解除に応じない（解約する場合は残期間分のリース料を支払えと主張する）トラブルです。

　実際問題、「HP 作成用のソフトウェア」のリースという形を取られてしまうと、法的には解除が難しいため、だいぶ前から業界内で問題視されながら、未だにトラブルが絶えません。

　本書を読まれているのは、純粋なエンドクライアントさんというよりも、元請の立場で発注をする制作会社さんや、パートナーの制作会社に発注をする広告代理店さんなど、Web 業界について知識がある方が多いと思うので、さすがにこのようなトラブルはないとは思います。

　ですが、Web 業界の発注契約のトラブルは、この「ホームページリース」のように、契約を結んでしまった時点で、回避や回復が困難な損害が生じるトラブルが多いのです。

本書で繰り返し説明しているとおり、「法的にこちらの主張が正しいか」と、「実際に相手がその主張に応じるか。裁判で勝てるか。回収手続きにどれだけコストがかかるか。」は、別問題です。

ですが、これまで法律家が書いてきた本は、法律面にばかり重点が置かれていることが多かったように思えます。

一方で、法律家でない方が書いてきた本は、ビジネスノウハウとしては役立つのですが、法律の理解に誤りがあることが少なくないように思えます。

法律の正しい理解は、前提として必要。それを踏まえた上で、トラブルを事前に防ぐための策を提案する、というのが本書の試みになります。

ぜひ本書を活用して、トラブルのない発注契約を結べるようにしてください。

2015 年 8 月　藤井　総

Web 業界　発注制作の教科書

平成 27 年 8 月 13 日　初版第 1 刷発行

著　者　　髙本　徹　藤井　総

発行所　　レクシスネクシス・ジャパン株式会社
　　　　　Tel：03-5561-3551 ／ Fax：03-5561-3552
　　　　　URL：www.lexisnexis.jp

装　幀　　株式会社 8bit 森島理央
印刷・製本　シナノ書籍印刷株式会社

© Tohru Takamoto, So Fujii, 2015 Printed in Japan

落丁本・乱丁本はお取替えいたします。
ISBN 978-4-908069-29-1